EL JARDÍN

DEL CHEF

HISTORIAS Y RECETAS
DEL HUERTO A LA MESA

EL JARDÍN DEL CHEF

Mi pasión por las verduras y las hortalizas empezó cuando trabajaba en el restaurante Manresa, de David Kinch, en Los Gatos (California). Los ingredientes que traían de Love Apple Farms, la finca de 9 ha de Cynthia Sandberg, fomentaban la creatividad de los cocineros hasta límites insospechados. Las hierbas, las flores y las hortalizas llegaban a la cocina horas después de que se recolectaran en su punto justo. Cuando has vivido de cerca todo este proceso y sabes la paciencia que se necesita para cultivar una planta, no quieres desperdiciar nada, por poco que sea. Quieres darle protagonismo, que deje de tener un papel secundario en el plato. Así es.

Teníamos muchísimos productos agrícolas y queríamos aprovecharlos al máximo: las hojas, las raíces, los recortes… Llevas tanto tiempo esperando que crezcan que las expectativas son… bueno, es como cuando preparas productos de charcutería. Cuando terminas una terrina y la metes en el molde, estás impaciente por que llegue el día siguiente para poder probarla. Cuando estás esperando que crezca una planta, esa sensación se multiplica por cien, por mil. Las expectativas y la emoción se disparan. Y luego puede que solo disfrutes de ese ingrediente una o dos semanas antes de que se termine. Llevas tantos meses forjando una relación mientras la planta crece que cuando la tienes no quieres desperdiciarla. Lo que quieres es utilizar hasta el último trozo en señal de respeto a eso tan especial que has cultivado y estabas esperando desde hacía meses.

Cuando abrí Ubuntu, en el valle de Napa, tratábamos las hortalizas con la misma veneración que unos años antes habíamos tratado la carne durante la década del aprovechamiento total, conocida como *nose to tail*. Buscábamos maneras creativas de ensalzar esos ingredientes maravillosos que se recolectaban a diario en nuestro huerto. Si, por ejemplo, teníamos unas hojas de brócoli, no quería que desaparecieran en el plato y que nadie supiera que estaban ahí. ¡Al contrario! Quería que todo girara alrededor de ellas. Los cocineros no estaban preparados para semejante cambio, al menos en ese momento. Era algo completamente novedoso. Había que ejercitar una zona totalmente distinta del cerebro. Teníamos que construir un planteamiento diferente. Era muy emocionante.

En Los Ángeles, donde vivo ahora (aunque en realidad no solo vivo en esa ciudad), hay un mercado de agricultores locales. Todos los cocineros que acuden a él compran lo mismo, por lo que, como es lógico, todos los menús llevan los mismos ingredientes y todos terminan siendo muy parecidos. En cambio, cuando tienes tu propio huerto, puedes plantar cosas que no se encuentran en el mercado y estableces una conexión real con lo que estás cultivando. En un huerto o en una granja, todo está en proceso de crecimiento. Hay abejas, pájaros y gusanos; hay viento y hay sol. Todo sucede ahí mismo, lo cual transforma de manera radical tu forma de pensar. Dicen que «lo que crece junto, va junto». Este planteamiento hace que resulte más fácil combinar algo que no es «conceptual», observar qué hay en el huerto y decidir cómo será el plato y cómo tomará forma el menú. Cuando eres cocinero y tienes tu propio huerto, no estás comprando ingredientes; es más bien como si estuvieras traduciendo al huerto. Todo cambia por completo cuando sabes exactamente en qué hilera se ha cultivado una hortaliza, quién la ha plantado, la ha cuidado, la ha recolectado y te la ha traído. Así sucede cuando conoces cada paso del proceso por el que ha pasado el cultivo de los ingredientes que ahora tienes entre las manos. La responsabilidad que el cocinero adquiere es enorme. Se genera mucho más que una simple conexión: se trata de algo parecido a tu familia, a tu hijo, y quieres asegurarte de que lo haces todo bien.

Se crea, por así decirlo, una historia. Y si el restaurante trabaja bien, tiene un efecto dominó. Toda la emoción y la expectación que han sentido los horticultores, los agricultores y los cocineros se transmite al equipo que está al frente de la sala y del servicio. Todo el mundo se emociona con los ingredientes que se han cultivado y establece una conexión personal con ellos. Saben que los plantamos en marzo y que los recolectamos en octubre. Siento que toda esa energía —provenga de la emoción en la cocina, de la pasión del cocinero por los ingredientes o de todos los meses de duro trabajo que se han invertido en cultivar los productos— se transmite de alguna manera en el plato. Puede que los comensales no sepan necesariamente por qué están disfrutando tanto de la comida, pero esa energía está ahí y tiene mucho que ver.

Para mí, es muy emocionante e inspirador leer este libro y ver lo que todos estos chefs de todo el mundo están haciendo con la tierra, tanto si cultivan ingredientes que no tiene nadie más como si prueban distintas técnicas de cultivo o descubren nuevas formas de crear algo nuevo.

Jeremy Fox

DEL HUERTO A LA MESA

En las últimas tres décadas, el movimiento «del campo a la mesa» ha pasado de ser una iniciativa minoritaria a convertirse en un fenómeno global. Los huertos de los chefs han contribuido a conceder a las hortalizas, relegadas durante mucho tiempo a un segundo plano, un lugar estelar en sus restaurantes. Michel Bras en Languiole, en la región francesa del Aveyron, fue uno de los pioneros. En 1980 creó su *gargouillou* inspirándose en los paseos por los prados de Francia y su exuberancia de flores y hierbas. El plato, que incluía unos sesenta ingredientes entre hortalizas, hierbas, flores y brotes cocinados por separado, es un fiel retrato de las estaciones del año. Hoy en día esos ingredientes proceden del huerto del restaurante y siete cocineros trabajan durante horas para crear el *gargouillou* del día.

Chefs como Bras han marcado el camino y nos han abierto los ojos al extraordinario potencial de las plantas, a su profundidad de sabores y su versatilidad. Y al placer de cultivarlas. Esta pasión la comparten todos los chefs de este libro, para quienes su huerto es el centro neurálgico de sus operaciones. Donde todo empieza.

Esta veneración por las hortalizas no surgió como un movimiento vegetariano, pero ha convergido con un cambio hacia nuevos planteamientos y con el aumento de las dietas basadas en más plantas (por razones éticas, medioambientales o de salud). Los mismos factores han impulsado la popularidad de formas de cultivo más sostenibles, como la agricultura orgánica y biodinámica y la permacultura, así como de nuevas tecnologías hortícolas, como la aeroponía. Asimismo, nos han hecho cambiar otros procedimientos. Además de aprovechar al máximo las plantas, muchas cocinas profesionales han desarrollado ingeniosos programas de reciclaje para que los restos orgánicos vuelvan al huerto en forma de compost.

Actualmente los huertos de los chefs son tan diversos como la propia gastronomía. Hay fincas rústicas en plena expansión, como Single Thread Farm (California) o Heckfield Place (Hampshire, Inglaterra), que cuentan con hectáreas de hileras perfectamente organizadas de hortalizas de cultivo biodinámico, árboles frutales y frutos secos, y politúneles de lechugas e invernaderos que amplían la temporada de cultivo. También hay huertos en medio de los restos eclécticos de antiguos jardines, como el de Mirazur, en las colinas con vistas a la Costa Azul del sur de Francia, o esculpidos en parajes inhóspitos, como Slippurinn, en las islas Vestman, volcánicas, al sur de Islandia, azotados por violentos vientos marítimos. La necesidad agudiza el ingenio, como demuestran los innovadores restaurantes urbanos donde los chefs crean huertos en las azoteas (Quintonil, en Polanco, Ciudad de México), los patios traseros (Olmsted, en Nueva York), los contenedores de transporte (Roberta's y Blanca, ambos en Nueva York), o mesas hechas a mano abarrotadas de macetas recicladas y cajas reutilizadas (The Dairy, en Londres).

Estos entornos tan particulares son la seña de identidad de estos huertos y sus cocinas, conjurando una sensación de arraigo que no solo inspira a los chefs y sus equipos, sino a quienes los visitan y prueban su comida. Los huertos resultan tan interesantes para los comensales como los propios restaurantes. Algunos están lo más cerca posible de la cocina, o rodean el comedor y los comensales pueden empezar o terminar la comida bebiendo algo o paseando entre los arriates donde los ingredientes que acaban de tomar se han arrancado de la tierra hace apenas unas horas.

Los huertos de los chefs se han transformado, a veces, en espacios comunitarios. En el valle de Napa, Chris Kostow empezó a cultivar su huerto orgánico en una parcela de 0,4 ha de la Saint Helena Montessori School y actualmente el equipo de cocina imparte clases de horticultura a los alumnos. Cada cierto tiempo, los niños, ayudados por el personal del restaurante, preparan un almuerzo para los padres y la comunidad en general. En Amass (Copenhague), el chef y propietario Matt Orlando creó el Amass Green Kids Program, una iniciativa «del campo a la mesa» para niños en edad escolar; y en Berkeley (California), Alice Waters lanzó el proyecto Edible Schoolyard en 1995, un huerto escolar donde enseñaba agricultura a los niños y que se ha convertido hoy en un referente mundial.

Waters, una de las pioneras del movimiento «del campo a la mesa» en California, apostó por los productos orgánicos y sostenibles cuando estos conceptos apenas se conocían. Recuerda que empezó en Chez Panisse y que les pidió a los agricultores que cultivaran determinados productos. Al poco tiempo, eran ellos quienes hacían sugerencias a Waters y sus cocineros. Fue el comienzo de un diálogo que ha enriquecido la gastronomía y ha forjado estrechos vínculos entre quienes entienden a fondo su tierra, y lo que pueden cultivar en ella, y los cocineros que se inspiran en la incomparable profundidad de sabor de las hortalizas que se arrancan directamente del huerto o de las hierbas que se cortan y se sirven en el plato en cuestión de horas o incluso minutos. La apuesta por la estacionalidad (aunque esto signifique cosas muy distintas según el lugar) ha dado paso a una nueva creatividad. En Sídney, Peter Gilmore es uno de los muchos chefs que utilizan las plantas en distintas etapas de su ciclo vital, desde los primeros brotes hasta las flores y las vainas. En sus Tirabeques Lamborn, miso verde y limón, incluye las vainas, las puntas y las flores de la planta del guisante.

Esta revolución agrícola también ha favorecido la recuperación de los encurtidos y las conservas y la búsqueda de métodos ingeniosos para aprovechar la abundancia de productos de primavera y otoño durante el crudo invierno en forma de jarabes, salsas y otros tesoros envasados. En Hell's Backbone Grill, en el desierto montañoso de Utah, donde Jen Castle y Blake Spalding hacen encurtidos y mermeladas y congelan y deshidratan productos para los meses de vacas flacas, se refieren a esta recuperación de las tradiciones como «auténticamente estacional». Esto nos recuerda que es la naturaleza la que manda: puede haber pérdidas a causa de la meteorología, las plagas o las malas cosechas, del mismo modo que puede darse sobreabundancia. Para Nicolai Nørregaard, chef propietario de Kadeau, en una isla minúscula de la costa de Dinamarca, las conservas son una parte esencial de la cultura culinaria. «En los meses de mayor abundancia encurtimos, curamos, fermentamos, secamos y ahumamos como locos, además de preparar licores, jarabes, aceites y vinagres», explica. «El invierno es mi estación preferida porque es cuando más puedo disfrutar de mi colección de conservas».

Nørregaard y otros muchos chefs también insisten en la proximidad. Si los ingredientes no pueden recolectarse, cultivarse u obtenerse a las puertas del restaurante, se compran en la misma región o país para que la cocina sea un fiel reflejo de su entorno. Por esta misma razón hay chefs que cultivan variedades antiguas autóctonas, para preservar una sensación única de arraigo. Para muchos, su misión no solo consiste en cultivar estas variedades que aportan más sabor, sino en garantizar que perduren para las generaciones futuras. En Rusia, Ivan y Sergey Berezutskiy, de Twins Garden, cultivan patatas antiguas y raras (como Lork o Sineglazkha) y trabajan con especialistas para llevar a cabo esta iniciativa.

Todo esto no es fácil. Está claro que es mucho más complejo, caro e impredecible, pero también más apasionante y dinámico. Y desde luego, como seguramente corroboren todos los chefs de este libro, el resultado es mucho más interesante. El auge del huerto ha vuelto a conectar a los chefs con la tierra y los ha convertido en mejores cocineros.

Gastón Acurio y Juan David Ocampo

ASTRID & GASTÓN San Isidro, Lima, Perú

Construido en la casa de una hacienda del siglo XVII en el distrito financiero de Lima, el restaurante Astrid & Gastón (propiedad del reconocido chef Gastón Acurio y su mujer, Astrid) está a la vanguardia del innovador universo gastronómico de Perú. Cuenta con invernaderos y un jardín botánico circular y parte de su menú degustación está basado en lo que se cultiva en la finca: hay de todo, desde parcelas silvestres de ajíes amarillos hasta hierbas autóctonas peruanas.

Nací en los alrededores de la Casa Moreyra, una hacienda del siglo XVII en pleno corazón del dinámico distrito de San Isidro, en Lima. Recuerdo que de niño, los fines de semana, salía a pasear por las calles de la zona. Estaban ahí el centro comercial, el restaurante de comida china, la pizzería de manteles a cuadros, la pista de patinaje, la pastelería y la hamburguesería. Y en medio de todo eso, la inmensa Casa Moreyra. La misteriosa, la prohibida, la de los muros altos, el silencio absoluto y los incontables años. La que nos hacía sentir miedo y que bordeábamos siempre deprisa.

Hoy, muchos años después de eso, cinco años después de trasladar Astrid & Gastón a la Casa Moreyra, las cosas han cambiado. La Casa Moreyra ya no tiene grandes muros; al contrario, solo un parapeto la separa del exterior y dentro suyo se encuentra un gran jardín que ha sido devuelto a la ciudad y su paisaje. La casa se ha declarado monumento histórico y el jardín huerto, situado en la entrada principal del restaurante, está abierto a todo el mundo.

San Isidro es el centro financiero de Lima y uno de los barrios más densamente poblados. Antiguamente, la Casa Moreyra era la residencia principal de la Hacienda San Isidro, una finca de grandes dimensiones que ejercía de despensa de la ciudad. El suelo está formado por afloramientos rocosos, estratos de grava que conforman los conos de desyección de los ríos Rímac y Chillón y los estratos de grava coluvial-eluvial al pie de las laderas. El clima de Lima es bastante particular: combina una ausencia casi total de lluvia, un altísimo nivel de humedad atmosférica y persistente cobertura nubosa. Es un clima sin demasiado calor ni demasiado frío, con temperaturas que fluctúan entre los 21 y 30 °C en verano y 12 y 19 °C en invierno. San Isidro está a 109 m sobre el nivel del mar.

La primera imagen que todos vemos al entrar en el restaurante es el huerto del patio que da a la calle, donde hay flores comestibles, plantas aromáticas comunes y hierbas y chiles autóctonos. Día tras día nos seduce con todo lo que tiene que ofrecernos. Gracias al clima templado de Lima, muchas de las plantas están disponibles todo el año, como la menta y la hierbabuena, la capuchina, el hinojo, la albahaca negra y blanca, el orégano, la hierbaluisa, la pimpinela y el chincho (*Tagetes elliptica* Smith), un tipo de caléndula francesa. Otras son propias de una estación concreta: de primavera, el cebollino, la borraja, los pensamientos y las begonias; de invierno, las espinacas, el huacatay (*Tagetes minuta*) y la melisa. También cultivamos limones, paico y chiles picantes (como ají panca, limo y mochero) en verano.

La idea inicial era tener un jardín botánico en el que pudiéramos recuperar especies y productos, pero también crear un programa educativo para niños. Queríamos que conocieran la naturaleza y pudieran establecer un vínculo con la tierra y la cocina. El huerto se ha recuperado para ponerlo a disposición de los niños de los colegios vecinos a través de una alianza con ANIA, una organización no gubernamental que trabaja para fomentar la conciencia medioambiental entre los más pequeños. Cada año lo visitan unos 500 niños. Adquieren conocimientos sobre biodiversidad, sobre cómo tener un huerto en casa y cuidar de la tierra y sus frutos. De modo que tenemos un terreno fértil para enseñar, además de una despensa magnífica a disposición de nuestro equipo de cocina.

Una de las intenciones del huerto siempre fue que, gracias al restaurante, la casa se conectara con su pasado de hacienda, de lugar en contacto con la naturaleza y los productos. En virtud de ello se decidió plantar el huerto, un espacio que celebrara la sostenibilidad ambiental. Al principio, lo plantamos en forma de espiral, con pequeños surcos, tratando de aprovechar al máximo el espacio asignado. Luego lo trabajamos en parcelas, pequeñas porciones de terreno y de cultivos independientes. Hoy en día hemos llegado a entender el huerto como un espacio único y conectado; es por ello que lo manejamos de manera completa: hay límites, pero en determinados espacios se combinan especies que pueden hacerlo así. El huerto lo diseñó Luis Alejandro Camacho, un ingeniero agrónomo que ahora abastece al restaurante de tomates de su propio huerto, Chisco Tomateros, situado a las afueras de Lima.

La fertilización se rige por los principios de la agricultura orgánica, a base de abono y compost. Lo atienden un horticultor que viene de vez en cuando y los cocineros. Por las mañanas, la primera tarea del horticultor es realizar una poda cuando se requiere, una limpieza de maleza y finalmente una limpieza de plantas en mal estado. Luego se procede al regado, según sea requerido. Finalmente, los cocineros recolectan lo que necesitan para preparar los platos del día. Hierbas como el huacatay, la muña o menta andina (*Minthostachys mollis*) y el paico representan a nuestra cocina; son las plantas que más utilizamos. Siempre proceden de nuestro huerto, así como el chincho, la hierbaluisa, la hierbabuena, la manzanilla, el anís y el culantro (*Eryngium foetidum*). Además de otras flores como las de borraja, pimpinela, patata, albahaca y cilantro. Nos proporciona brotes, plantas y hierbas a diario y nos permite experimentar, pero —como somos un país con diversos microclimas y entornos, muchos de ellos inimitables— dependemos de productos de todo Perú, como las setas de Cuzco, las hortalizas de Pachacamac, las ocas (*Oxalis tuberosa*) de Ayacucho y la quinoa de Puno. Aunque puede que el huerto no sea el punto de partida creativo de nuestra propuesta, sabemos lo que hay disponible en todo momento y su influencia es innegable.

Además, tiene fines terapéuticos. El equipo de cocina, de servicio, e incluso el personal administrativo, lo usa como un espacio para respirar, meditar y socializar. Es un refugio para especies muy diversas y, sobre todo, un lugar de paz para todos.

BIODIVERSIDAD EN EL CORAZÓN DE LA CIUDAD

No es fácil tener un jardín en medio de la ciudad y su ritmo acelerado, pero sí que vale la pena. Es increíble ver cuánta vida puede albergar una parcela de unos pocos metros cuadrados. Entre el cemento, los edificios, los autos y el bullicio, la naturaleza sigue su ritmo y el de las estaciones.

Entre las aves que encuentran refugio y alimento en nuestro huerto: Zenaidas peruanas (*Zenaida meloda*), tortolitas (*Columbina cruziana*), colibrís (*Trochilidae*), tordos negros (*Molothrus bonariensis*), periquitos (*Melopsittacus undulatus*), guardacaballos (*Crotophaga sulcirostris*), mosqueritos (*Phyllomyias*), tángaras azuladas (*Thraupis episcopus*), mosqueros cardenales (*Pyrocephalus rubinus*), cabezas rojas (*Psittacara erythrogenys*) y gavilanes (*Parabuteo unicinctus*). También tenemos mariquitas, hormigas, cochinillas, abejas y avispas, escarabajos y orugas que se vuelven mariposas.

1. PATATAS Y TUBÉRCULOS DE MIL COLORES

PARA 1 PERSONA
- 180 g de patatas autóctonas (variedades peruanita, sangre de toro, huayro rojo, amarilla runtus, queccorani y leona) con piel

OCAS, MELLOCOS Y MASHUAS
- 100 g de ocas (*Oxalis tuberosa*)
- 100 g de mellocos (*Ullucus tuberosus*)
- 100 g de mashuas (*Topaelum tuberosus*)
- 30 g de mantequilla
- 50 ml de aceite de oliva virgen extra
- 5 g de azúcar
- 5 g de sal
- 40 g de hojas de huacatay
- 30 g de hojas de cilantro
- 20 g de hojas de chincho

ROCOTO CONFITADO
- 2 litros de aceite vegetal
- 1,7 kg de rocotos sin tallos, despepitados y en dados de 1 cm
- 1,5 kg de cebollas rojas en dados de 1 cm
- 30 g de dientes de ajo (enteros)
- 8 g de sal

HUANCAÍNA ANTIGUA
- 800 g de Rocoto confitado (véase arriba)
- 150 g de queso fresco (de leche de vaca)
- 50 ml de leche evaporada
- 10 g de sal

AJÍ AMARILLO CONFITADO
- 2 litros de aceite vegetal
- 1,5 kg de ajíes amarillos sin tallos, despepitados y picados

HUANCAÍNA CREMOSA
- 400 g de Ají amarillo confitado (véase arriba)
- 250 g de ajíes amarillos sin tallos y despepitados
- 110 g de queso mantecoso
- 200 ml de leche evaporada
- 4 galletas saladas
- 90 ml de aceite de girasol
- 15 g de sal

PARA SERVIR
- 60 g de Huancaína antigua (véase arriba)
- 60 g de Huancaína cremosa (véase arriba)
- 2 g de hojas de huacatay
- 2 g de hojas de chincho
- 2 g de hojas de muña
- 6 flores de borraja
- 2 capuchinas

Cueza al vapor las patatas hasta que estén tiernas y fría solo las variedades peruanita, sangre de toro y huayro rojo. Trocee las patatas restantes, amarilla runtus, queccorani y leona, y sírvalas.

OCAS, MELLOCOS Y MASHUAS

Precaliente el horno a 180 °C.

Coloque los tubérculos en una bandeja de horno, añada los ingredientes restantes y cúbralo todo con papel de aluminio. Hornéelo 50 minutos, retire el papel de aluminio, suba la temperatura a 200 °C y hornéelo 15 minutos más. Retire los tubérculos asados del horno y resérvelos.

ROCOTO CONFITADO

Caliente el aceite en una sartén honda de fondo grueso hasta que alcance los 85 °C y agregue las verduras y la sal. Fríalas unos 45 minutos, a temperatura constante, hasta que estén tiernas.

HUANCAÍNA ANTIGUA

Cuele el rocoto confitado. Retire los dientes de ajo y píquelos finos. Mezcle con cuidado el ajo picado y el queso hasta que se integren. Agregue la leche evaporada para aligerar la salsa. Si fuera necesario, añada un poco de sal.

AJÍ AMARILLO CONFITADO

Caliente el aceite en una cazuela honda de fondo grueso hasta que alcance los 80 °C. Agregue el ají amarillo y fríalo unos 45 minutos, a temperatura constante, hasta que esté tierno.

HUANCAÍNA CREMOSA

Triture el ají, el queso y la leche en una batidora. Agregue las galletas y el aceite poco a poco y siga triturando hasta obtener la consistencia deseada (cremosa y homogénea). Si fuera necesario, rectifique de sal.

PARA SERVIR

Disponga los tubérculos (ocas, mellocos y mashuas), las patatas, la mitad de cada salsa, las hojas y las flores en un plato.

2. TIRADITO DE CHUCUITO SIAM

PARA 1 PERSONA

CORVINA CURADA
- 300 g de sal
- 40 g de ají limo picado
- 15 g de cilantro picado
- 40 g de algas
- 110 g de corvina (11 trozos)

MAYONESA DE MARISCO
- 10 vieiras peruanas, sin huevas
- cubitos de hielo
- 700 ml de aceite vegetal
- 10 g de ajo triturado
- 135 ml de zumo de limón
- sal

LECHE CHUCUITO
- 200 ml de leche de tigre
- 600 ml de Mayonesa de marisco (véase arriba)
- sal

GEL DE COCO
- 150 ml de leche de coco
- 20 g de azúcar extrafino
- 20 ml de agua
- 3 g de Ultra-Sperse (almidón modificado)
- 3 g de sal
- 1 g de ralladura de limón

LÁMINAS DE CASTAÑAS
- 300 g de castañas enteras

GUARNICIÓN DE MANGO
- 5 g de mango en dados pequeños
- 5 g de rocoto en dados pequeños
- 1 g de cilantro en *chiffonade*
- 2 ml de zumo de limón
- sal

PARA SERVIR
- 70 g de Leche chucuito (véase arriba)
- Guarnición de mango (véase arriba)
- 30 g de Gel de coco (véase arriba)
- 110 g de corvina curada (11 trozos)
- 8 g (15 rodajas) de Láminas de castañas (véase arriba)
- 5 g de aceite de guindilla

CORVINA CURADA

Mezcle la sal con el ají limo, el cilantro y las algas. Disponga un tercio de la mezcla en un plato formando una capa uniforme, coloque los trozos de corvina encima y cúbralos con la mezcla de sal restante. Refrigérelos durante 26 minutos, retire el exceso de sal y enjuague los trozos con agua. (Si lo desea, puede utilizar la mezcla de sal una vez más de forma inmediata con otro filete.)

MAYONESA DE MARISCO

Triture las vieiras con 1 cubito de hielo hasta obtener una mezcla homogénea y ligeramente cremosa.

Bata la mezcla de vieira con el aceite hasta que emulsione e incorpore el ajo triturado y el zumo de limón. Sale al gusto y reserve la mayonesa.

LECHE CHUCUITO

Mezcle la leche de tigre con la mayonesa de marisco hasta que se integren bien. Sale al gusto y reserve la mezcla en el frigorífico hasta que la vaya a utilizar.

GEL DE COCO

Ponga la leche de coco, el azúcar y el agua en una cazuela y caliéntelo todo, sin dejar de remover, hasta que el azúcar se disuelva. Pase la mezcla a un bol en un baño maría inverso para que se enfríe con rapidez. Una vez fría, incorpore poco a poco el Ultra-Sperse con ayuda de unas varillas y, a continuación, añada la sal y la ralladura de limón. Rectifique la sazón si fuera necesario y pase la mezcla a una manga pastelera.

LÁMINAS DE CASTAÑAS

Con ayuda de una mandolina, corte las castañas en láminas lo más finas posible sin que lleguen a romperse. Áselas en el gratinador o en una sartén antiadherente hasta que estén ligeramente tostadas. Retírelas del calor y déjelas enfriar. Colóquelas en un recipiente hermético y resérvelas.

GUARNICIÓN DE MANGO

Mezcle el mango, el rocoto y el cilantro en un bol y sazone con el zumo de limón y la sal. Pruebe la mezcla y rectifique la sazón si fuera necesario. Resérvela.

PARA SERVIR

Disponga la leche chucuito en un plato llano. Agregue la guarnición de mango, unos puntos de gel de coco y los trozos de corvina curada de forma anárquica en el plato. Por último, reparta las láminas de castañas y unas gotas de aceite de guindilla.

1

Andoni Luis Aduriz

MUGARITZ
Errenteria, País Vasco, España

Ubicado en un antiguo caserío en las montañas, cerca de San Sebastián, Mugaritz encarna la gastronomía vasca innovadora y de vanguardia. Más que una experiencia sensorial, su cocina es todo un juego con los convencionalismos culinarios. La extensa huerta de hierbas y hortalizas del restaurante permite al chef Andoni Luis Aduriz dar rienda suelta a su creatividad.

El proyecto Mugaritz empezó a despegar hace veinte años, en un lugar donde la naturaleza no era una opción sino una realidad. A la entrada de un parque natural protegido y rodeado de una comunidad de caseríos, en una propiedad, Otzazulueta baserria, de cuyo nombre hay conocimiento desde comienzos del siglo XVIII. Como si de un trasplante médico se tratara, el proyecto Mugaritz tuvo que enfrentarse a una compleja tarea de adaptación al contexto culinario vasco, a la vez que sufría cierto rechazo por parte de su hospedante, el solar que lo acogía. Un libro de reservas vacío nos ofreció la oportunidad de explorar nuestra huerta y los bosques y prados de los alrededores. Con la ayuda de varios botánicos, aprendimos a identificar hierbas útiles para la cocina, como la menta acuática (*Mentha aquatica*), la castañuela (*Conopodium majus*), el berro de prado (*Cardamine pratensis*) y la hiedra terrestre (*Glechoma hederacea*), donde antes solo veíamos una extensión verde.

Veinte años después, la huerta de Mugaritz no parece una elección sino la única manera en que el proyecto podría haber desarrollado una identidad. Tras esta primera incursión, la naturaleza se convirtió en la piedra angular de nuestra filosofía. Hoy en día es ya un órgano vital, sigue formando parte de nuestro ideario y es inherente a otros rasgos de nuestra identidad.

La huerta es una extensión de los lugares y paisajes que hemos visitado en los numerosos viajes realizados durante todos estos años. Cuando regresamos, procuramos traer siempre un trocito de la cultura culinaria que hemos visitado, ya sea en forma de semillas o de plantas comestibles. Tratamos de hacer crecer estas nuevas variedades y experimentamos con ellas para tratar de cultivarlas en el País Vasco: la hoja santa mexicana, el huacatay (*Tagetes minuta*), el jengibre japonés o el pápalo (una antigua hierba mexicana parecida al cilantro, *Porophyllum ruderale*), entre otras.

La huerta tiene una superficie de 350 m^2, con ocho parterres elevados que se divisan desde la cocina. Está abierta a nuestros visitantes, que suelen dar un paseo por ella, solos o acompañados por nuestro equipo, que conoce las plantas y su procedencia. Construimos los parterres con traviesas de ferrocarril, que se han integrado en el entramado de la huerta 18 años después de su instalación. Optamos por los principios de la agricultura orgánica para ser respetuosos con la naturaleza y lo que nos proporciona. Tenemos una zona de compostaje: evitamos los productos químicos y secamos las algas que utilizamos en la cocina para fertilizar la tierra. Solemos sembrar las semillas de dos maneras: mediante siembra directa o con semilleros en el invernadero, que es pequeño y no cuenta con aclimatación artificial. Con un pequeño semillero y algunos inventos caseros, cultivamos unas 80 variedades de plantas cada año, que nos permiten realizar todo tipo de combinaciones de hojas, flores, tallos, raíces, frutos o semillas para nuestros platos.

Tenemos un parterre reservado para plantas cuya parte más interesante son las flores. Normalmente es el centro de atención de los visitantes. Esta zona selvática incluye capuchinas, cosmos, crisantemos tricolor, damasquinas, amapolas, diferentes caléndulas, malvas y dalias. Es una orgía cromática que solo estalla en julio, debido a la meteorología y las latitudes en las que nos encontramos. Las semillas, por ejemplo, no siempre germinan dentro de nuestro rango de temperatura, que se caracteriza por inviernos suaves, veranos moderados y mucha humedad. Las masas de aire, desplazadas por el mar Cantábrico, ejercen una gran influencia en nuestro entorno más inmediato. La huerta suele estar a pleno rendimiento entre mayo y noviembre o diciembre, al igual que el propio Mugaritz. En diciembre, ambos entran en un estado de latencia, antes de la llegada de una nueva temporada en abril.

La cocina de Mugaritz está marcada por los matices y ritmos cotidianos del huerto. Es una forma de permanecer anclados a la tierra que tratamos de combinar con nuestros conocimientos. La huerta de Mugaritz está abierta a los elementos, sin ayuda de temperatura artificial ni sistemas de riego. Es un vergel con ciclos activos y pasivos que nuestro equipo respeta rigurosamente. Hay un calendario anual de siembra y germinación, pero el desarrollo de las plantas y su definición organoléptica específica los decide la naturaleza. Estos ciclos son la razón de ser de Mugaritz: es la cocina la que respeta nuestra huerta, no al revés. En función del clima de un año en particular, además de otros factores, la cocina amalgama todo lo que la naturaleza nos proporciona. Esto nos genera una sensación de expectación, de cómo vamos a rendir homenaje a todas las plantas distintas de cada año.

A diario, un grupo de cocineros liderado por la responsable de la huerta (que también es cocinera) selecciona, recolecta y limpia cantidades específicas de plantas y hierbas. Es fundamental lavarlas con agua fría para que mantengan su textura. El secreto está en secarlas suavemente con un paño o dejarlas escurrir sobre un papel seco. Dispuestas en recipientes especiales para esta función, forradas con papel de cocina húmedo, pueden conservarse un par de días en el frigorífico antes de utilizarlas. En total, cada día se preparan entre 700 y 1000 porciones para distintos platos.

La idiosincrasia de las plantas se expresa en cada plato; porque desempeñan papeles diferentes en las diversas recetas. Nos encantan las espinacas por su textura y la hoja de ajo de oso por su intenso sabor. Apreciamos las capuchinas por su sabor amargo y fuerte y la carnosa caléndula por su aroma cítrico. La falta de terminología olfativa limita la capacidad de describir la profundidad de estos aromas y sabores. Es el momento en que la historia de unas espinacas que trajimos de un viaje por el sudeste asiático adquiere su significado más profundo; cuando el homenaje que rendimos al pimentero japonés, tratado cada año con más cuidado por su delicada salud, cobra más sentido. Cuando la mesa está repleta de aromáticos geranios, rau-ram (cilantro vietnamita, *Persicaria odorata*) e hisopo de anís (*Agastache foeniculum*) es el instante preciso en que convergen la naturaleza, la cocina y el comensal...

PLANTAS DE LA FAMILIA DE LAS LILIÁCEAS
Nos encantan todos los miembros de la familia de las liliáceas por su sabor a ajo y su larga historia con nosotros, ya que fueron de las primeras plantas que sembramos. Hoy en día todavía las utilizamos. La hoja de ajo de oso (*Allium orsinum*), por ejemplo, es la herramienta perfecta para servir pequeños bocados. Nuestra idea es obtener ese sabor a cebolla o ajo sin la intensidad que aportaría la presencia de los mismos. Y a veces, como sucede con el *rakkyo* (*Allium chinense*), servimos la planta entera como ingrediente principal del plato.

Cultivamos muchas variedades de esta familia, de las que utilizamos toda la planta: tallos, flores y bulbos. Uno de nuestros parterres está dedicado solo a ellas: ajo de oso (*Allium ursinum*), cebolla nutante (*Allium cernuum*), ajo rosado, silvestre o lágrimas de la Virgen (*Allium triquetrum*), cebollino (*Allium schoenoprasum*) y cebolla egipcia (*Allium x proliferum*).

1. FIN DE HIERBAS

PARA 4 PERSONAS
FILM
- 0,25 g de pululano
- 0,75 g de agar-agar
- 100 ml de agua
- 1 paquete de gel de sílice de grado alimenticio

MANTEQUILLA
- 30 g de mantequilla con sal

PARA SERVIR
- 12 g de una mezcla de 10 hierbas de verano, como caléndula, malva, huacatay, capuchina, armuelle de jardín, pápalo, armuelle rojo, quelite gigante, huauzontle (*Chenopodium nuttalliae*), hierba de San Juan y espinaca de Nueva Zelanda (*Tetragonia tetragonioides*)
- 4 láminas de Film (véase arriba)
- sal

FILM
Precaliente un horno sin convección a 70 °C.

Mezcle todos los ingredientes en un cazo y caliéntelos hasta que alcancen los 95 °C. Retírelos de inmediato del fuego, vierta la mezcla en una bandeja forrada con Silpat y hornéela de 30 a 40 minutos. Deberá quedar seca pero blanda y flexible. Déjela enfriar, córtela en cuadrados de 8 cm y consérvela en un recipiente hermético forrado con gel de sílice.

MANTEQUILLA
Caliente a fuego lento la mantequilla en una cazuela hasta que los sólidos se separen de la grasa y esta se dore y adquiera aroma a frutos secos. Retírela del fuego, pásela por una muselina y deseche los sólidos.

PARA SERVIR
Aliñe las hierbas con la mantequilla y un poco de sal y sírvalas sobre la lámina de film.

2. UNA SECUENCIA DE HIERBAS SILVESTRES Y CULTIVADAS SOBRE UNA MEZCLA DE CREMA SECA, HUEVO Y ENCURTIDOS

PARA 10 PERSONAS
PIEL DE LECHE
- 1,5 litros de leche de caserío
- 1 litro de nata líquida

YEMA DE HUEVO
- 10 huevos de caserío

ENCURTIDOS
- 5 g de cebolla perla encurtida en dados pequeños
- 5 g de ajo encurtido picado fino
- 5 g de pepinillo encurtido en dados pequeños

MANTEQUILLA AROMÁTICA
- 400 g de mantequilla

NÚCLEO CREMOSO
- Piel de leche (véase arriba)
- Yema de huevo (véase arriba)
- Encurtidos (véase arriba)
- Mantequilla aromática (véase arriba)

HIERBAS Y BROTES
- hojas carnosas
- 1 manojo de hierbas y brotes de temporada, como milenrama, capuchina, apio silvestre, shiso y pamplina

PIEL DE LECHE
La mejor forma de preparar la piel de leche es comenzar el día anterior a la elaboración del plato para que la grasa tenga tiempo suficiente de solidificarse en la superficie y crear una crema de textura consistente.

Mezcle la leche de caserío y la nata en una cazuela. Llévelas a ebullición y vierta la mezcla en bandejas amplias y hondas (Gastronorm GN 1/1). Bátala con energía con unas varillas para que la grasa quede uniforme cuando la mezcla se enfríe. Refrigérela, sin tapar, durante 12 horas.

YEMA DE HUEVO
Separe las yemas de las claras y reserve estas últimas para otra preparación.

Precaliente agua al baño maría hasta que alcance los 80 °C y cueza las yemas unos 9 minutos. Escurra el agua y reserve las yemas en el frigorífico.

ENCURTIDOS
Mezcle los encurtidos en partes iguales para obtener 10 raciones.

MANTEQUILLA AROMÁTICA
Caliente a fuego lento la mantequilla en una cazuela hasta que los sólidos se separen de la grasa y esta se dore y adquiera aroma a frutos secos. Retírela del fuego.

NÚCLEO CREMOSO
Cuando la piel de leche tenga un espesor de 5 mm, córtela en 10 cuadrados de 6 x 6 cm. (Si no tiene este grosor, añada más nata.)

Forre una bandeja con film transparente. Esparza una porción de la mezcla de encurtidos sobre el film. Tome la piel de leche con una espumadera, séquela con un paño limpio y colóquela sobre el lecho de encurtidos. Cubra la piel de leche y los encurtidos con otra capa de film transparente. Dele la vuelta y retire con cuidado la capa de film que está en contacto con los encurtidos. Disponga una yema en el centro de los encurtidos y agregue unas gotas de mantequilla aromática en su interior. Con la ayuda del film, cubra la yema con la piel de leche hasta formar una bola. Repita la operación con la piel de leche, los encurtidos, las yemas y la mantequilla restantes.

HIERBAS Y BROTES
Reserve las hierbas y brotes tapados en el frigorífico hasta que los vaya a utilizar.

PARA SERVIR
Sirva las bolas de piel de leche, yema de huevo y encurtidos en el centro de un plato llano. Disponga las hojas carnosas y las hierbas y brotes de temporada en el plato tratando de dotar al plato de altura y volumen.

1

2

Eneko Atxa

AZURMENDI
Larrabetzu, País Vasco, España

El restaurante Azurmendi tiene sus raíces más profundas en el amor por la larga tradición de la cocina vasca. Reconstruido en 2012, el ultramoderno restaurante bioclimático aúna innovación tecnológica y excelencia culinaria, lo que le ha reportado tres estrellas Michelin a su chef Eneko Atxa. En una comida en Azurmendi, los comensales se embarcan en un viaje culinario, pero también físico. La experiencia gastronómica empieza en el huerto interior del restaurante, donde se sirve un pícnic que consta de distintos aperitivos. Después, un breve paseo por la cocina y un recorrido por el invernadero antes de pasar al comedor.

Me considero un privilegiado por vivir junto al mar, rodeado de campo y montañas, y por poder disfrutar de cuatro estaciones completamente distintas que me proporcionan una generosa despensa. Además, provengo de una zona con una tradición gastronómica muy arraigada. Estos son mis puntos de partida. Me inspira lo que la naturaleza me transmite cada época del año; es la naturaleza la que manda.

Nuestro restaurante está construido en la ladera de una colina plantada con viñedos autóctonos. El clima es bastante húmedo y la influencia termorreguladora del Atlántico nos protege de las temperaturas extremas. Utilizamos la azotea como huerto para cultivar plantas aromáticas y hortalizas originarias del País Vasco, como cebollas moradas de Zalla, acelgas enanas de Derio y tomates de Busturia. Se cultivan siguiendo los estándares más rigurosos, con la supervisión de Neiker-Tecnalia (el Instituto Vasco de Investigación y Desarrollo Tecnológico). Bajo la atenta mirada de los técnicos, un miembro del equipo de Azurmendi se encarga de seleccionar y cultivar con mimo los mejores productos para el paladar.

Tenemos dos zonas diferentes de cultivo: un invernadero acristalado en la azotea y un huerto que se extiende más allá del restaurante, hasta la ladera circundante. El invernadero de 200 m^2 cuenta con un sistema de cultivo en jardineras de última generación, desarrolladas y diseñadas específicamente para obtener una producción vegetal óptima. Hemos creado nuevos métodos de riego y drenaje, seleccionando distintos sustratos. Uno de los aspectos fundamentales es la creación de un compost rico en nutrientes, con el objetivo de producir una mayor densidad de cultivos en un espacio más reducido. Practicamos la rotación de cultivos y utilizamos flores comestibles como la borraja para plantas asociadas y hierbas como romero, cebollino y hierbaluisa. Se trata de un método de control de plagas que favorece la resistencia de las plantas desde sus raíces hacia arriba.

A la entrada del invernadero hay un banco de germoplasma que nos ha proporcionado Neiker-Tecnalia. Contiene más de 400 tipos de semillas de variedades vegetales que se cultivaban tradicionalmente en los caseríos. Su objetivo es divulgar la importancia de conservar la diversidad genética que nos enriquece y ayuda a mitigar la pérdida de recursos fitogénicos autóctonos. El banco de semillas preserva el potencial genético de plantas autóctonas de la zona.

Todas las plantas se cultivan bajo las normas estrictas de la producción integrada. Esto implica la utilización de control biológico de plagas (como las mariquitas, que erradican los pulgones) y extractos vegetales que combaten enfermedades de los cultivos y resultan inofensivos para los humanos. Al lado del invernadero, fuera, tenemos una zona de cultivo más extensa para producir hortalizas del género Brassica, cebollas y acelgas, que necesitan más espacio y son resistentes al invierno. Un depósito de agua de lluvia cerrado cubre el 100 % de nuestras necesidades de riego anuales, tanto para el huerto como para el invernadero. También funciona como depósito de agua para la protección contra incendios.

Nuestros comensales están invitados a visitar nuestra zona de cultivo. Nunca hemos tenido la intención de ser autosuficientes; queremos que el huerto y el invernadero ejerzan de espejo para los visitantes, reflejando el trabajo que nuestros pequeños productores hacen para nosotros en un espacio hortícola sugerente. Estamos comprometidos con el medio ambiente de nuestra zona y su gente a través de la compra a pequeños productores y queremos que nuestros comensales comprendan su trabajo.

Nuestra cocina no es solo vegetariana. Me encantan todos los productos frescos: la carne, el pescado y los lácteos. El salmonete, por ejemplo, está presente en tres platos distintos: como buñuelos con caviar, asado a la brasa y en tempura con pimientos rojos asados al carbón. La identidad es fundamental en nuestra cocina; las raíces culturales y las recetas tradicionales vascas son la base de cada uno de nuestros platos. Muchos llevan frutas y hortalizas, en forma de mermelada, sorbete, pan de maíz, etc. A veces, los productos frescos de nuestro huerto son visibles en las recetas; otras, quedan en un segundo plano, pero… siempre están.

GUISANTES LÁGRIMA

Hay una hortaliza muy especial que adoro: el guisante lágrima. Es especial porque es un guisante que solo encontramos aquí. Su personalidad la definen el sabor y la textura: al tacto, recuerda a las huevas de pescado y, cuando se parte la vaina, su sabor vegetal tiene matices dulces. Cada guisante explota en la boca y cada explosión proporciona un estallido vegetal con un dejo de dulzura extraordinario.

No son baratos: su temporada es muy breve. Con solo unos días para recolectarlos en primavera, los agricultores y cocineros tienen la meticulosa tarea de manipular cada vaina sin romper el delicado guisante.

El secreto de esta variedad de guisantes radica en la forma de recolectarlos: por la mañana, antes de que salga el sol. Es imprescindible hacerlo muy pronto para que estén tiernos, cuando solo tienen azúcares y no han empezado a producir almidón.

1. VERDURAS LICUADAS, PESCADO GRASO, SORBETE DE GUISANTES Y MANZANA

PARA 4 PERSONAS
SORBETE DE GUISANTES, MANZANA Y RÚCULA
- 150 g de guisantes en sus vainas
- 150 g de manzanas Granny Smith
- 25 g de rúcula
- 0,5 g de ácido ascórbico
- 5 g de dextrosa
- 1,5 g de sal de Añana
- 6 g de maltodextrina en polvo
- 1 g de goma xantana
- 25 g de Prosorbet (Sosa)
- 4 g de glicerina

GELATINA DE GUISANTES
- 25 g de guisantes en sus vainas
- 20 g de rúcula
- 30 g de manzana verde descorazonada y sin pelar
- ⅓ de hoja de gelatina oro
- 2 g de sal de Añana

EMULSIÓN DE TOMATE PICANTE
- 300 g de tomates en rama Busturia maduros y sin tallos
- 50 ml de aceite de oliva virgen extra
- 2 g de sal de Añana
- 0,03 g de pimentón ahumado
- 25 g de maicena

HORTALIZAS Y FLORES
- 2 *Kalanchoe blossfeldiana*
- 2 flores de *Ranunculus aestivalis*
- 2 flores de verbena
- 2 brotes de acelga
- 2 tomates amarillos de Antzuola
- aceite de oliva virgen extra, para rociar
- 1 pizca de sal de Añana
- 1 vaina de guisantes sin puntas

MANZANA ENCURTIDA
- 150 ml de vinagre de sidra
- 2 hojas de laurel
- 50 g de azúcar extrafino
- 20 g de sal de Añana
- 0,13 g de pimienta negra en grano
- 300 ml de chacolí Gorka Izagirre
- 1 manzana Granny Smith

PESCADO GRASO
- 1 anchoa
- 1 jurel
- 1 sardina
- sal de Añana, para cubrir
- 100 g de sarmientos de chacolí
- 3 g de salsa tsuyu

SORBETE DE GUISANTES, MANZANA Y RÚCULA

Retire las puntas de las vainas, escáldelas en una cazuela con agua hirviendo y páselas de inmediato a un bol de agua con hielo.

Corte la manzana en dados (con piel) y mézclela con la rúcula, los guisantes escurridos y el ácido ascórbico.

Coloque 250 ml de verduras licuadas en una batidora junto con los ingredientes restantes y tritúrelos hasta obtener una mezcla homogénea. Déjela reposar 12 horas, pásela a una heladora y refrigérela.

GELATINA DE GUISANTES

Retire las puntas de las vainas, escáldelas en una cazuela con agua hirviendo y páselas de inmediato a un bol de agua con hielo.

Escurra las vainas, tritúrelas junto con la rúcula y la manzana en una licuadora. Cuele la mezcla en una Superbag.

Ponga la gelatina en remojo en un bol de agua con hielo 10 minutos.

Caliente a fuego lento el 10 % del licuado de verduras obtenido en una cazuela. Cuando alcance los 40 °C, agregue la gelatina hidratada. Disuelva la gelatina y la sal e incorpore el licuado restante.

Con ayuda de un biberón de salsas, reparta la mezcla entre 4 boles. Déjela enfriar y resérvela en el frigorífico.

EMULSIÓN DE TOMATE PICANTE

Corte los tomates en cuartos y tritúrelos en una batidora. Páselos por una muselina, colóquelos en una batidora Vitamix o Thermomix junto con el aceite de oliva y tritúrelos hasta obtener una emulsión. Añada la sal, el pimentón ahumado y la maicena. Tritúrelo todo 2 minutos a máxima potencia. Deberá obtener una textura firme pero similar a la de la miel. Pase la emulsión a un biberón de salsas y resérvela en el frigorífico.

HORTALIZAS Y FLORES

Con cuidado, lave bien las flores y colóquelas sobre papel de cocina húmedo en un recipiente hermético. (No guarde las flores más de dos días en el frigorífico.)

Escalde los tomates, pélelos, córtelos por la mitad y resérvelos en un recipiente con un chorrito de aceite de oliva y una pizca de sal de Añana.

Retire la parte lateral de la vaina de guisantes. Escáldela en una cazuela con agua hirviendo, pásela de inmediato a un bol de agua con hielo y córtela en tiras diagonales finas. Refrigérelas en un recipiente hermético sobre papel de cocina húmedo.

MANZANA ENCURTIDA

Mezcle el vinagre con el laurel, el azúcar, la sal y la pimienta en una cazuela y llévelo a ebullición. Retire la mezcla del fuego, agregue el chacolí y déjela enfriar. Mientras, corte la manzana en dados pequeños. Añádalos a la cazuela y déjelos enfriar por completo.

PESCADO GRASO

Retire las tripas y espinas de la anchoa, el jurel y la sardina y limpie bien los filetes.

Cubra los filetes de sardina con sal de Añana, déjelos reposar 5 minutos y enjuáguelos con abundante agua. Coloque los sarmientos en una olla. Disponga los filetes en una cazuela y póngala sobre la olla. Encienda los sarmientos con un soplete de cocina y tape la cazuela para acumular el humo. Cubra las dos ollas con papel de aluminio y deje reposar los filetes 15 minutos. Retírelos de la cazuela y resérvelos en el frigorífico hasta que se enfríen y alcancen una temperatura de entre 0 y -4 °C. Córtelos en cuatro o cinco dados de 1 cm.

Cubra los filetes de anchoa con sal de Añana, déjelos reposar 7 minutos y enjuáguelos con abundante agua. Séquelos con papel de cocina y frote el dorso con salsa tsuyu. Córtelos en dos o tres dados de 1 cm.

Repita la operación con el jurel pero corte los filetes en dos o tres trozos de 1 x 2,5 cm.

PARA SERVIR

Coloque en un plato la manzana encurtida sobre la gelatina de guisantes y dibuje puntos de emulsión de tomate.

Escurra los tomates Antzuola, corte cada mitad en dos o tres trozos y colóquelos en el borde. Distribuya el pescado graso, las tiras de vaina y las flores. Coloque una quenelle de sorbete en el centro del plato y esparza copos de sal en escamas.

2. LIMÓN GRASS

PARA 4 PERSONAS
JALEA DE LIMÓN
- 50 ml de zumo de limón
- 20 g de azúcar extrafino
- 10 g de tallo de citronela cortado por la mitad

LIMONES HUECOS
- 4 limones o limas
- 12 flores de saúco blanco, para servir

GATZATUA FOIE
- 120 g de foie gras
- 50 ml de leche entera
- 50 ml de nata para montar
- 2 g de sal

JALEA DE LIMÓN

Coloque el zumo de limón colado en una cazuela con el azúcar y el tallo de citronela. Caliente a fuego lento la mezcla hasta que alcance los 115 °C y adquiera un color oscuro y una textura espesa (como la de la miel líquida). Pásela a una manga pastelera a través de un chino y déjela enfriar durante 12 horas hasta que adquiera la consistencia de una jalea.

LIMONES HUECOS

Corte 1 cm de la parte superior de cada limón o lima y extraiga la pulpa comprimiéndola con cuidado hacia el centro de la fruta con las manos sin romper la piel.

GATZATUA FOIE

Retire el exceso de grasa del foie gras y córtelo en dados de 2 cm. Caliente a fuego medio la leche y la nata en una cazuela hasta que alcance los 70 °C. Añada los dados de foie gras, baje el fuego al mínimo y prosiga con la cocción 5 minutos más. Ponga la mezcla en una batidora y tritúrela a máxima potencia hasta obtener una crema homogénea. Sale y pase la crema por un chino. Con ayuda de un biberón de salsas, rellene los limones con la crema de foie y déjelos reposar.

PARA SERVIR

Cubra los limones rellenos con jalea de limón y disponga 3 flores de saúco blanco por encima. Sirva de inmediato.

2

Gísli Matthías Auðunsson

SLIPPURINN
Strandvegur, Islas Vestman, Islandia

En las volcánicas islas Vestman, en la región meridional de Islandia, se encuentra Slippurinn, un restaurante familiar que apuesta por la cocina de mercado y de proximidad. Con una filosofía sencilla y honesta, el chef Gísli Matthías Auðunsson y su familia preparan todos sus platos con ingredientes de temporada. Las hierbas silvestres, algas y frutos del bosque se recolectan a diario; el pescado y la carne se compran a productores locales; y las hortalizas se cultivan en el huerto y el invernadero del restaurante.

Nací en 1989 en Heimaey, la isla más grande de Vestmannaeyjar (las Islas Westman) y la única que está habitada. El archipiélago se formó por la actividad volcánica alrededor de la costa sur de Islandia. La pesca ha sido desde siempre la industria principal en Heimaey. Yo provengo de una familia muy trabajadora de pescadores y cocineros y me siento orgulloso de mi legado y mi lugar de origen.

En 2011, en una reunión familiar, surgió la idea de abrir un restaurante en Vestmannaeyjar, ya que mis padres acababan de regresar aquí. Mi madre, Kata Gísla, siempre había soñado con recuperar este maravilloso taller de maquinaria antiguo que solía prestar servicio a las gradas del astillero de detrás del edificio (de donde procede el nombre, Slippurinn) y que llevaba años sin utilizarse. Un año después, Slippurinn se convirtió en realidad. Lo construimos desde cero. Al igual que mi hermana Indíana y mis padres, Kata y Auðunn, siempre he tenido muy claro cómo tenía que ser Slippurinn: un lugar encantador con un ambiente especial. Solo abriría en verano. Nuestro objetivo era crear un restaurante sostenible y trabajar con productos locales de temporada. Queríamos que nuestros comensales experimentaran aquí una intensa sensación de tiempo y espacio. Aunque el restaurante ha cambiado mucho desde que lo abrimos (cada año es más sostenible y apuesta más por los productos de temporada), nuestros pilares fundamentales siguen siendo los mismos.

Las islas están rodeadas por el océano Atlántico y el clima con fuertes vientos y la salobridad del aire dificulta las condiciones de cultivo. La ceniza de la lava suele depositarse por todas partes. Tenemos un suelo volcánico rico en minerales y nutrientes y, cuando se mezcla con la ceniza, suele ganar en acidez. Retiene mucha agua, por lo que necesitamos un buen drenaje. Nosotros cultivamos algunos productos pero también trabajamos en estrecha colaboración con agricultores del continente, cuyos invernaderos funcionan con energía geotérmica todo el año. En la isla también recolectamos hierbas silvestres, como tomillo salvaje, y diferentes tipos de algas, como kelp de azúcar, dulse, trufas de mar, kombu y musgo de Irlanda. Probablemente un 35 % de los productos del restaurante procede del huerto y un 30 % de lo que recolectamos.

Nuestro huerto está a cuatro minutos en coche del restaurante, en la costa sur de la isla. No está muy por encima del nivel del mar y en él cultivamos tubérculos resistentes como colirrábanos, rábanos, colinabos, zanahorias y patatas. Debido al viento y al frío, cubrimos nuestros arriates de hortalizas al comienzo de la temporada (algunos permanecen así casi hasta que termina). Una cubierta ayuda a crear humedad.

También cultivamos kale y hojas de ensalada, como mizuna, una mostaza japonesa que tiene un sabor intenso y un poco picante, y tenemos un pequeño invernadero para plantas más delicadas como groselleros negros, capuchinas, levístico y hierbas (distintos tipos de tomillo, romero, cebollino y eneldo).

Mi madre se encarga del huerto junto con un isleño llamado Bubba y, de vez en cuando, nuestros cocineros nos echan una mano. El huerto solo tiene actividad a partir de mayo, cuando sembramos las semillas y trasplantamos; después, esos cultivos se cosechan en julio y agosto. Para los cultivos sin flor, como patatas y otros tubérculos, utilizamos estiércol de caballo en avanzado estado de descomposición. Apostamos por métodos orgánicos sencillos. Para combatir las plagas usamos principalmente una mezcla de ajo y agua. Es muy sencillo: mezclamos el ajo con el agua y lo pulverizamos sobre los arriates. Va muy bien para los pulgones.

También trabajamos con gente del lugar. Saben que nos encantan los productos silvestres y muchos nos dejan recolectar el ruibarbo de sus huertos a cambio de un vale canjeable por unos cócteles. Además, nos proporcionan hierbas como menta, perejil y levístico. Nuestra coctelería está basada en las hierbas que recolectamos localmente: son el ingrediente principal. Queríamos ceñirnos a las hierbas, frutos rojos y especias recolectadas a mano en las islas con el objetivo de que nuestros clientes tuvieran una sensación de tiempo y espacio desde el primer sorbo. Pensamos que sería una experiencia divertida y diferenciadora.

La conservación de las hortalizas del huerto es otra parte fundamental de nuestra actividad en el restaurante. Con los tallos de las distintas hierbas elaboramos sal condimentada o los secamos y pulverizamos para utilizarlos como condimento. También encurtimos muchos tubérculos, como nabos, colinabos y zanahorias, para utilizarlos al comienzo de la temporada, poco más de medio año después de cosecharlos.

Siempre trabajamos en nuestro menú teniendo muy presentes el huerto y los ingredientes silvestres que podemos recolectar. Las estaciones cambian drásticamente y tenemos muchas microestaciones durante el verano. Después de recorrer toda la isla en busca de productos durante los últimos siete años, sabemos exactamente cuándo es el mejor momento de cada especie.

HIERBAS FAVORITAS PARA CÓCTELES

- El tomillo salvaje (*Thymus praecox subsp. arcticus*), una hierba silvestre que solo está disponible dos o tres semanas en verano. Es muy aromático, con notas de sabor a tomillo, miel y lavanda. Sin duda es mi favorita. La dejamos en infusión con sidra de pera, limón chamuscado y vodka.
- El perifollo oloroso (*Myrrhis odorata*) aporta un toque anisado, algo que a los islandeses nos encanta (nos gusta mucho el regaliz).
- El abedul tiene un sabor herbáceo que le va de maravilla a un sour que preparamos con whisky irlandés.
- Las bayas del serbal de cazadores son frutos rojos amargos que dejamos en infusión en nuestra versión del Negroni con licor de ruibarbo casero en vez del Campari del Negroni tradicional.
- La acedera crece silvestre en toda la isla y su sabor tiene un toque muy nostálgico para los autóctonos.

1. VERDURAS CRUDAS CON EMULSIÓN DE HOJAS DE OSTRA

No se puede competir con un plato de verduras frescas crudas y crujientes. Pero, para que funcione, necesita una salsa deliciosa repleta de matices. Este plato de rábanos, colinabos y nabos se sirve con una emulsión cuyos toques salinos y agridulces aportan un complejo e intenso sabor vegetal. Puede sustituir el perejil por la hierba que prefiera o utilizar 40 g de ostras crudas en lugar de hoja de ostra (*Mertensia maritima*), si lo desea.

PARA 4 PERSONAS
LEVÍSTICO DESHIDRATADO
- 40 g de hojas de levístico

EMULSIÓN DE HOJAS DE OSTRA
- 40 g de hojas de ostra, y un poco más para decorar
- 200 g de hojas de perejil
- 300 ml de aceite vegetal
- 1 diente de ajo
- 1 chalota
- 4 yemas de huevo
- 40 g de mostaza de Dijon
- 10 ml de vinagre de sidra de manzana
- zumo de limón, al gusto
- sal

VERDURAS CRUDAS
- 2 colinabos limpios
- 4 nabos limpios
- 10 rábanos limpios

LEVÍSTICO DESHIDRATADO
Seque las hojas en el deshidratador o en un horno a fuego lento durante 12 horas y redúzcalas a polvo.

EMULSIÓN DE HOJAS DE OSTRA
Triture las hojas de ostra, el perejil, el aceite vegetal, el ajo y la chalota en una batidora durante 8 minutos o hasta que el aceite alcance los 75 °C. Pase la mezcla por un colador de malla fina y por una muselina y déjela enfriar.

Triture las yemas, la mostaza de Dijon y el vinagre de sidra en la batidora limpia. Añada el aceite de hojas de ostra y siga triturando hasta obtener una mezcla completamente emulsionada. Sazone al gusto con zumo de limón y sal.

VERDURAS CRUDAS
Corte las verduras limpias en trozos del tamaño de un bocado. Resérvelas en un bol de agua con hielo.

PARA SERVIR
Pinte los laterales de los platos con la emulsión de hojas de ostra y esparza el polvo de levístico por encima. Escurra las verduras, dispóngalas de forma armónica en los platos y sirva.

2. HALIBUT MARINADO CON COLIRRÁBANO, CAPUCHINA, MIZUNA Y SEMILLAS SALADAS DE ANGÉLICA

Para elaborar este plato, marinamos el halibut con tomillo limonero del huerto, pimienta rosa y una variedad local de tomillo salvaje, lo aderezamos con un poco de zumo de limón y lo servimos con mizuna, hojas de capuchina, flores y semillas saladas de angélica (si lo prefiere, puede utilizar alcaparras deshidratadas). Aliñamos el colirrábano con crema agria y rábano picante.

PARA 4 PERSONAS
SEMILLAS SALADAS DE ANGÉLICA (OPCIONAL)
- 20 g de semillas de angélica
- 20 g de sal
- 200 ml de vinagre de sidra de manzana

HALIBUT
- 20 g de granos de pimienta rosa ligeramente machacados
- la ralladura de 1 limón
- 20 g de hojas de tomillo limonero
- 20 g de hojas de tomillo salvaje (o tomillo común)
- 120 g de sal marina
- 50 g de azúcar
- 1 filete de halibut de 600 g limpio

ALCAPARRAS DESHIDRATADAS (OPCIONAL)
- 20 g de alcaparras

COLIRRÁBANO
- 2 colirrábanos limpios
- 50 g de crema agria o *crème fraîche*
- 20 g de tallos de capuchina picados finos
- 6 g de rábano picante recién rallado
- zumo de limón, al gusto
- sal

PARA SERVIR
- la ralladura de 1 limón
- 10 g de tomillo limonero
- 10 g de flores y pimpollos de capuchina
- 10 g hojas de mizuna

SEMILLAS SALADAS DE ANGÉLICA
Si utiliza semillas de angélica, colóquelas en un recipiente con sal, ciérrelo y déjelas reposar 2 semanas. Lávelas, colóquelas en otro recipiente con el vinagre, ciérrelo y refrigérelo.

HALIBUT
En un bol, mezcle la pimienta machacada con la ralladura de limón, las hojas de los dos tipos de tomillo, la sal y el azúcar. Cubra el halibut con la marinada y refrigérelo durante 24 horas. Retire la marinada y deje secar el pescado sin tapar en el frigorífico uno o dos días (según el grosor del filete). Deberá quedar terso y seco en el exterior, con una textura similar a la del *gravlax*.

ALCAPARRAS DESHIDRATADAS (OPCIONAL)
Si utiliza alcaparras, séquelas en un deshidratador o en un horno a 60 °C durante unas 12 horas o hasta que estén crujientes.

COLIRRÁBANO
Retire las partes duras de la piel y corte los colirrábanos tan finos como sea posible con un cortafiambres. Coloque las láminas en un bol y alíñelas con la crema agria o la *crème fraîche*, los tallos de capuchina, el rábano picante, la sal y el zumo de limón al gusto.

PARA SERVIR
Corte el halibut marinado en filetes muy finos. Reparta el colirrábano aliñado en los platos, cúbralo con los filetes de halibut y decórelo con la ralladura de limón, el tomillo limonero, las semillas de angélica o las alcaparras deshidratadas, las flores y los pimpollos de capuchina y las hojas de mizuna.

2

Greg Baxtrom

OLMSTED
Brooklyn, Nueva York, Estados Unidos

El chef y propietario Greg Baxtrom está al frente de Olmsted, un restaurante de barrio en el corazón de Prospect Heights, Brooklyn. El restaurante tiene capacidad para cincuenta comensales y el comedor tiene un jardín vertical con vistas al huerto adyacente. Sirve un menú de temporada basado en el producto, para lo cual cuenta con su propio huerto y una microgranja autosuficiente que aspira a ser sostenible y totalmente libre de residuos.

En cuanto tuve claro las tres cosas que quería en mi primer restaurante (un comedor pequeño que fuera íntimo y bullicioso a la vez, una barra para diez y un espacio al aire libre), encontré el lugar perfecto en Vanderbilt Avenue, cerca de Prospect Park, Brooklyn, en 2015.

Al principio solo teníamos fuera el patio trasero del restaurante, donde montamos dos arriates grandes en forma de herradura con un sendero en medio. Fuimos resolviendo problemas sobre la marcha; mi padre, que es carpintero, construyó bancos y mesas plegables y conseguimos un aforo para 25 personas. El primer invierno pusimos estufas y mantas y, cuando hace frío, ofrecemos una selección de cócteles calientes con sidra especiada y chocolate a la taza con alcohol para que todo el mundo se sienta realmente cómodo fuera.

El huerto es ante todo un espacio agradable creado para el disfrute de los comensales. Teníamos claro que nunca iba a abastecer por completo la despensa del restaurante, aunque desde el principio intentamos hacer un hueco en el menú a ingredientes cultivados por nosotros. En el arriate exterior tenemos plantas perennes que son preciosas y además se cuidan solas, como menta, higueras, espárragos, ruibarbo y brotes de helecho, que servimos fritos como aperitivo con las bebidas.

Y en el arriate interior sembramos plantas que necesitamos para nuestra cocina (por ejemplo, unos rábanos que junto con las hojas utilizamos para un gazpacho) y que los comensales ven crecer. Cultivamos guisantes, cebollas silvestres, alcachofas, limones, pomelos, frutos rojos y un montón de hierbas, como salvia, tomillo y albahaca. Además, tenemos flores comestibles, como violetas, lavanda, capuchinas y borraja; con las flores azules de borraja adornamos nuestro postre de yogur helado y miel montada.

Ha sido un proceso de aprendizaje extraordinario: el huerto solo tiene tres años de vida. Durante un tiempo, yo mismo me encargaba de la siembra. Poco después de abrir, nuestro vecino, que trabaja en una tintorería, no necesitaba el espacio del patio, así que empezamos a alquilárselo y pudimos construir un invernadero de 3 m y crear más espacio de cultivo; pronto hicimos lo mismo con el jardín del vecino de al lado y, ahora, un edificio del final de la calle nos ha cedido otros 140 m^2 y tenemos un agricultor en plantilla que se ocupa de todo. Hoy día contamos con una superficie de unos 232 m^2 y creo que es lo mejor que hemos podido hacer en Nueva York.

Al disponer de más espacio, podemos ser más creativos: tenemos chiles serranos (con los que condimentamos un plato de vieiras) o gran variedad de tomates reliquia que utilizamos en toda la carta: hacemos un schnitzel de tomate con ricotta, bagna cauda y piperrada.

La nuestra es una cocina de producto, así que, si tenemos kale en el huerto y está en su punto, lo incluimos en el menú y las nuevas ideas suelen surgir siempre a partir de algún producto del huerto, como nuestro Rangún de cangrejo. Teníamos un montón de kale y además habíamos valorado la posibilidad de usar cangrejo, así que mezclamos los dos ingredientes con el ricotta que hacemos nosotros (lo dejamos escurrir toda la noche y la leche nos la traen de la región norte del estado de Nueva York). La salsa lleva 25 ingredientes y requiere dos horas de elaboración, pero lo servimos de manera muy informal en una cajita. Nos gusta ofrecer platos divertidos en el menú.

Tenemos un par de codornices (que se han convertido en nuestras mascotas) que ponen cuatro o cinco huevos a la semana, pero estamos a punto de conseguir ocho más para poder producir una mayor cantidad. Hacemos una especie de torrija, *pain perdu*, que caramelizamos con un huevo de codorniz encima. Se come de un bocado e intentamos prepararla siempre que podemos.

También quería tener agua corriente en el jardín y encontramos una bañera con patas abandonada bajo el puente de Brooklyn donde ahora tenemos cangrejos de río y peces. No los aprovechamos para el restaurante pero cuando tenemos niños por aquí pueden darles de comer. Además, utilizamos esta agua para pulverizar todo el huerto. No tenemos suficiente espacio para producir compost con nuestros residuos pero nos lo hacen y ahora solo generamos una bolsa de basura al día, algo increíble para una cocina con tanto ajetreo.

Al encontrarnos en un núcleo urbano, tenemos nuestras limitaciones: estamos rodeados de edificios y árboles que nos dan sombra, así que la aprovechamos para cultivar melisa, angélica, paw paw y fresas y, de vez en cuando, los pájaros se comen nuestra lechuga romana. Pero, aparte de esto, no tenemos ningún problema para cultivar en este entorno. Seguimos aprendiendo día a día y somos conscientes de que esto no es una granja, sino un microsistema, pero tener este huerto en medio de una gran ciudad es realmente increíble y supone toda una fuente de inspiración para nosotros como chefs.

INFUSIONES BOTÁNICAS

El huerto no es solo una fuente de inspiración para la cocina: nuestros cócteles llevan el nombre de las plantas que cultivamos y utilizamos para preparar infusiones y condimentos botánicos o como adorno. El Martini de la casa se hace con una infusión de capuchina en ginebra Old Tom, vermú Dolin Blanc y una tintura de hoja de laurel y, luego, se adorna con una flor o una hoja de capuchina. Otros cócteles se basan en el romero, el ruibarbo o el sasafrás.

VARIEDADES DE HORTALIZAS FAVORITAS

El kale es un integrante básico de nuestros arriates. Utilizamos tres variedades diferentes en la cocina.

- El kale Siberian (*Brassica napus var. pabularia*) es muy resistente y fácil de cultivar. Las hojas rizadas son más blandas que las de otras variedades y tienen una textura más tierna y un sabor suave.
- El kale Red Russian (*Brassica napus var. pabularia*) puede cortarse cuando está tierno y dulce o, más tarde, cuando está maduro, para apreciar su intenso sabor. Las hojas rojas son todo un espectáculo en invierno.
- El kale Nero di Toscana (*Brassica oleracea*) es otra planta preciosa para cultivar, con sus altas hojas verdeazuladas. Se pueden cortar las hojas y la planta sigue creciendo, con lo que se obtienen varias cosechas.

1. RANGÚN DE CANGREJO Y KALE

PARA 15-20
RICOTTA FRESCA
- 950 ml de leche entera
- 240 ml de nata para montar
- 5 g de sal
- 20 ml de zumo de limón

SALSA AGRIDULCE DE PIMIENTO
- 500 ml de zumo de naranja
- 250 ml de zumo de pimiento rojo
- 1 litro de jarabe de glucosa
- 500 g de vinagre de arroz
- 250 g de azúcar
- 250 g de mirin
- 1 cabeza de ajos cortada por la mitad
- ½ chile Fresno cortado por la mitad a lo largo
- 12 g de pimienta de Sichuán
- 12 g de semillas de cilantro
- 50 g de jengibre
- ½ manojo de cilantro
- 1½ cdas. de pimiento de Calabria
- zumo de limón, al gusto
- zumo de lima, al gusto
- salsa de soja blanca, al gusto
- sal, al gusto

PAQUETITOS DE RANGÚN
- 1 manojo de kale
- aceite de colza, pasa saltear
- 200 g de carne de cangrejo en conserva
- 200 g de Ricotta fresca (véase arriba)
- 1 paquete de láminas de wonton
- aceite, para freír

RICOTTA FRESCA
Mezcle la leche con la nata y la sal en una cazuela y llévela a ebullición. Vierta el zumo de limón y deje que la ricotta empiece a separarse del líquido. Cuézala a fuego lento unos 8 minutos, retírela del fuego y pásela por una muselina.

SALSA AGRIDULCE DE PIMIENTO
Ponga todos los ingredientes, excepto el cilantro, el pimiento, los dos tipos de zumo y la salsa de soja blanca, en una cazuela y llévelos a ebullición. Baje el fuego y cuézalo todo hasta que se reduzca a la mitad. Retire la cazuela del fuego y añada los ingredientes reservados y sal al gusto. Deje infusionar la salsa durante 1 hora y pásela después por una muselina.

PAQUETITOS DE RANGÚN
Saltee el kale en un cazo con un poco de aceite hasta que esté tierno. Retírelo del fuego y déjelo enfriar.

Cuando esté frío, píquelo y mézclelo con la carne de cangrejo y la ricotta. Reparta la mezcla entre 10 o 12 láminas de wonton.

Caliente el aceite en una sartén grande y honda hasta que alcance los 180 °C. Fría los wonton 3 minutos. Sáquelos con una espumadera y déjelos escurrir sobre papel de cocina. Sírvalos con la salsa agridulce de pimiento.

2. ENSALADA THAI DE REMOLACHA

PARA 4 PERSONAS
ACEITE DE CILANTRO
- 1 cda. de semillas de cilantro tostadas
- 60 ml de aceite de semillas de uva

ALIÑO
- 1 cda. de zumo de limón
- 1 cda. de zumo de lima
- 1 cda. de salsa de pescado
- 1 cda. de aceite de guindilla
- 60 ml de Aceite de cilantro (véase arriba)

REDUCCIÓN DE ZUMO DE REMOLACHA (OPCIONAL)
- 250 ml de zumo de remolacha
- 1 cda. de glucosa o jarabe de maíz

ENSALADA
- 1,4 kg de remolachas
- 120 g de tirabeques
- 1 manojo de hojas de shiso
- 2 g de semillas de sésamo tostadas
- sal

ACEITE DE CILANTRO
Triture las semillas de cilantro con el aceite de semillas de uva en una batidora.

ALIÑO
Mezcle todos los ingredientes en un bol, pase el aliño a un biberón de salsas y resérvelo.

REDUCCIÓN DE ZUMO DE REMOLACHA (OPCIONAL)
Mezcle el zumo de remolacha con la glucosa o el jarabe de maíz en una cazuela y redúzcalo a la mitad. Pinte el interior de una ensaladera con la reducción obtenida.

ENSALADA
Pele las remolachas, córtelas en rodajas con la ayuda de una mandolina común o japonesa y corte luego las rodajas en tiras de 2 cm de grosor.

Escalde los tirabeques en agua hirviendo con abundante sal unos 3 minutos y páselos a un bol de agua con hielo.

Corte las hojas de shiso en *chiffonade* y páselas a la ensaladera junto con la remolacha, los tirabeques, las semillas de sésamo tostadas y el aliño. Esparza algunas semillas de sésamo por encima y sirva.

1

2

Ivan y Sergey Berezutskiy

TWINS GARDEN
Tverskaya, Moscú, Rusia

Los gemelos Ivan y Sergey Berezutskiy están al frente de Twins Garden, su restaurante en Moscú, donde ofrecen cocina rusa con un enfoque contemporáneo. El restaurante se encuentra en el centro de la ciudad, pero también tienen su propia granja cerca, en Kaluga, que les permite tener acceso a ingredientes de temporada. Más de 150 tipos de hortalizas, frutas, bayas y hierbas crecen junto a cabras y vacas lecheras con cuya leche elaboran sus propios quesos. Ambos tienen un claro objetivo: llegar a ser completamente autosuficientes.

Nuestros restaurantes se abastecen todo el año solo de los productos de nuestra granja de la región de Kaluga. Cuenta con una superficie de 50 hectáreas e incluye 17 invernaderos: 15 para hortalizas, uno para plantas de semillero y otro industrial completamente automatizado. Además, cultivamos unos 150 tipos de hortalizas y hierbas al aire libre. En la granja también tenemos vacas, cabras, gallinas y colmenas. Criamos codornices, patos, cangrejos de río y cinco especies de peces. Y hemos plantado árboles y arbustos frutales que nos dan peras, manzanas y endrinas (*Prunus spinosa*), nuestras favoritas. Cultivamos variedades antiguas de manzanas, principalmente Bely Naliv (o Papirovka) y Antonovka, y ahora queremos hacer sidra.

Empezamos con la granja un año antes de abrir Twins Garden. Elegimos un lugar ecológicamente limpio a 150 km de Moscú. La carretera más próxima está a 10 km y los comensales pueden visitar las instalaciones por su cuenta o en visitas organizadas. Con el tiempo ofreceremos alojamiento agroturístico a los visitantes.

Queríamos tener nuestra propia granja porque no siempre encontrábamos los productos que necesitábamos y, además, para nosotros es fundamental controlar muy de cerca la calidad. La granja se puso en marcha con la colaboración de la Universidad Estatal de Agricultura de Moscú Timiryazev, que programa nuestras plantaciones y nos ayuda a llevar un registro de la producción. Además, nos aconseja sobre los cuidados del suelo. Al estar en el centro de Rusia, la granja dispone de chernozem o «tierra negra» de calidad. El primer año plantamos unas 150 hortalizas, pero solo 90 prosperaron. Para aumentar el rendimiento, la universidad nos recomendó que añadiéramos tierra de elevada fertilidad del sur de Rusia, así que hemos importado unos 42 camiones.

Nuestro objetivo es obtener productos de máxima calidad, así como recuperar variedades olvidadas y crear otras nuevas. En Rusia muchas variedades tradicionales de hortalizas se han ido perdiendo con el paso del tiempo. Las patatas son un ejemplo: se habla sencillamente de «patata roja» o «patata blanca»; solo en pequeñas granjas o huertos particulares se cultivan especies raras más antiguas, como Lorkh o Sineglazka. Para descubrir cepas antiguas, trabajamos estrechamente con laboratorios especializados privados. La universidad también nos ayuda a desarrollar nuestras semillas (actualmente cuenta con la selección más grande del país), mientras que el Instituto de Investigación Panruso N. I. Vavílov nos asesora en temas de reproducción y cultivo de variedades antiguas.

Una producción sostenible es imprescindible para crear los productos de alta calidad que queremos cultivar y pretendemos que la granja llegue a ser la más respetuosa con el medio ambiente del país. Siempre queda mucho por aprender, pero actualmente solo usamos abonos orgánicos y hacemos nuestro propio compost a partir de los desechos reciclados del restaurante y la granja. Todos nuestros animales crecen en libertad, no se les suministran antibióticos y contratamos personal especializado para cuidar de las cabras y las vacas. Nuestras cabras Anglo Nubian, por ejemplo, se ordeñan a mano y, con la leche de la mejor calidad, elaboramos ocho tipos de queso que forman parte de nuestro menú. Ningún otro restaurante de Rusia hace algo parecido.

El restaurante y la granja conforman una única entidad: la calidad de la cosecha afecta directamente a la carta; por eso trabajamos para crear una unión lo más estrecha posible. Twins Garden utiliza un 90 % de las hortalizas que cultivamos y el 10 % restante se reserva para futuros cultivos. La mayor ventaja de tener nuestra granja es que controlamos el producto desde la semilla hasta la cosecha. Y el menú siempre refleja las condiciones de la granja. Por ejemplo, como el año pasado llovió tanto, las coles crecieron más que ninguna otra hortaliza. Así que ofrecimos un menú a la carta con tres o cuatro platos diferentes que ilustraban su variedad de sabores: col con salsa de queso Sulguni, por ejemplo. Asimismo, nuestras ensaladas, que siempre están presentes en nuestras propuestas, incluyen hasta 30 tipos de hortalizas y hierbas de la granja que son un reflejo de la estacionalidad, la textura y el sabor.

La abundancia de productos nos ha permitido elaborar «vino» vegetal, que ahora servimos como acompañamiento de nuestro menú degustación vegetariano. Los sabores del vino realzan los de la comida y, actualmente, tenemos unos 40 vinos distintos en desarrollo, como los de perejil, ruibarbo, tomate, chirivía y zanahoria, por nombrar algunos.

La granja tiene su propia estacionalidad. En otoño, se prepara la tierra. En verano, deshierbamos y recolectamos. La primavera es la época de la siembra. Sembramos semillas y plantones solo después del 6 de junio, porque las heladas suelen ser antes de esta fecha. Gracias a los invernaderos nos abastecemos de hortalizas todo el año. También contratamos personal para que prepare el estanque para el invierno, trabaje con los alevines de pescado y atienda a las vacas, las cabras y las aves. Todo se estructura en diferentes funciones y áreas especializadas para obtener los mejores resultados.

En el restaurante, queríamos crear una obra de arte que mostrara la estacionalidad de las hortalizas que nuestros comensales degustan. Y el resultado es la granja cinética. La hicimos para que estas hortalizas fueran muy visibles desde la mesa del chef, desde la cocina e incluso desde la calle. Se ha convertido en una visita obligada para nuestros comensales y el espacio también cuenta con un catálogo de nuestras semillas, una cámara para el cultivo de queso y un tonel para envejecer nuestro vino vegetal. El festival anual que celebramos en septiembre nos da la oportunidad de divulgar todavía más el proceso natural e integrado del restaurante y la granja. Chefs de toda Rusia nos visitan y compartimos algunos de los secretos que se esconden detrás de la granja. Queremos que la conexión natural, que es el corazón de nuestro restaurante, se convierta en algo habitual en Rusia.

NOTAS SOBRE HORTICULTURA

Para cultivar patatas no hace falta ser un genio. Las patatas germinadas dan mejores resultados, pero los brotes no deben medir más de 5 cm antes de plantarlas. Después de recolectarlas, déjelas al sol y guárdelas por la noche en un lugar seco. Deseche las que estén en mal estado y no las almacene a largo plazo hasta al menos dos semanas después de la cosecha. Para evitar el moho, espolvoréelas con ceniza de madera.

Un consejo para horticultores: si algo no le sale bien a la primera, no se rinda. Inténtelo de nuevo. Cuando empezamos en la granja, sabíamos muy poco; no éramos agricultores. Pero la situación de los productos en Rusia nos obligó a hacerlo. Aquí no existe la tradición de cultivar buenas hortalizas, hacer un queso artesano o trabajar con leche de calidad. Teníamos muchas ganas de ofrecer un producto sano de la mejor calidad. Las propiedades de un ingrediente son tan importantes como su sabor, a veces incluso más. Queremos que nuestros productos sean sabrosos, pero también sanos.

El consejo más importante: cuando cultivas un huerto para un restaurante, debes obsesionarte con la idea. Tienes que creer en lo que haces porque solo así obtendrás resultados. Cuesta empezar, sobre todo en Rusia. Pero si queremos dar un giro radical a la industria en su conjunto y que la gente acuda al restaurante a disfrutar de la comida, debemos hacerlo. Rusia es el país más grande del mundo, con un vasto territorio, pero su desarrollo agrícola es muy pobre. Ahora estamos cambiando la situación.

Cultivamos unos 20 tipos de tomates especiales (*Solanum lycopersicum*), como corazón de buey o príncipe negro, lo que nos da una ventaja competitiva frente a otros restaurantes, y también hortalizas y hierbas peculiares, como menta «chocolate» (*Mentha × piperita f. citrata*). Esta planta aporta un pequeño matiz que puede cambiar por completo el sabor de un plato. Ofrecemos una hoja a los comensales para que la huelan como parte de nuestro menú degustación; el aroma a menta y chocolate influye en el sabor de lo que se come después, como, por ejemplo, nuestros guisantes tiernos con grosellas negras y extracto de perejil.

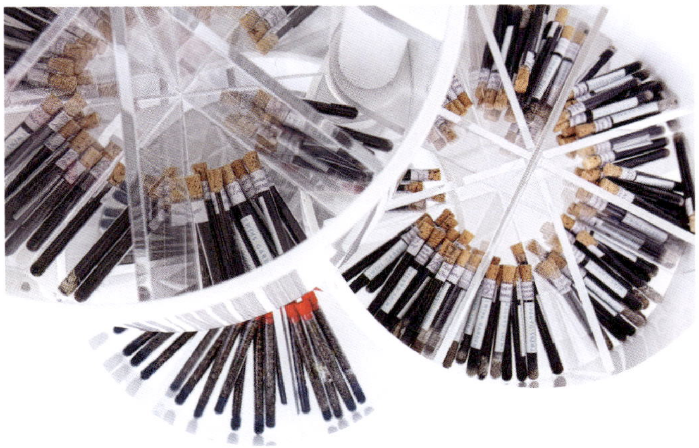

1. ENSALADA GARDEN

Los platos elaborados a partir de hortalizas, a los que prestamos una gran atención, constituyen un tercio de la carta del restaurante. Con un simple cambio de textura o temperatura, es posible resaltar todo el sabor de las verduras más comunes.

La ensalada Garden siempre forma parte de nuestro menú, aunque con variaciones de una estación a otra. Se trata de una «imagen colectiva» con la que invitamos a nuestros clientes a probar los productos cultivados en el huerto en un momento concreto del año. (La selección de hortalizas de la receta que aparece a continuación se sirve en agosto.) Puede incluir de 10 a 30 tipos diferentes de hortalizas en función de la estación y las cocinamos de distintas formas: marinamos algunas, horneamos otras y dejamos crudas aquellas que nos ayudan a crear en el plato un equilibrio perfecto entre texturas y temperaturas.

PARA 1 PERSONA
TOMATES MACERADOS
- 65 g de tomates corazón de buey
- 100 g de pimientos verdes grandes o 10 g de chiles verdes pequeños cortados por la mitad
- 10 ml de vinagre blanco al 9 %
- 20 g de azúcar extrafino
- 20 ml de aceite de girasol
- 10 g de hojas y tallos de perejil
- 50 g de cebolla blanca cortada por la mitad y en aros

SALSA DE PIMIENTO ROJO
- 3 pimientos rojos grandes despepitados
- aceite de oliva, para rociar
- sal y pimienta negra recién molida

ENSALADA
- 30 g de pimientos de Padrón
- 10 ml de aceite de girasol sin refinar
- aceite de oliva, para rociar
- 40 g de tomates amarillos en trozos
- 30 g de tomates negros en trozos
- 10 g de Salsa de pimiento rojo (véase arriba)
- 5 g de zanahoria negra pelada y en rodajas muy finas
- 5 g de zanahoria blanca pelada y en rodajas muy finas
- 2 g de cebolla roja en rodajas finas
- 2 g de rábano en rodajas finas
- 5 g de pak choi sin tallo
- 5 g de calabacín en rodajas finas
- 20 g de vainas de guisante
- 15 g de Tomates macerados (véase arriba)
- 1 g de hierbas y flores de temporada
- sal marina

TOMATES MACERADOS
Escalde los tomates en una cazuela con agua hirviendo unos segundos y córtelos en 8 trozos. Caliente los ingredientes restantes en otra cazuela hasta que alcancen los 50 °C, retírelos del fuego y añada los tomates. Deje macerar los tomates un día.

SALSA DE PIMIENTO ROJO
Sazone los pimientos con sal y pimienta, rocíelos con aceite de oliva y envuélvalos en papel de aluminio. Precaliente un horno brasa Josper a 180-200 °C. Gratine los pimientos de 15 a 20 minutos y déjelos enfriar. Pélelos y tritúrelos en una batidora hasta obtener una salsa homogénea.

ENSALADA
Saltee los pimientos de Padrón en una sartén con aceite de girasol sin refinar 4 o 5 minutos o hasta que estén tiernos. Sálelos con una pizca generosa de sal marina y rocíelos con aceite de oliva. Disponga las hortalizas (los tomates macerados, las verduras crudas y los pimientos fritos) en un plato, agregue un poco de marinada de tomate y de salsa de pimiento rojo y decore con las hierbas y las flores de temporada.

2. BAGRE AL HORNO AHUMADO CON CORTEZA DE ABEDUL, ACOMPAÑADO DE ZANAHORIAS Y SALSA DE HIERBAS

Tenemos un lago en el que criamos distintas especies de peces controlando cuidadosamente su crecimiento y alimentación. Si esta última cambia, el sabor de su carne también lo hace. En el caso del bagre, por ejemplo, nuestros clientes notan cómo su sabor y textura es diferente gracias a su alimentación.

Para prepararlo y conferirle un carácter especial recurrimos a los cimientos de nuestra gastronomía: lo asamos en una estufa rusa y lo ahumamos con corteza de abedul. Luego lo acompañamos de distintas variedades de zanahorias cultivadas en nuestro huerto y una salsa de hierbas recolectadas esa misma mañana.

PARA 1 PERSONA
SALSA DE HIERBAS
- 12 yemas de huevo
- 300 g de mantequilla sin sal fundida
- 50 g de hierbas de temporada limpias y preparadas
- 10 g de zumo de limón
- 10 g de salsa Worcestershire
- 2 g de sal
- 2 g de pimienta negra recién molida

PURÉ DE ZANAHORIAS
- 530 g de zanahorias en trozos medianos
- 30 g de mantequilla sin sal
- 15 g de jengibre fresco pelado y en rodajas
- 2 g de chile
- 600 ml de caldo de pescado
- 5 g de sal
- 2 g de pimienta negra recién molida

ZANAHORIAS HORNEADAS
- 60 g de zanahorias variadas, 10 g de ellas en rodajas finas
- aceite de oliva, para hornear

BAGRE
- 1 bagre de 500-600 g limpio y sin escamas
- 5 g de tomillo (u otra hierba aromática)
- 2 trozos de corteza de abedul de 12 x 8 cm
- sal

PARA SERVIR
- 40 g de Puré de zanahorias (véase arriba)
- 20 g de pomelo pelado en dados
- 2 g de hojas de perifollo
- 20 g de Salsa de hierbas (véase arriba)

SALSA DE HIERBAS
Bata las yemas con la mantequilla fundida en un bol refractario al baño maría hasta obtener una mezcla homogénea. Añada las hierbas y los ingredientes restantes y ponga la mezcla en una batidora. Tritúrela y pásela por un colador fino.

PURÉ DE ZANAHORIAS
Sofría a fuego medio las zanahorias en una cazuela con mantequilla hasta que la corteza adquiera un tono rojizo. Agregue el jengibre y el chile, saltéelos 20 segundos, vierta el caldo de pescado y lleve todo a ebullición. Salpimiente. Cuézalo hasta que las zanahorias estén tiernas, retírelo del fuego y tritúrelo con una batidora. Pase el puré por un colador fino.

ZANAHORIAS HORNEADAS
Precaliente el horno a 180 °C. Limpie, pele y corte las zanahorias en trozos de 6 x 1,5 cm y hornéelas unos 7 minutos.

BAGRE
Precaliente la estufa rusa a 250 °C. Sale generosamente el exterior e interior del bagre de manera uniforme. Coloque el tomillo (o la hierba aromática que desee) en el interior del pescado. Hornéelo 9 minutos. Compruebe si la zona de la cabeza está hecha antes de sacarlo.

PARA SERVIR
Con la ayuda de una cuchara, disponga el puré de zanahoria en un plato. Coloque un lecho de zanahorias horneadas sobre el mismo y disponga los dados de pomelo, las rodajas de zanahoria y las hojas de perifollo por encima. Retire el bagre de la estufa rusa y colóquelo sobre las cortezas de abedul. Encienda las cortezas y ahúme brevemente el pescado hasta que adquiera un ligero aroma. Retire las cortezas encendidas con un paño especial. Deje el pescado bajo el paño unos 10 segundos. Separe la piel, retire los filetes y colóquelos en el plato junto con la salsa de hierbas.

2

MEXIQUE
MAROC

Michel y Sébastien Bras

LE SUQUET Laguiole, Francia

Michel Bras heredó el restaurante familiar cuando tenía 33 años y consiguió dos estrellas Michelin en 1992, antes de abrir Le Suquet, un moderno edificio acristalado con vistas a la meseta de Aubrac. En 1999, Bras obtuvo su tercera estrella Michelin. Actualmente su hijo Sébastien es el jefe de cocina del restaurante, donde sirven tres menús degustación basados en una cocina creativa que se reinventa constantemente, y Michel supervisa el huerto en la población cercana de Lagardelle, donde cultiva hortalizas, frutas, hierbas y flores para el restaurante.

El huerto de Lagardelle dice mucho de nuestra cocina y nuestro amor por las hortalizas. Ingredientes recién cosechados y semillas recolectadas muy lejos y al lado de casa llegan directamente a manos del cocinero. Se ha convertido en un tesoro donde hoy cultivamos más de 200 variedades de brotes, tallos, raíces, hortalizas y árboles y arbustos frutales.

Al principio intentamos tener un huerto junto al restaurante, pero la altitud, a 1200 m, era excesiva, así que creamos otro a unos pocos kilómetros (desde cero y en seis años). Junto con los horticultores Jean-Luc Salomon y James Gould transformamos los antiguos pastos en un huerto de 1,2 hectáreas con un diseño muy estudiado. Hay 18 arriates largos elevados de cinc y también zonas de cultivo en el suelo, además de un invernadero acristalado y cuatro politúneles donde podemos cultivar plantas jóvenes o variedades tiernas de climas más tropicales como la India o Sudamérica: chiles mexicanos, 12 variedades de ajo, pápalo (una antigua hierba mexicana parecida al cilantro, *Porophyllum ruderale*) y rau-ram (cilantro vietnamita, *Persicaria odorata*).

La influencia del huerto en la cocina es absoluta: cada menú es único y cambia dos veces al día. Nuestros cocineros acuden al huerto cada mañana, desplazándose con cuidado de los arriates a los arbustos para ver qué pueden utilizar. Nuestro plato Gargouillou está compuesto por unas 60 hortalizas, hierbas, flores y brotes preparados por separado que cambian continuamente. Suele llevar *Meum athamanticum*, un hinojo alpino emblemático del restaurante; está presente en las chaquetas de los cocineros y en nuestros menús y solo crece silvestre en lugares donde el aire y el suelo son puros. El Gargouillou es un fiel reflejo de lo que se cultiva cada temporada; por ejemplo, cuanto más nos acercamos al otoño, más tubérculos lleva. Y cada mañana siete cocineros trabajan durante horas para crearlo.

Michel inventó el Gargouillou en 1980, cuando hacía senderismo por la zona. Era a mediados de verano y los pastos estaban en pleno esplendor, con el despliegue de todo tipo de aromas de flores y plantas, y pensó cómo podía integrar todo aquello en un mismo plato. Puede llevar amaranto, borraja blanca, ajo Rocambole (*Allium sativum var. ophioscorodon*), trébol, tallo de coliflor, guisantes, perifollo bulboso (*Chaerophyllum bulbosum*), capuchina, calabaza bonetera (*Cucurbita pepo*), endibia, rábano rosa, salsifí, tomate, cebollas tiernas y un largo etcétera. Es todo un homenaje a la naturaleza. Presentamos nuestro primer menú vegetariano en 1978, mucho antes de que lo verde se pusiera de moda.

La recolección en el huerto forma parte de la formación de nuestros cocineros. Pueden ver, tocar, probar y comprender el producto, que es la esencia y la razón de ser de nuestra cocina. Tenemos que saber cómo se desarrolla el sabor de nuestras plantas a lo largo de toda la temporada, cuándo han madurado por completo y cuándo podemos contar con ellas (o no). Por ejemplo, la hierba *Valeriana phu* es más dulce al principio de la temporada y amarga mucho al final. Hay que saber muy bien qué estás cultivando y cuándo hay que recolectarlo exactamente para obtener el mejor sabor.

En lugar de cultivar ingredientes que son corrientes o requieren una producción a gran escala, preferimos cultivar variedades especializadas y una de las mayores recompensas es esa sensación de viajar a través del huerto, desde Japón a Vietnam, pasando por la India y Sudamérica. Nos encanta traernos semillas interesantes cuando viajamos porque así podemos experimentar con nuevos productos. La albahaca morada, una planta sagrada con múltiples propiedades, vino a casa con nosotros después de un viaje a la India; descubrimos el sansho (*Zanthoxylum piperitum*), con sus notas a bosque y limón y un dejo algo picante, en un restaurante de Toya, en Japón; las hojas del árbol del curry (*Murraya koenigii*) evocan los puestos de los mercados de la India y son el acompañamiento perfecto del cordero; la uchuva sudamericana (*Physalis peruviana*) es una magnífica fuente de acidez; y el rau-ram de Vietnam aporta aromas mentolados a los caldos. Casi todos los sabores y continentes están representados en el huerto. Y, al cultivarlos nosotros mismos, tenemos la oportunidad de ver cómo crecen y maduran todas estas plantas y de recolectarlas cuando están en su mejor momento.

Nuestro planteamiento de la horticultura y el cultivo de hortalizas está dominado por el sentido común; somos completamente orgánicos, así que solo utilizamos abonos naturales (guardamos el estiércol año tras año, dejando que se descomponga bien antes de usarlo como fertilizante en el huerto). Sin embargo, no hemos adoptado la permacultura porque me gusta que mi huerto se vea cuidado. Por suerte, James es un horticultor muy meticuloso; el huerto tiene un diseño arquitectónico limpio con numerosas soluciones inteligentes. Por ejemplo, ha hecho un soporte con cañas de bambú para que trepen las judías verdes. También está muy bien estructurado en cuanto a la gestión del suelo y el flujo de aire, con senderos de hierba, paredes de piedra seca que protegen nuestros cultivos y una fuente para recoger el agua de lluvia que usamos en el huerto.

El huerto se gestiona completamente en función de nuestro clima, que puede incluir inviernos rigurosos; por eso está activo entre marzo y noviembre, momento en el que queda en estado de latencia hasta principios de primavera. El restaurante abre desde abril a mediados de noviembre, por lo que se adapta a la perfección a los periodos de cultivo del huerto.

Tienes que ser humilde cuando cultivas plantas, nunca hay que olvidar que es la naturaleza la que manda. Intento estar pendiente del huerto a diario; si hay alguna planta que sufre, le dedicamos más cuidado y atención. No puedes irte dos semanas fuera y regresar con la esperanza de que no te lo encuentres «decaído»: todo el huerto estará mustio.

INGREDIENTES PRINCIPALES DEL HUERTO

- Las flores comestibles siempre han sido una parte importante de nuestros menús y les damos los usos más diversos: rellenamos la corola de los lirios de día (*Hemerocallis*), utilizamos el berro amargo con aves por su sabor a pimienta, las flores y las hojas de la colleja por el aroma primaveral que aportan antes de que llegue esta estación y flores de reina de los prados por su gusto a almendra amarga.
- Tenemos muchas de las mejores variedades de guisantes, pero los tirabeques Saint Fiacre (*Pisum sativum var. saccharatum*), una variedad muy antigua, producen los mejores en cuanto a sabor y textura. Nada que ver con las judías verdes finas tradicionales.

1. CHULETAS DE CERDO CON SEMILLAS DE BRANCA URSINA

En el huerto de Lagardelle nunca falta una planta que mi abuela solía llamar «acelga rellena». Estas hojas simples siempre han sido un ingrediente recurrente en mi cocina cuando las plantas de mi huerto no están listas para su cosecha. De todas las variedades disponibles, existe una en particular que posee unas pencas de lo más agradables y jugosas, perfectas para escaldar y mezclar con chalotas y mantequilla. Mi deseo es familiarizarle con este primo de la acelga y proporcionarle una nueva visión de la remolacha resaltando todas sus texturas (desde confitada hasta crujiente) y colores.

Siempre he tenido una gran cantidad de plantas de acelgas: grandes, pequeñas y de todos los colores. Es un placer sacarlas de la tierra para comprobar si ya están listas. Siempre hay muchas, así que no hay problema si tengo que arrancar varias para comprobar si están en su punto. El huerto empieza a cobrar vida.

Recojo hojas de acelga de aquí y de allá para conseguir un ramillete de diferentes colores. También desentierro las remolachas buscando las más pequeñas y tiernas. De camino al restaurante, veo que las cunetas y setos que bordean la carretera están plagadas de matorrales de branca ursina (*Heracleum sphondylium*). El sabor cítrico de sus primeros frutos siempre me ha parecido agradable.

Este delicioso plato, acabado con remolacha crujiente, hojas de acelga tiernas y semillas de branca ursina, combina a la perfección los sabores del cerdo confitado con los de la remolacha.

CERDO
- chuletas de cerdo
- sal

REMOLACHAS
- remolachas variadas (amarillas, blancas, rojas y Chioggia) limpias

ACELGA
- hojas de acelga de distintos colores limpias
- acelga común
- mantequilla
- chalotas

REMOLACHAS CONFITADAS
- remolachas Forono
- vino tinto
- azúcar

PARA SERVIR
- hojas de remolacha
- coulis de remolacha perlada
- semillas de branca ursina
- aceite

CERDO
Sale las chuletas de cerdo y refrigérelas durante 12 horas. Pasado este tiempo, precaliente el horno. Enjuague las chuletas, introdúzcalas en el horno y baje el fuego de inmediato. Déjelas confitar 2 o 3 horas.

REMOLACHAS
Corte las remolachas en rodajas finas con una mandolina.

ACELGA
Escalde las hojas más grandes y mézclelas con mantequilla y chalotas. Lave las hojas más tiernas y jóvenes bajo un chorro de agua fría para servirlas crudas.

REMOLACHAS CONFITADAS
Confite las remolachas Forono en una mezcla agridulce de vino tinto y azúcar. Retírelas y extraiga bolitas con un sacabolas. Reduzca la salsa para servirla como aliño.

PARA SERVIR
Coloque la hoja y la penca de la acelga sobre la chuleta de cerdo y disponga rodajas de remolacha cruda y hojas tiernas en vinagreta. Añada bolas de remolacha confitada con la reducción del aliño, el jugo de cocción de la carne y unas gotas de aceite de semillas de branca ursina. Sazone al gusto con semillas de branca ursina para que, al morderlas, liberen su sabor sugerente y desconocido.

2. TRUCHA ALPINA ENVUELTA EN HOJA SANTA

Cuando llega la primavera, me gusta perderme en el huerto en busca de sus primeros tesoros. Me apasionan los primeros frutos de la temporada. En particular, los guisantes. Es un placer abrir las vainas y comprobar su dulzor y nunca me puedo resistir a mordisquear los guisantes de azúcar o los tirabeques (mi verdura favorita, junto con los rábanos), mientras espero que los tirabeques Saint Friacre (lo mejor de lo mejor) estén en su punto. Este fue mi enfoque la primera vez que preparé esta receta.

Luego, apostado en la esquina de un invernadero, una hoja santa me alcanza con sus suaves hojas verdes.

Y al inicio de la primavera recibimos siempre la primera entrega de truchas alpinas de la familia Minana, otra razón por la que espero con ansiedad este momento del año. Sylvain y Najiba, mis proveedores, han cuidado de los peces todo el invierno. Desde que nacen hasta el momento de su venta, los peces no reciben ningún tipo de tratamiento. Se alimentan de microorganismos del suelo y el aire, junto con un suplemento que contiene cereales no modificados genéticamente y sin harina de hueso.

Este plato, que quedará grabado en su memoria para siempre, ejemplifica las vívidas notas de la primavera y combina los sabores frescos e irresistibles del huerto con la personalidad refinada y exótica que caracteriza a este pescado.

- guisantes rubios de la Planèze
- caldo aromático
- mantequilla
- tirabeques tiernos amarillos
- tirabeques tiernos comunes
- ayocotes o frijoles lima
- trucha alpina
- hoja santa (*Piper auritum*)
- coulis de guisante
- sal y pimienta negra recién molida

PARA SERVIR
- guisantes de huerta
- frijoles alados
- brotes de guisante
- guisantes de azúcar
- aceite de oliva verde
- aceites infusionados, como aceite de saúco, cuajaleche y reina de los prados

Precaliente el horno al mínimo.

Cueza los guisantes rubios más tiernos en el caldo aromático. Cuando estén listos, páselos por un colador fino con un poco de mantequilla y sale el puré.

Lleve a ebullición una cazuela con agua bastante salada. Retire con cuidado las flores de los tirabeques y los ayocotes (o frijoles lima) y resérvelas. Cueza los ayocotes en el agua hirviendo.

En el último momento, corte la trucha en filetes, envuélvalos en hoja santa y hornéelos al mínimo para que mantengan su color blanco perlado. Retírelos del horno y sálelos ligeramente.

PARA SERVIR
Disponga el pescado en platos sobre una hoja santa junto con el coulis de guisante y el puré de guisantes rubios. Distribuya el resto de tirabeques, ayocotes y brotes de forma atractiva y equilibrada. Para terminar, decórelo con unas gotas de aceite de oliva y de aceites infusionados.

Nota del chef: Para mí, una receta es el resultado de adentrarme en el huerto y debe interpretarse en vez de seguirse al pie de la letra. En función del número de comensales, del lugar dónde se encuentre, de los ingredientes que tenga a su alcance, de quién sea usted o cuáles sean sus gustos, podrá añadir algunas hortalizas y eliminar otras y adaptar las recetas a sus preferencias.

Tenga en cuenta que la branca ursina (Heracleum sphondylium) *es comestible, pero no el perejil gigante* (Heracleum mantegazzianum).

1

2

Manoella Buffara

RESTAURANTE MANU
Curitiba, Paraná, Brasil

El Restaurante Manu se mantiene fiel a sus raíces y experimenta con productos autóctonos brasileños de la región de Paraná. El menú de la chef Manu Buffara cuenta la historia de la tierra, el mar, el huerto y la granja que le dieron forma. Trabajando estrechamente con productores locales, Manu ha creado un huerto comunitario agroecológico para promocionar los ingredientes, los métodos de cultivo y la biodiversidad tradicionales de la región.

Siempre quise tener un huerto o una granja. Nací en medio del campo y mis padres me criaron en su granja, así que mi relación con la horticultura y la tierra viene de lejos. Pero no quería un huerto solo para mí o mi restaurante Manu. Quería algo que pudiera compartir, algo que mostrara a la comunidad local cómo podemos alimentarnos mejor y cambiar el paisaje de nuestra ciudad.

La parcela que abastece a Manu es el Huerto Comunitario de Rio Bonito, que se encuentra en el barrio de Tatuquara, en Curitiba. En esta región templada de Brasil llueve todo el año y las temperaturas no suelen ser extremadamente altas ni bajas. En torno a un 40 % del terreno está cubierto de vegetación, lo que evidencia las buenas condiciones de cultivo que ofrece el suelo. Creamos el proyecto en una parcela donada por una empresa privada, que también está concienciada con la importancia del acceso a productos de calidad y el futuro de Curitiba. En total, el huerto ocupa una superficie de 1 hectárea y lo creó exclusivamente nuestra comunidad.

En los huertos participan cien familias; cada una dispone de unos 100 m^2 para plantar las semillas que yo les proporciono, pero también las que reciben de la ciudad de Curitiba y de un productor de semillas orgánicas, Isla. Para seguir invirtiendo en semillas, también tengo un huerto de 100 m^2 dentro de la parcela principal de Rio Bonito que reservamos al desarrollo de plantas. Aquí, cuando un cultivo ya está maduro, sencillamente dejamos que eche semillas. Después las recolectamos y secamos y las utilizamos para la siembra de la temporada siguiente. Esta reinversión crea un ciclo de cultivo continuo que se perpetúa por sí solo. El matrimonio formado por Delso y Nilda Moretti supervisa el huerto y la participación de la comunidad y está allí a diario. Todas las familias aceptan nuestras normas de participación y acuden al menos una vez a la semana. La comunidad colabora en muchas actividades, como el cultivo, el mantenimiento del suelo, la siembra, la selección de semillas, la educación en las aulas y la alimentación.

Andrey da Silva y yo vigilamos muy de cerca el huerto y compaginamos la horticultura con la cocina. Yo suelo venir cada día y Andrey se encarga de recolectar, plantar y cuidar todas las hortalizas de Manu. Practicamos la rotación de cultivos. Después de un ciclo productivo, plantamos sorgo, mijo o girasoles para devolver los nutrientes al suelo y restaurarlo para la temporada próxima. Creemos que esta es la técnica más apropiada para mantener la calidad de nuestra tierra y minimizar la agresión medioambiental que pueden provocar las prácticas agrícolas.

Abonamos el huerto con compost. Tomamos esta decisión para que el restaurante pudiera reciclar los desperdicios biodegradables que genera. Aprovechamos cualquier residuo orgánico, como pieles de frutas, pulpa, posos de café o la comida que sobra en el restaurante y la comunidad también ha aprendido a transformar los desperdicios de la cocina en abono para el huerto. Aplicamos el compost directamente en el suelo en todas las parcelas de 100 m^2.

El compostaje forma parte de nuestra filosofía orgánica y sostenible. Entiendo la sostenibilidad en el sentido más amplio: es la capacidad de los humanos de interactuar con el mundo y preservar el medio ambiente, de modo que nuestro impacto no comprometa los recursos naturales de las generaciones futuras. También me sumo al desarrollo sostenible socialmente justo.

La estacionalidad es fundamental a la hora de desarrollar nuestro huerto. Cada año seguimos un calendario que planificamos con antelación. Analizamos las variedades que queremos cultivar y vemos las que se adaptan a las temperaturas más bajas del invierno, que se verán preciosas en otoño al caer las hojas y crecerán bien en verano con temperaturas más altas.

El calendario también refleja nuestra búsqueda de especies de flores concretas, como la falsa acacia (*Robinia pseudoacacia*), el lirio leopardo (*Lilium pardalinum subsp. pitkinense*) o el lapacho blanco (*Tabebuia roseoalba*). Las flores son un distintivo de nuestro menú ya que aportan un color y un sabor increíbles. Plantamos en las estaciones adecuadas, para que las flores se conviertan en atractivas polinizadoras para nuestras abejas autóctonas, que también viven en el huerto. Gracias a esta polinización cruzada, el huerto es más productivo.

Nuestro «tesoro» más preciado es ver cómo cambia la relación entre las personas y la tierra: el conocimiento y la comprensión cotidianos de los valores sostenibles. Hemos aprendido a esperar: perdemos productos por falta o exceso de lluvia, pero hemos comprendido que la tierra se alimenta de sí misma. El trabajo en el restaurante nos resulta más satisfactorio cuando formamos parte del ciclo vital de nuestro huerto: sembrar, plantar y cosechar.

El tiempo, la madre naturaleza y, por supuesto, el trabajo humano nos proporcionan los ingredientes para la cocina. Toda mi inspiración culinaria procede del huerto, de donde surgen buena parte de mis ideas creativas, ya sea a través de mis conversaciones con la gente, con los productos que cultivamos o del descubrimiento de nuevos sabores. El menú de Manu está inspirado en lo que hay en el huerto y también experimento con métodos de cocción antiguos, como la fermentación de hojas y hortalizas. Como el menú de Manu se basa casi por completo en los productos del huerto, solemos cambiarlo a diario para reflejar lo que sucede en él.

El huerto es la clave de lo que ocurre en Manu: todo el mundo participa en el proceso, tanto el personal de la casa como el de la cocina; incluso nuestros comensales pueden visitarlo. El huerto es nuestra forma de compartir, no solo productos y cocina, sino también conocimientos y amistad con la comunidad, además de incentivar un mejor futuro para ellos.

CONSEJOS DE HORTICULTURA

¿Se ha dado cuenta de que si «olvida» un diente de ajo en el huerto, los pimpollos no tardan en aparecer? Estos pequeños *allium*, que marcan la diferencia en el aderezo de un plato, son auténticas semillas que se desarrollan con facilidad en el agua. Sus brotes pueden utilizarse en muchas preparaciones, como ensaladas y salsas.

Las nutritivas patatas también se siembran de una forma muy sencilla: solo tiene que partirlas por la mitad y enterrarlas en la tierra. En unas siete semanas, empezarán a brotar. Riéguelas regularmente y en poco tiempo tendrá una fuente de vitaminas C y B, cinc y magnesio que podrá cultivar en una maceta en casa.

Las zanahorias, además de digestivas, son ricas en pectina. Para ver cómo brotan, córteles la parte superior y déjelas en agua. Cuando empiecen a salir brotes del corte, plántelos para que la planta reciba los nutrientes que necesita para crecer. Este método suele ser más eficaz si las zanahorias son orgánicas.

La reina de la ensalada brasileña, la lechuga, es una superheroína: tiene el poder de regenerarse de sus propios trozos. Ponga unas hojas en un recipiente con agua en un lugar muy soleado. Pronto verá que echan raíces; después, plántelas para que reciban más nutrientes.

Para cultivar aguacates se necesita muy poco. Solo tiene que lavar el hueso, pincharlo con palillos y dejarlo sobre un recipiente con agua, sin sumergirlo del todo. Tardará un tiempo en echar raíces (unas seis semanas). Cuando el hueso empiece a brotar, plántelo. Pronto podrá recolectar sus propios aguacates.

También es fácil plantar jengibre: ponga un trozo en la tierra con el rizoma hacia arriba. En una semana aparecerán los brotes, que se pueden desenterrar y volver a plantar.

VARIEDADES DE HORTALIZAS FAVORITAS

- Corona de obispo (*Capsicum baccatum var. pendulum*), una guindilla dulce brasileña.
- Arracache (*Arracacia xanthorrhiza*), un tubérculo brasileño muy dulce y con un sabor único.
- Guayaba peruana (*Psidium cattleyanum*), una fruta muy ácida que por dentro parece una guayaba.
- Ñame de agua (*Dioscorea alata*), tubérculo con el que elaboramos yogur; también se consume crudo.
- Okra (*Abelmoschus esculentus*), tiene mucho sabor, pero madura muy rápido y se endurece pronto.

1. ESPINACAS Y LIMA ROSA

Este plato encuentra su inspiración en la gran ciudad, las prisas y la falta de contacto con la naturaleza. La pobre espinaca intenta liberarse de la tempura y crecer de nuevo en la ciudad de piedra: la gran metrópolis.

PARA 4 APERITIVOS
ALMÍBAR
- 120 ml de agua
- 100 g de azúcar extrafino

GEL DE LIMA
- 2 hojas de gelatina en trozos pequeños
- 75 ml de zumo de lima

MAYONESA DE RÁBANO
- 5 rábanos, 1 en rodajas finas
- 100 ml de leche entera fría
- 100 ml de aceite de semillas de algodón

TEMPURA DE ESPINACAS
- 200 ml de grasa de cerdo o aceite de semillas de algodón, para freír
- 80 g de harina de arroz
- 20 g de harina común
- 150 ml de cerveza ácida
- 2 g de levadura fresca
- 4 hojas de espinacas

PARA SERVIR
- 4 lonchas de beicon canadiense en rectángulos de 3 x 5 cm
- 4 hojas pequeñas de albahaca
- Sal

ALMÍBAR
Caliente a fuego lento el agua con el azúcar en una cazuela y cuézalos hasta que se reduzcan a 75 ml pero sin que el almíbar adquiera color.

GEL DE LIMA
Ponga en remojo los trozos de gelatina en un bol de agua con hielo 2 minutos y estrújelos después para eliminar el exceso de agua. Caliente a fuego lento la gelatina escurrida en una cazuela hasta que se funda por completo. Añada el almíbar y el zumo de lima y mezcle bien. Vierta la mezcla en un recipiente y resérvela en el frigorífico hasta que adquiera firmeza. Pásela por un colador sobre un biberón de salsas pequeño.

MAYONESA DE RÁBANO
Ponga los 4 rábanos enteros y la leche en una batidora. Tritúrelos y agregue despacio el aceite de semillas de algodón.

TEMPURA DE ESPINACAS
Caliente la grasa de cerdo o el aceite de semillas de algodón en una cazuela honda hasta que alcance los 150 °C.

Mezcle bien los dos tipos de harina con la cerveza y la levadura en un bol. Reboce cada hoja de espinaca en la mezcla y fríalas 2 o 3 minutos hasta que se doren por los dos lados.

PARA SERVIR
Coloque los trozos de beicon sobre las espinacas en tempura, añada una pizca de sal, 3 gotas de mayonesa de rábano, una mota de gel de lima en el centro y 2 rodajas de rábano superpuestas con 2 hojas de albahaca para finalizar.

2. FLOR, MAÍZ Y YOGUR

Tras instalar las colmenas para nuestras abejas en el jardín, supimos enseguida que necesitábamos flores. Esta receta es un tributo a ambas.

PARA 10 PERSONAS
HARINA DE MAÍZ FERMENTADO
- 8 mazorcas de maíz (unos 800 g)

POLVO DE CIRUELA DE SELVA
- 200 g de ciruelas de selva (*Eugenia candolleana*)

YOGUR HELADO
- 2 litros de leche entera
- 1 tarro de yogur natural
- 100 ml de miel autóctona (de abeja Mandaçaia o Uruçu)

PÉTALOS DE FLORES CONFITADOS
- 10 pétalos de rosa comestible ecológica cuidadosamente lavados y secados
- 1 clara de huevo batida hasta que esté espumosa
- 50 g de azúcar extrafino

MACARONS
- 3 claras de huevo
- 110 g de azúcar extrafino
- 110 g de azúcar glas
- 3 cdas. de Harina de maíz fermentado (véase arriba)

FLORES
- flores comestibles de su huerto

PARA SERVIR
- Polvo de ciruela de selva (véase arriba)

HARINA DE MAÍZ FERMENTADO
Desgrane las mazorcas. Coloque los granos en un recipiente de cristal hermético o una bolsa de vacío, séllela bien y déjelos reposar durante 1 semana a temperatura ambiente.

Precaliente el horno a 60 °C.

Abra la bolsa o el recipiente, pase los granos a una bandeja de horno con borde y deshidrátelos en el horno durante 2 horas. Triture los granos fermentados y deshidratados en un robot de cocina o una batidora hasta que adquieran una textura similar a la de la harina.

POLVO DE CIRUELA DE SELVA
Deshidrate las ciruelas de selva en un deshidratador a 53 °C durante 4 horas y macháquelas en un mortero hasta obtener un polvo.

YOGUR HELADO
Reserve 240 ml de leche. Caliente la leche restante hasta que empiece a hervir, apague el fuego y déjela enfriar ligeramente.

Mezcle el yogur con la leche reservada, remueva bien y añada la mezcla a la leche caliente sin parar de remover. Pase la mezcla a un bol de cristal con tapa. Envuelva el bol con un paño o una toalla gruesos e introdúzcalo en un recipiente aislante Thermos. Déjelo reposar durante 10 horas.

Forre un chino con una muselina y colóquelo sobre una cazuela. Pase el yogur por el chino y déjelo escurrir en el frigorífico 4 o 5 horas. Cuanto más líquido gotee, más espeso será el yogur que obtenga. Deseche el líquido escurrido y ponga el yogur en una cazuela. Agregue la miel y pase la mezcla a una heladora para obtener una textura cremosa. Reserve el yogur en el frigorífico hasta el momento de servir.

PÉTALOS DE FLORES CONFITADOS
Precaliente el horno a 35 °C y forre una bandeja de horno con papel vegetal. Pinte los dos lados de los pétalos con clara de huevo. Esparza un poco de azúcar sobre ellos hasta cubrirlos por completo y déjelos secar en un lugar sin humedad o colóquelos en la bandeja preparada y hornéelos de 4 a 6 horas.

MACARONS
Ponga las claras y el azúcar extrafino en una cazuela y caliéntelos a fuego medio hasta que el azúcar se disuelva. Retire la cazuela del fuego, pase la mezcla al vaso de una batidora o un bol y bátala con las varillas hasta que quede esponjosa. Agregue despacio el azúcar glas. Siga batiendo hasta que la mezcla adquiera firmeza. Reserve la masa de macarons 2 horas en el frigorífico.

Precaliente el horno a 140 °C.

Incorpore la harina de maíz fermentado a la masa y pásela a una manga pastelera. Escudille círculos en un molde de silicona. Déjelos secar 20 minutos y hornéelos unos 13 minutos hasta que estén secos y crujientes. Apague el horno y deje los macarons dentro 1 o 2 minutos antes de retirarlos.

FLORES
Mientras, deshidrate varias flores comestibles en un deshidratador a 63 °C durante unos 40 minutos.

PARA SERVIR
Rellene los macarons con el yogur helado y decórelos con los pétalos de flores confitados y las flores deshidratadas. Para terminar, espolvoree una pizca de polvo de ciruela de selva por encima.

1

2

Jen Castle y Blake Spalding

HELL'S BACKBONE GRILL & FARM Boulder, Utah, Estados Unidos

Enclavado en plena naturaleza, en Utah, Hell's Backbone Grill & Farm apuesta por la cocina regional y los ingredientes de proximidad. Las chefs y propietarias, Jen Castle y Blake Spalding, elaboran un menú de temporada que sigue los preceptos budistas de la ética medioambiental y la responsabilidad de la comunidad. En los dos huertos de la granja de 2,5 hectáreas, cultivan buena parte de los productos orgánicos de su cocina. Los desperdicios se transforman en compost y se devuelven a la tierra o se utilizan como alimento para las gallinas que crían para proporcionar huevos al restaurante.

Cuando abrimos Hell's Backbone Grill en el año 2000, uno de nuestros objetivos era cultivar nuestros propios productos para el restaurante. No solo era congruente con nuestra ética, sino también una necesidad: estamos en Boulder, Utah, en la linde del monumento nacional de Grand Staircase-Escalante. Nuestro pueblo, de solo 250 habitantes, se considera uno de los más remotos de la nación y Salt Lake City, la «gran ciudad» más próxima con tiendas que venden productos orgánicos, está a más de cuatro horas.

Los primeros años nos arreglamos con un pequeño huerto cercado frente al restaurante y algunas parcelas próximas a nuestras casas. Pero cuando el restaurante creció, necesitábamos ampliar la superficie de cultivo, así que hace 13 años compramos un terreno a unos 5 km del restaurante. Era un pasto de caballos empobrecido donde no había ni un solo árbol, pero hoy, después de plantar árboles frutales y ornamentales y de cultivar la tierra durante años, la granja produce al año más de 9000 kg de frutas, hortalizas y hierbas.

Nuestra granja ocupa 2,5 hectáreas: alrededor de 1,6 hectáreas se dedican a la producción de hortalizas y frutas; la hectárea restante se utiliza como pasto para las gallinas, las cabras, las alpacas y las llamas. Como cocineras, nos preocupa mucho la calidad de los productos que preparamos y servimos a nuestros clientes, por eso trabajamos codo a codo con nuestros granjeros, Tony Jacobsen y Kate McCarty, para decidir qué se cultiva en cada estación. Cultivamos más de 130 variedades de hortalizas, frutas, hierbas, flores y árboles: muchas nos encantan y las cultivamos año tras año; otras muchas son experimentales. No pueden faltar ajos, lechugas, verduras (espinacas, berza, kale, tatsoi), espárragos, rábanos, zanahorias, remolachas, judías verdes, calabacines, pepinos, col, brócoli, patatas, pimientos, tomates, tomatillos (*Physalis philadelphica*) y calabaza. También cultivamos fresas, ruibarbo, moras, uvas y distintas variedades de manzanas, cerezas, melocotones, ciruelas, albaricoques y peras.

Pero no siempre ha sido fácil. Dedicarte a la agricultura en pleno desierto de montaña de Utah no resulta muy relajante. (Nos gusta decir que la madre naturaleza es un socio muy voluble.) A 1920 metros de altitud, la granja está a merced de olas de frío repentinas y fluctuaciones de temperatura extremas. La última helada suele ser a principios de mayo y la primera a finales de septiembre, pero puede haber una tormenta de nieve en pleno junio. Pero nuestro principal inconveniente es, con diferencia, el viento. Cada año tenemos varios vendavales con rachas de casi 160 km/h, que han destruido seis politúneles de la granja. Así que nos hemos olvidado de ellos. Criamos las plantas jóvenes en un invernadero de pacas de paja y una caravana reacondicionada, pero el resto del cultivo tiene lugar exclusivamente al aire libre, a la intemperie. Prestamos especial atención al abono del suelo (aplicando compost y estiércol e inoculando hongos a la tierra) para proteger el mantillo de los vientos y reforzar las plantas más resistentes a las condiciones meteorológicas adversas.

Sin duda, llevar una granja es un proceso continuo de adaptación. Nuestros agricultores (solemos tener tres o cuatro a tiempo completo cada temporada) tienen que afrontar imprevistos constantemente. Cuando se rompe la línea de goteo, bombean el agua del estanque de reserva. Si los guisantes se niegan a salir cuando ya hace calor, es inútil esperar a que cambien de opinión: es mejor ararlos y plantar lechugas. Si los tomates no han madurado y se acerca una helada, los recolectamos y ponemos tomates verdes fritos en el menú. En nuestra granja, cada año es distinto: hay cultivos que un año son productivos y mediocres al siguiente. Lo más importante de la agricultura es tener curiosidad por ver lo que funciona y lo que no y ser consciente de que siempre queda algo por aprender.

La granja forma parte de nuestra identidad. Nos resulta mucho más costoso mantenerla y gestionarla que pedir que nos traigan los productos de muy lejos, pero son muchas las personas que visitan nuestro restaurante (y regresan cada año) porque tenemos nuestra propia granja: quieren degustar y defender los productos cultivados de manera sostenible, de gran calidad, orgánicos y de proximidad. Son conscientes de que los ingredientes buenos recolectados hace apenas unas horas en un terreno saludable saben mejor.

Debido a nuestra ética alimentaria y al elevado coste que supone gestionar una granja, para nosotras es sumamente importante que el restaurante aproveche cada gramo de los ingredientes que cultivamos. Además de servir hortalizas y frutas recién recolectadas, apostamos por la conservación para poder servir nuestros propios productos durante los meses menos productivos. El restaurante cierra entre noviembre y marzo y durante esos meses nos dedicamos a encurtir, hacer mermeladas, congelar y deshidratar, de manera que cuando el restaurante abre en marzo y la granja empieza a despertar de nuevo, podemos seguir sirviendo nuestra mermelada de manzanas silvestres o la sopa de calabaza Blue Hubbard (*Cucurbita maxima*). Está en la línea de la forma de cocinar de los pioneros y en HBG lo llamamos «auténticamente estacional». También devolvemos nuestra comida a la granja, así que los desperdicios del restaurante (sobras, pieles de cebolla, posos de café) regresan, ya sea para alimentar a las gallinas y cabras o en forma de compost.

Intentamos que nuestros ingredientes sean de proximidad, pero al estar en medio de la nada hay productos que no están a nuestro alcance, como los cereales y algunos lácteos. Y aunque criamos gallinas ponedoras y cabras y llamas al aire libre para fertilizar el suelo, no criamos animales para su consumo. Siempre que es posible compramos carne de productores locales; el buey y el cordero proceden de ganaderos de Boulder y el cerdo y el uapití de otras zonas de Utah. Si la granja no nos proporciona algún producto, recurrimos a los recursos más sostenibles de nuestro entorno cercano.

Nos consideramos educadoras. El equipo del restaurante ha recibido formación para conversar con los comensales sobre nuestra granja y la importancia de consumir productos de proximidad, orgánicos y cultivados o criados con humanidad. Y la granja puede visitarse cada día desde las diez de la mañana hasta el mediodía. Animamos a nuestros clientes a que vengan, se apunten a una visita y hagan preguntas, porque la granja no solo es el corazón palpitante de nuestro negocio, sino también nuestra pasión y tema de conversación favorito.

AGRICULTURA DE CONSERVACIÓN

Blake es budista (y Jen se considera a sí misma una orientadora del budismo); somos una granja «inofensiva». Esto significa que controlamos las plagas sin tener que matarlas. Y, aunque no hemos hecho los trámites para obtener el certificado oficial de productores orgánicos, practicamos estos principios. Las malas hierbas se controlan con medios respetuosos con el medioambiente y para fertilizar nuestras plantas utilizamos nutrientes y productos naturales como hojas, estiércol y compost elaborado con desperdicios de comida. Los productos químicos, como fertilizantes a base de petróleo, herbicidas y pesticidas, están aquí terminantemente prohibidos. Todo lo que empleamos en la granja para favorecer el crecimiento saludable de las plantas procede de la tierra y no destruye ni desequilibra el ecosistema, no contamina el agua ni perjudica a ningún organismo beneficioso.

VARIEDADES IMPRESCINDIBLES

- Zanahoria Scarlet Nantes (*Daucus carota var. sativus*)—Le gusta mucho nuestro suelo arenoso y es increíblemente dulce tras una helada suave. Hay que refrescar las plantas cuando las hojas miden 8 cm.
- Tomate Sungold (*Solanum lycopersicum*)—Cuando cultivas al aire libre, no todos los años obtienes una buena cosecha de tomates. Sin embargo, esta variedad de tomate cherry excepcionalmente dulce garantiza algunos tomates frescos durante la temporada.
- Calabaza Ute Indian (*Cucurbita maxima*)—Cultivamos más de 25 variedades de calabaza, pero esta es nuestra favorita. Autóctona de nuestra zona, tiene la piel gruesa, una pequeña cavidad para las semillas y se conserva bien, por lo que si la cosechamos a finales de septiembre podemos servirla en nuestra comida de Acción de Gracias.

1. SOPA DE GUISANTES A LA MENTA CON CENIZO

PARA 4-6 PERSONAS, COMO APERITIVO
- 1 cda. de mantequilla
- 1 diente de ajo picado
- 1 chalota picada
- 2 cdas. de arroz blanco
- 120 g de cebolla en dados
- 750 ml de agua (o caldo de pollo, si lo prefiere)
- 270 g de guisantes frescos o congelados
- 175 g de quelite cenizo (*Chenopodium berlandieri*) silvestre picado grueso
- 1 cda. de hojas de menta picadas gruesas
- el zumo de 1 limón
- sal y pimienta negra recién molida
- crema agria, para servir

Ponga la mantequilla, el ajo y la chalota en una olla y sofríalos a fuego medio 2 o 3 minutos hasta que desprendan su aroma. Añada el arroz y la cebolla y sofríalos 5 minutos hasta que la cebolla esté tierna. Vierta el agua o caldo de pollo y cueza todo 15 minutos hasta que el arroz esté hecho.

Retire la olla del fuego y añada 1 cucharadita de sal, una pizca de pimienta negra, los guisantes, el cenizo, la menta y el zumo de limón. Triture todo con cuidado con una batidora hasta obtener una mezcla homogénea. Si desea servir la sopa caliente, es posible que deba recalentarla. Si la prefiere fría, déjela enfriar bien y refrigérela 2 horas como mínimo.

Cuando esté lista, agregue una cucharada de crema agria por encima y un poco de pimienta negra recién molida.

2. CALABACINES RELLENOS DE PIÑONES Y SALVIA

A mitad de verano, nos encontramos siempre haciendo malabares con los calabacines y cocinándolos de todas las formas posibles. Para esta receta, nos inspiramos en el entorno e incorporamos piñones. Los llamamos Zuke Canoes (canoas de calabacín). Usamos nuestras famosas galletas de pimienta negra, muy similares a los panecillos salados británicos, pero puede sustituirlas por 80 g de pan rallado mezclado con ½ cucharadita de sal y ½ de pimienta.

PARA 6 PERSONAS
- 1 cda. de mantequilla con sal, y un poco más para engrasar
- 6 calabacines medianos o grandes (de unos 20 cm de largo)
- 2 cdas. de agua
- 1 cdta. de sal
- 120 g de cebolla en dados
- 60 g de piñones tostados
- 80 g de migas de galleta tostadas
- 120 ml de vino blanco
- 2 cdas. de salvia picada
- ¼ de cdta. de nuez moscada molida
- 200 g de queso Monterey Jack rallado
- 50 g de queso crema en porciones de 5 mm

Precaliente el horno a 180 °C. Engrase un plato refractario llano.

Coloque un calabacín en una tabla de cortar. Corte un cuarto a lo largo y retire la pulpa y las semillas del interior para formar una «barca». Repita la operación con los calabacines restantes. Corte en dados las «tapas», las semillas y la pulpa y resérvelos.

Coloque las barcas de calabacín boca abajo en el plato engrasado y vierta el agua por encima. Hornéelas durante 15 minutos para que se ablanden.

Mientras, coloque las tapas, semillas y pulpa de calabacín reservados en una cazuela con la mantequilla, la sal y la cebolla y sofría todo de 15 a 20 minutos hasta que esté tierno.

Cuando las barcas estén cocidas, retírelas del horno, deseche el agua del plato y deles la vuelta. Déjelas enfriar 30 minutos.

Cuando la mezcla de pulpa de calabacín y cebolla esté cocida y tierna, retírela del fuego, agregue los piñones, las migas de galleta, el vino blanco, la salvia, la nuez moscada y 80 g de queso rallado. Remueva bien para que se mezcle todo. Por último, añada los trozos de queso crema y remueva despacio. Lo ideal es que el comensal se encuentre trozos de queso crema enteros, así que no lo mezcle demasiado.

Reparta el relleno entre las 6 barcas de calabacín y espolvoree el queso rallado restante por encima. Cúbralas con papel de aluminio y hornéelas 10 minutos. Retire el papel de aluminio y prosiga con la cocción 10 minutos más, hasta que el queso se dore

3. CRUJIENTE DE MELOCOTÓN AL ESTILO SUROESTE

Una familia navajo del Cañón de Chelly le enseñó a Blake a preparar esta receta. En Boulder tenemos muchas variedades de melocotones y albaricoques en nuestros huertos y algunos árboles tienen más de cien años. Este crujiente es una de nuestras formas preferidas de prepararlos.

PARA 6-8 PERSONAS

RELLENO
- 150 g de mantequilla sin sal fría en dados pequeños, y un poco más para engrasar
- 1,5 kg de melocotones maduros pelados y en rodajas de 1 cm
- 200 g de azúcar
- 30 g de harina común
- 2 cdas. de zumo de limón

COBERTURA
- 120 g de harina común
- 80 g de harina de maíz amarillo de molido medio
- 135 g de azúcar
- 1 cdta. de sal
- 60 g de piñones tostados

Precaliente el horno a 190 °C. Engrase un plato refractario de 20 x 25 cm.

RELLENO

Ponga los melocotones con el azúcar, la harina y el zumo de limón en un bol. Mézclelo todo bien con las manos para evitar que queden grumos de harina. Extienda la mezcla de fruta de manera uniforme en el plato engrasado y resérvela.

COBERTURA

Mezcle los dos tipos de harina con el azúcar y la sal en un bol. Integre los trozos de mantequilla trabajando la mezcla con los dedos o la pala de una batidora hasta obtener una textura de pan rallado grueso. Incorpore los piñones tostados.

Coloque la cobertura sobre la mezcla de fruta. Disponga el plato sobre una bandeja de horno para recoger los jugos de la fruta y hornéelo 45 minutos hasta que la fruta crepite y esté tierna y la cobertura dorada.

1

2

Damian Clisby

PETERSHAM NURSERIES CAFÉ
Richmond, Londres, Reino Unido

En 2002, Gael y Francesco Boglione compraron el vivero que había al lado de su casa en Petersham, a orillas del Támesis, justo al sudoeste de Londres. Dos años más tarde, después de una importante reforma, abrieron el Petersham Nurseries Café, un restaurante encantador, informal y sofisticado a la vez, construido dentro del invernadero. Siguiendo la filosofía Slow Food, sirve comida creativa de temporada y apuesta por los productos locales de calidad y los sabores italianos. El chef, Damian Clisby, trabaja con ingredientes frescos del vivero de Petersham y de la Haye Farm, una granja que gestiona Harry, el hijo de los Boglione, al este de Devon.

Como chef, he trabajado a menudo en cocinas sin ventanas, que están en los bajos, por lo que no te queda otro remedio que inspirarte en lo que lees o lo que tienes delante. En Petersham Nurseries, sin embargo, rodeados de naturaleza y flores, la inspiración nos llega directamente de las estaciones, con las que interactuamos constantemente. Un día soleado, podemos llegar al trabajo y pensar: «Vamos a cambiar el menú». Es un lugar muy creativo para trabajar porque el entorno, los huertos, las plantas y la forma de relacionarnos entre nosotros nos incita a cocinar de una manera mucho más intuitiva.

Cuando abrió el restaurante y el salón de té adyacente, los chefs empezaban su jornada en el huerto cercado, donde recolectaban hierbas, hojas de ensalada y hortalizas antes de planificar el menú. Cuando Gael y Francesco Boglione compraron el invernadero, Lucy Boyd se convirtió en la horticultora principal y aumentó la producción al plantar cultivos que se adaptaran bien al terreno o que fueran costosos o difíciles de encontrar, como puntarelle, verdolaga y achicoria. Varios años después, el huerto lo lleva Rosie Bines y las hierbas, hojas y flores comestibles, como las flores de borraja y las capuchinas, siguen muy presentes en nuestros menús. Uno de nuestros platos estrella es Scallop Crudo, que lleva vieiras cortadas en rodajas finas con guindilla verde, rábano picante, capuchinas y aceite de oliva de Zisola de producción propia, ingredientes todos ellos bastante intensos. También preparamos un fantástico pesto con capuchinas, perejil, albahaca, piñones, pecorino, ajo y aceite de oliva.

Nuestros platos son elegantes: delicados, sencillos y nada ostentosos. Las flores comestibles forman parte de nuestro ADN: usamos neguillas, violetas, prímulas y caléndulas, así como geranios o rosas, para potenciar el sabor de los platos y decorar tartas y postres y preparamos bellinis con pétalos de rosa, todo un clásico de Petersham Nurseries. El huerto nos proporciona flores ornamentales y comestibles durante la mayor parte del año; plantamos sucesivamente para alargar la temporada de cultivo y elegimos variedades de larga floración y capacidad de rebrotar.

En 2012, añadimos una nueva parcela de hortalizas con arriates elevados que se amplía año tras año. En 2015, plantamos árboles frutales y ornamentales. Así podemos disfrutar de un largo periodo de floración y cosecha de moreras, manzanos silvestres, ciruelos, damascenos, perales, manzanos, cerezos y endrinos. En el huerto también hay cuatro colmenas que nos proporcionan una exquisita miel de flores.

No tenemos la certificación de productores orgánicos pero seguimos prácticamente todos los principios y métodos de la agricultura orgánica. Siempre nos hemos preocupado por generar la menor cantidad de desperdicios posible, por lo que en la cocina es fundamental aprovechar al máximo cada planta y con los residuos de la cocina y el huerto se hace compost con el que luego elaboramos nuestro propio fertilizante líquido. Los materiales de madera se astillan y se añaden a la hierba cortada para compost. Los lechos vegetales no se cavan.

Estamos en una cuenca fluvial y el suelo arenoso de los arriates de hortalizas tiene demasiado drenaje y pocos nutrientes, por lo que añadimos nuestro propio compost a la tierra para mejorar la estructura, la retención de agua y el cociente de nutrientes. Después de aplicar con cariño mantillo y compost durante años, ahora este suelo es rico en nutrientes y materia orgánica. La tierra tiene una textura agradablemente desmenuzable, retiene la humedad pero drena con facilidad. El huerto está resguardado y resulta más cálido que otras zonas de Reino Unido. Controlamos las plagas y enfermedades con métodos biológicos sin utilizar productos químicos. También hemos empezado a experimentar con un calendario biodinámico para sembrar, trasplantar y reproducir con el objetivo de aprovechar todo el potencial.

A raíz de la ampliación del restaurante, actualmente muchos de nuestros productos proceden de la finca de Harry Boglione, Haye Farm, una explotación agrícola y ganadera orgánica de 27 hectáreas al este de Devon. La granja todavía está en sus comienzos, pero para un chef es un gran privilegio no solo disponer de huevos, pollos y corderos de confianza, sino también que tu opinión sobre los productos cuente. Cultivaremos productos que resultaría muy costoso traer de Italia, como la barrilla (*agretti*) o las flores de calabacín, pero nuestro punto de partida siempre será el entorno de Devon y las variedades que mejor se adapten aquí. Si hay algún producto de temporada que se da muy bien, lo ofrecemos en los restaurantes; en la temporada de calabacines hacemos risotto de calabacín en nuestro restaurante La Goccia Bar de Covent Garden, en Londres. Y ahora queremos intentar cultivar otras variedades interesantes y desconocidas de hierbas y frutas para preparar infusiones botánicas para los cócteles de La Goccia.

Todo lo que hacemos en la cocina tiene que ver con la idea de que Petersham Nurseries está siempre en sintonía con la época del año. Los colores de los platos evocan los del huerto y los menús cambian constantemente en función de la meteorología y las estaciones. Cuando entras en Richmond, el entorno consigue que te relajes. Podrías estar todo el día aquí, ya que es un lugar muy creativo e inspirador. Muchos restaurantes están siempre igual, tanto si los visitas en mayo como si lo haces en noviembre; en Petersham Nurseries mires donde mires siempre encuentras detalles diferentes, es un lugar en constante evolución.

CONSEJOS DE HORTICULTURA

Hemos hecho carbón vegetal para añadirlo a los arriates de hortalizas como acondicionador del suelo. Es una opción excelente para utilizar residuos de madera que son difíciles de compostar y mejora la salud y el vigor de las plantas. Cavamos una zanja, la llenamos con restos de madera y la quemamos, pero de una manera más controlada que en una hoguera normal. Después se cubre de tierra y se deja enfriar. Cuando se incorpora a los arriates, aumenta el contenido de carbono.

Para potenciar la biodiversidad dejamos que la maleza y las flores silvestres crezcan a su aire en algunas zonas, que parte del compost de madera se descomponga de forma natural y sirva de hábitat a insectos, bacterias y hongos y que las cabezuelas de flores durante el invierno sirvan de alimento a los pájaros.

Sembramos nuestras semillas de flores comestibles sucesivamente en pequeñas tandas a lo largo del año para ampliar la época de floración; por ejemplo, plantamos cultivos anuales resistentes en septiembre para tener las flores a principios de primavera.

VARIEDADES DE HORTALIZAS FAVORITAS

- Borraja (*Borago officinalis*)—Las flores comestibles, de un intenso color azul, tienen un dulce sabor a miel y se cultivan para decorar platos o servirlas fritas.
- Achicoria Pan di Zucchero (*Cichorium intybus*)—Achicoria de hojas anchas y suaves para crear la ensalada favorita de Francesco, que le recuerda su idílica infancia en Italia.
- Capuchina (*Tropaeolum majus*)—Maravillosa para preparar mantequillas y pestos, añadirla a ensaladas y decorar platos.
- Calabacín (*Cucurbita pepo var. cylindrica*)—El restaurante utiliza sus flores en abundancia entre mayo y septiembre y las sirve rellenas y fritas.

1. FLORES DE CALABACÍN CRUJIENTES CON HOJAS DE SALVIA FRITAS

PARA 3 PERSONAS, COMO APERITIVO

- 150 g de harina de tipo «00», y un poco más para espolvorear
- 100 g de maicena
- 1 cdta. de levadura en polvo
- 500 ml de agua con gas muy fría
- 2 litros de aceite de girasol
- 5 hojas de salvia
- 6 flores de calabacín mediano
- 1 pizca de sal
- gajos de limón grandes, para servir

Treinta minutos antes de servir este plato, mezcle en un bol la harina con la maicena, la levadura y el agua con gas despacio y con las manos. Reserve el bol con el rebozado sobre otro bol con hielo para que se mantenga frío.

Caliente el aceite de girasol en una cazuela hasta que alcance los 170 °C. Fría las hojas de salvia unos 20 segundos (se harán muy rápido). Retírelas con una espumadera y déjelas escurrir sobre papel de cocina. Resérvelas.

Espolvoree las flores de calabacín con un poco de harina y sumérjalas en el rebozado, asegurándose de que queden bien cubiertas por todas partes. Fríalas, en una sola tanda, 2 o 3 minutos hasta que se doren y estén crujientes. Retírelas con una espumadera, escúrralas bien y sazónelas con una pizca de sal.

Sírvalas en un plato con las hojas de salvia fritas y los gajos de limón.

2. ENSALADA DE VIEIRAS CRUDAS CON RÁBANO, GUINDILLA Y LIMÓN

Este plato está inspirado en las flores de capuchina. Sus llamativos colores decoran el huerto y su sorprendente sabor picante combina a la perfección con el dulzor de las vieiras crudas.

PARA 2 PERSONAS

- 6 vieiras muy frescas limpias y sin huevas
- ½ limón grande
- 1 rábano blanco
- 1 rábano sandía
- ½ guindilla verde ojo de pájaro picada fina
- aceite de oliva virgen extra, para rociar
- 2 pizcas de sal marina, y un poco más para condimentar
- 2 pizcas de Shichimi Togarashi
- 16 flores de prímula, capuchina o violeta limpiadas cuidadosamente con un paño húmedo

Corte las vieiras en rodajas finas (podrá cortar cada vieira en unas 5 rodajas) y colóquelas en dos platos.

Ralle la piel del limón sobre las vieiras con un rallador Microplane y exprima su zumo sobre las mismas.

Corte los rábanos en rodajas finas y póngalas en un bol de agua con hielo.

Coloque la guindilla picada en otro bol y rocíela con un chorrito de aceite de oliva.

Para emplatar, sazone las vieiras con una pizca de sal marina, una pizca de Shichimi Togarashi y el aliño de guindilla y aceite de oliva.

Escurra las rodajas de rábano y séquelas bien con papel de cocina. Sazónelas con sal y abundante aceite de oliva y dispóngalas sobre las vieiras.

Para terminar, decore el plato con las flores elegidas.

1

2

Mauro Colagreco

MIRAZUR
Menton, Costa Azul, Francia

El chef de origen argentino Mauro Colagreco abrió su primer restaurante en un edificio acristalado de la década de 1930 en la Riviera francesa en 2006, cuando solo tenía 29 años. En pocos años transformó el huerto que lo rodea en «el corazón espiritual» de su restaurante con dos estrellas Michelin. El menú, que evoluciona constantemente, está inspirado en el paisaje de la frontera entre Francia e Italia, los Alpes y el Mediterráneo, así como en las hierbas, hortalizas y frutas que se recolectan a diario.

El huerto de Mirazur es típico de la región de la Costa Azul que se extiende entre Niza y Bordighera, al otro lado de la frontera con Italia. El restaurante está en la ladera de una montaña con vistas a la ciudad de Menton y el huerto está justo por encima del nivel del mar y se extiende a lo largo de un inmenso acantilado que ofrece vistas de 180° sobre el Mediterráneo y hasta el cabo Martin. Para mí es un lugar espectacular.

La única manera de transformar un paisaje como este es construir bancales o *restanques*, como se denominan aquí. Al estar tan solapados, dan la impresión de formar un laberinto y, cuando estás en uno de los bancales superiores y de repente no sabes cómo bajar, se produce un momento realmente mágico. En sus orígenes era un elegante jardín ornamental de una lujosa villa (se dice que pertenecía al rey de Bélgica), con fuentes, estanques y arriates de flores, pero cuando llegamos aquí, la naturaleza se había adueñado de su espacio y esto era una auténtica selva.

El huerto está detrás de mi casa y a solo cinco minutos andando del restaurante. Hace siete años, Laure, la horticultora, empezó con cinco macetas y desde entonces el huerto se ha ido ampliando año tras año, transformando los bancales descuidados, uno tras otro, en parcelas. La última incorporación ha sido un pequeño invernadero en el que cultivamos nuestras propias plántulas, incluso en invierno.

Cultivamos las hortalizas que me gusta incorporar a mis platos: puerros, guisantes, tomates, patatas, ajos, cebollas, zanahorias, nabos, remolachas, coles, judías verdes y calabazas. También hierbas y flores, aunque algunas crecen silvestres: acedera, romero, milenrama, borraja, menta, cilantro, diente de león y capuchinas. Cada día, un cocinero se encarga de recolectar flores y hierbas y de supervisar su transformación en la cocina.

Es un lugar increíble para dar rienda suelta a la creatividad: el recinto original se ha transformado en un oasis comestible. Cultivamos menta, ajo y verdolaga en las antiguas fuentes. Dejamos que las calabazas se extiendan por los viejos estanques, los mandarinos de 50 años y las balaustradas de piedra: me siento especialmente orgulloso de las calabazas almizcleras Tromba d'Albenga (*Cucurbita moschata*), que dan frutos de formas preciosas y sabor delicado. También aprovechamos los resquicios de sombra de las balaustradas para cultivar ruibarbo y cubrimos algunas paredes con fresas o dejamos que las judías verdes y los guisantes trepen por ellas.

Menton Garavan, donde nos encontramos, tiene fama de ser el único lugar de Francia donde maduran los plátanos y este microclima tropical es ideal para los alquequenjes, que nos regalan frutos deliciosos en invierno, o para los tomates, por los que siento verdadera pasión. Cultivamos 40 variedades, incluidas Green Zebra y Andine Cornue. Me recuerdan a mi niñez, cuando preparaba una salsa con tomates y albahaca de casa con mi abuela italiana.

Los garbanzos, que se han cultivado desde siempre en la región, no necesitan suelos ricos y también se dan bien. Los guisantes son una hortaliza bastante temprana gracias a los inviernos excepcionalmente suaves y nuestros cítricos, incluidos los mandarinos, crecen espectaculares. Finalmente están los productos exóticos que probamos en pequeñas parcelas: por ejemplo, estamos intentando aclimatar una variedad de maíz que traje de los Andes. Me encanta traer semillas de mis viajes y ver si les gusta mi huerto.

Sin embargo, el pesado suelo arcilloso y los bancales orientados al sur, que se calientan como un horno en verano, no son aptos para cualquier planta; hemos tenido que mejorar el suelo durante años con compost y estiércol y hemos plantado árboles frutales para que den sombra, así podemos cultivar tubérculos y raíces, como remolachas, o plantas que requieren muchos nutrientes, como el frambueso.

Al tener el huerto tan cerca de la cocina puedes probar una planta en todas sus fases de crecimiento: las hojas, las flores, las semillas verdes y las secas del cilantro tienen sabores muy distintos. Lo mismo sucede con la capuchina, la rúcula y las cebollas. Muchas hortalizas, incluidos los guisantes, también tienen un delicado dulzor cuando son tiernas. Pero la cocina también influye en el huerto: hace poco decidimos cultivar fresas junto al ruibarbo. Si saben tan bien juntos, ¿por qué no plantarlos también juntos?

No podemos producir todos los productos que utilizamos en la cocina, pero cada mes intentamos ser autónomos con una hortaliza de temporada. Por ejemplo, col en febrero, puerros en marzo, guisantes en abril o garbanzos tiernos en mayo.

Me gusta decir que en el huerto de Mirazur no hay cuatro estaciones, sino 365. La temporada de cosecha puede ser muy breve para algunas hierbas y flores, así que tenemos que vigilarlas muy de cerca para no perderlas, y cambiamos nuestra rutina diaria las veces que haga falta para adaptarnos a la naturaleza. Tenemos la suerte de que aquí el invierno dura poco; el restaurante cierra entre finales de diciembre y enero, mientras la naturaleza descansa, y luego el huerto es productivo desde febrero hasta noviembre.

Nuestra filosofía hortícola está inspirada en numerosas prácticas, incluidas la agroecología, la permacultura, la biodinámica y la agricultura natural. Cubrimos con mantillo, cultivamos por capas (bajo los árboles, por ejemplo), plantamos plantas complementarias y no utilizamos fertilizantes, herbicidas ni pesticidas químicos. Hacemos nuestro propio compost con los desperdicios de origen vegetal del restaurante y, finalmente, dejamos crecer la maleza en algunas zonas para favorecer la biodiversidad.

Sigo aprendiendo cada día. No pienso en éxitos y fracasos, pues son dos caras de la misma moneda. Hay cultivos que no funcionan y otros que superan nuestras expectativas. Lo realmente importante es el factor sorpresa y los conocimientos que adquirimos al ver cómo actúa la naturaleza aquí, en este trocito de paraíso.

CONSEJOS DE HORTICULTURA

El enriquecimiento del suelo es un proceso constante. Todo el equipo del restaurante viene unas horas al mes al huerto para colaborar cuando tenemos entre manos proyectos grandes como añadir mantillo en zonas extensas. Utilizamos nuestro propio compost, hecho con los residuos vegetales del restaurante, y también hemos empezado a experimentar con *terra preta*, una tierra oscura y de gran fertilidad enriquecida con carbón vegetal que desarrollaron los pueblos precoloniales en la cuenca del Amazonas.

Siempre hay que tener curiosidad. Se supone que los garbanzos son una planta anual en Francia, pero decidimos conservar algunos ejemplares durante el invierno para ver qué sucedía: no solo sobrevivieron, sino que también son los más productivos.

No tenga miedo de sembrar demasiado. Nosotros plantamos tomates pequeños entre guisantes a principios de la temporada. Nos permite disfrutar el final de la temporada del guisante, mientras los tomates tienen tiempo de crecer y así el suelo está siempre lleno, lo que ayuda a evitar las malas hierbas y retiene la humedad.

VARIEDADES DE PLANTAS FAVORITAS

- Calabaza Tromba d'Albenga (*Cucurbita moschata*)—Variedad autóctona de calabaza de formas bonitas y sabor delicado.
- Rúcula (*Eruca sativa*)—Tiene un sabor increíble. Crece silvestre en todo el sur de Europa y la llevaron a Argentina los colonizadores europeos. Se ha aclimatado de maravilla al huerto. Y también debería probar sus flores.
- Mostaza india Dragon Feathers (*Brassica juncea*)—Con hojas verdes y rojas de sabor picante.

1. JUDÍAS VERDES, CEREZAS Y PISTACHOS

Esta es una de mis primeras recetas y la más sincera que he creado jamás: ¡hay tanta nostalgia en este plato! Me traslada a la niñez, cuando mi madre preparaba judías para cenar y las decoraba con pistachos. Cultivo distintas variedades de judías verdes en mi huerto y compro las cerezas a un magnífico productor local que se encuentra a solo 20 minutos de Mirazur, en el valle de Gorbio, un pequeño pueblo entre montañas. Esta receta surgió cuando cultivé por primera vez judías verdes. Tenía muchas ideas sobre cómo emplearlas pero, sobre todo, quería compartir con mis comensales todos mis recuerdos en un plato único.

PARA 4 PERSONAS
VINAGRETA
- aceite de oliva virgen extra
- vinagre blanco balsámico
- 50 ml de aceite de pistacho

HORTALIZAS
- 200 g de judías verdes
- 100 g de judías lima
- 100 g de judías amarillas de cera
- 1 calabaza Tromba d'Albenga
- 1 trozo pequeño de jengibre fresco pelado
- aceite de oliva, al gusto
- flor de sal, al gusto

PARA SERVIR
- 1 chalota en dados pequeños
- 100 g de cerezas deshuesadas
- acederilla
- flores de pamplina
- ¼ de cebolla roja en dados pequeños
- 20 pistachos pelados
- hojas de rúcula silvestre

VINAGRETA
Prepare una vinagreta con los dos tipos de aceite y el vinagre.

HORTALIZAS
Escalde los tres tipos de judías en una cazuela con agua hirviendo y sal durante unos 2 minutos. Escúrralas y refrésquelas en un bol de agua con hielo.

Corte la calabaza en rodajas gruesas a lo largo con la ayuda de una mandolina.

Escurra las judías, colóquelas en un bol y sazónelas con el jengibre recién rallado, el aceite de oliva y la flor de sal.

PARA SERVIR
Coloque las judías en los platos de modo que aporten volumen. Añada rodajas de calabaza, dados de chalota, cerezas, acederilla y flores de pamplina. Aliñe la ensalada con la vinagreta y flor de sal al gusto. Por último, disponga unos dados de cebolla roja, 5 pistachos y algunas hojas de rúcula en cada plato.

2. MANDARINA, CALABAZA, GRANIZADO, MIEL Y VAINILLA

El invierno no suele ser bueno para los huertos, pero Menton tiene un microclima favorable para todos los cultivos y es un pequeño paraíso para los cítricos. Sin embargo, un invierno especialmente duro solo cosechamos frutos del antiguo mandarino y algunas calabazas. Mientras pensaba qué podía hacer con ellos, recordé que mi padre solía preparar mermelada de calabaza: así fue como surgió este plato.

PARA 10 PERSONAS
PURÉ DE CALABAZA
- 200 g de mantequilla
- 1 kg de calabaza fresca picada
- 50 ml de almíbar sencillo

CALABAZA CONFITADA
- ½ calabaza en dados de 5 mm
- 200 ml de almíbar sencillo

GRANIZADO DE MANDARINA
- 1 hoja de 2 g de gelatina
- 1 litro de zumo de mandarina
- 150 g de azúcar extrafino

POLVO DE MANDARINA
- 100 g de piel de mandarina
- 1 litro de agua
- 30 g de azúcar extrafino

CREMA CHANTILLÍ DE MIEL Y VAINILLA
- las semillas raspadas de 1 vaina de vainilla
- 500 ml de nata para montar
- 45 g de miel de acacia
- 10 g de azúcar glas

GAJOS DE MANDARINA
- 4 mandarinas

PURÉ DE CALABAZA
Funda la mantequilla en una cazuela y añada la calabaza. Tape la cazuela con papel de horno y sofríala a fuego lento hasta que esté hecha. Suba el fuego para secarla y, después, tritúrela en una batidora con el almíbar.

CALABAZA CONFITADA
Mezcle los dados de calabaza con el almíbar en una cazuela y cuézalos 3 minutos. Páselos a un recipiente y resérvelos en el frigorífico.

GRANIZADO DE MANDARINA
Ponga la gelatina en un bol con agua y déjela a temperatura ambiente hasta que se ablande.

Vierta 250 ml de zumo de mandarina en una cazuela, agregue el azúcar y caliéntelo a fuego lento hasta que se disuelva. Retire la cazuela del fuego, añada la gelatina escurrida y remueva hasta que se disuelva. Vierta el zumo restante y deje enfriar la mezcla. Pásela al congelador y rállela con un tenedor. Reserve el granizado en el congelador.

POLVO DE MANDARINA
Escalde la piel de mandarina en una cazuela con agua hirviendo y escúrrala. Caliente agua en una cazuela, agregue el azúcar y remueva hasta que se disuelva. Añada la piel de mandarina escaldada. Cuézala en el almíbar unos 30 minutos. Escúrrala y déjela secar de 24 a 36 horas. Tritúrela hasta obtener un polvo.

CREMA CHANTILLÍ DE MIEL Y VAINILLA
Bata todos los ingredientes hasta obtener una crema chantillí. Pásela a un recipiente hermético y resérvela en el frigorífico.

GAJOS DE MANDARINA
Separe los gajos de mandarina y corte cada uno en tres trozos.

PARA SERVIR
Ponga una capa de puré de calabaza en vasitos de cristal, haga un hueco en el centro y rellénelo con unos trozos de mandarina y dados de calabaza confitada. Disponga crema chantillí por encima y esparza un poco de polvo de mandarina. Agregue una capa fina de granizado y rocíelo con un poco más de polvo de mandarina.

3. MARTINI DE TOMATE, FLORES DE JARDÍN Y AZAFRÁN

Me encantan todos los tomates, sus distintos sabores, colores y formas, y en cualquier preparación: crudos, cocidos, dulces, en salsa... Yo cultivo más de 35 variedades y cada estación creo nuevos platos, pero este es uno de mis favoritos.

PARA 10 PERSONAS
MARTINI DE TOMATE
- 1 kg de tomates maduros
- 6 hojas de albahaca
- 5 g de sal
- 7 g de hojas de gelatina

ACEITE DE AZAFRÁN
- 3 hebras de azafrán
- 150 ml de aceite de semillas de uva

PARA SERVIR
- aceite de oliva
- hojas de albahaca
- flor de sal
- flores comestibles de temporada

MARTINI DE TOMATE
Ponga los tomates, las hojas de albahaca y la sal en una batidora y tritúrelos. Pase la mezcla por un colador fino sobre un bol y déjela escurrir toda la noche.

Al día siguiente, aparte 500 ml del agua de tomate y resérvelo.

Coloque las hojas de gelatina en un bol con agua fría y déjelas a temperatura ambiente hasta que se ablanden. Escúrralas.

Caliente en una cazuela un poco del agua de tomate restante y añada la gelatina reblandecida. Vierta la mezcla en el agua de tomate reservada y sirva 50 ml en cada copa de martini. Refrigérelas durante 1 hora.

ACEITE DE AZAFRÁN
Coloque las hebras de azafrán en el aceite de semillas de uva y déjelo infusionar.

PARA SERVIR
Decore los martinis con un chorrito de aceite de oliva, hojas de albahaca, aceite de azafrán, una pizca de flor de sal y flores de temporada.

1

Kyle Connaughton

SINGLETHREAD FARM
Healdsburg, California, Estados Unidos

Inaugurado en 2016 con gran éxito, SingleThread es un proyecto que engloba un restaurante, un hotel de lujo y una granja orgánica de 2 hectáreas en el norte de California. Fruto de la visión única del matrimonio formado por Kyle y Katina Connaughton, todos los elementos de SingleThread revelan su pasión por la cultura y el diseño japoneses. El jefe de cocina Kyle está especializado en cocina moderna creativa. La cocina tradicional japonesa Kaiseki, en total conexión con la naturaleza, es la fuente de inspiración de su menú degustación formado por 11 platos. Las recetas se elaboran con los mejores productos de temporada de la granja, que gestiona Katina.

Creamos la granja SingleThread en 2015, un año antes de abrir el restaurante. Los productos de cosecha propia eran una parte fundamental de nuestra filosofía y Katina era una experta en la materia porque había estudiado Horticultura y Agricultura Sostenible.

Ubicada a unos kilómetros del restaurante, la granja forma parte de un viñedo histórico flanqueado por el río Ruso a su paso por el condado de Sonoma en dirección al mar. Katina eligió una parcela en barbecho entre las vides y el río y empezó de cero: cavó un pozo, instaló la electricidad y preparó la tierra. Ahora la granja cuenta con un gran invernadero, politúneles, arriates elevados, campos, gallineros, árboles frutales, olivos, colmenas y pastos para el ganado. Proporciona la mayoría de lo que necesitamos en el restaurante, incluidas hortalizas, frutas, hierbas, flores comestibles, miel, huevos y aceite de oliva, además de flores para el comedor y el hotel.

Sonoma se encuentra en el corazón de la región vinícola del norte de California, unos 45 minutos al este del océano Pacífico. Estamos bendecidos por un clima mediterráneo, con nieblas bajas por las mañanas, días cálidos y noches frías casi todo el año. El suelo es rico y denso en minerales de la capa freática del río. Todo esto nos permite cultivar todo el año.

Nuestra intención ha sido siempre crecer conforme a la naturaleza. Aplicamos métodos orgánicos y seguimos un sistema del almanaque agrícola japonés que divide el año en 72 «microestaciones» o *kō* de solo unos días cada una. Cada *kō* se asocia a un hecho, como la última helada o la maduración del trigo. Nosotros lo hemos adaptado a nuestras estaciones y nuestro clima y hemos comprobado que es un método efectivo para hacer un buen seguimiento y reaccionar a los continuos cambios que se producen en los campos. Este sistema nos ayuda a decidir el mejor momento para sembrar, plantar o cosechar distintas variedades, en función de las condiciones meteorológicas, la temperatura, etcétera.

Katina gestiona la granja día a día, compartiendo el papel de capataz con Jonny Wilson. Juntos supervisan el trabajo de otros cuatro agricultores a tiempo completo. Su jornada empieza temprano (al menos una persona llega a las cinco de la mañana) y la dedican a deshierbar, plantar, preparar las semillas, acondicionar los arriates para la rotación de cultivos e incluso hacer de apicultores (la actividad polinizadora de las abejas de nuestras colmenas es fundamental para la biodiversidad de la granja). A última hora de la mañana, el equipo de la granja empieza la cosecha diaria, que llevan a la cocina justo cuando llegan los cocineros. Después, regresan a la granja y siguen con su trabajo, casi hasta que se pone el sol.

En la azotea del restaurante también cultivamos hortalizas, hierbas, flores comestibles, cítricos y manzanos. Los productos se utilizan en la cocina, pero este espacio también es para disfrute de nuestros comensales, que pueden empezar o terminar su comida allí.

Usamos el término japonés *shun* para referirnos al momento en que una fruta u hortaliza está en su punto óptimo de madurez y sabor. Nuestros menús dependen de lo que está en *shun* y evolucionan constantemente para emplear estos ingredientes, por lo que a menudo cambian a diario. En un momento dado podemos tener más de cien variedades de hortalizas, frutas y hierbas creciendo en la granja, aunque algunas solo aparecen fugazmente. De algún modo, estos son los ingredientes más emocionantes para nosotros: nos recuerdan que tenemos que valorar el momento. Las moras son un buen ejemplo. Tenemos solo dos o tres cosechas pequeñas y las primeras se sirven tal cual a los comensales para que las disfruten al natural. Cuando empiezan a ablandarse y su sabor se intensifica, las transformamos en un postre que precede al principal: una especie de sorbete de mora con leche de soja fresca aireada e infusionada con shiso.

A diario ofrecemos un menú degustación de 11 platos. Las recetas son modernas y sofisticadas, pero maravillosamente frescas: con gran influencia de la cocina japonesa, pero también de la californiana. Cocinamos directamente en el fuego o en *donabe*, unas ollas de arcilla tradicionales japonesas. Nuestra propuesta puede incluir platos como los corazones de alcachofa cocidos en dashi, aceite de oliva y cítricos o una gran variedad de tomates, unos marinados en *ponzu* (una salsa ácida) de tomate y otros semideshidratados y rellenos de puré de hierbas, aliñados con dashi de tomate ahumado y *amazake* (una bebida de arroz fermentado) de pepino congelado. Solemos servir pescado cocinado en el *donabe*, como bacalao negro con costra de hierbas, con las hortalizas del día. De postre nos gusta servir chirivías rehogadas con mantequilla avellana con sorbete de laurel sobre *crème fraîche*.

Como el menú, la granja evoluciona constantemente y siempre estamos probando nuevas variedades. Es un proceso continuo de aprendizaje. A veces las cosas no salen bien: hemos tenido variedades de pepino que amargaban demasiado, melones que no eran dulces, verduras astringentes y calabazas bonitas pero sin sabor. Algunas semillas pueden resultar problemáticas, pero en general se debe a dos motivos: muchas hortalizas y frutas son increíblemente sensibles al suelo y el entorno. A menudo, las semillas ofrecen resultados sorprendentes en un lugar pero no en otro. Por eso la agricultura es tan compleja y apasionante a la vez. Es como cocinar: hay que experimentar hasta dar con la combinación perfecta.

CÓMO CONSEGUIR UN SUELO SALUDABLE

Nuestro mejor consejo para cualquier horticultor es que dedique sus mayores esfuerzos al suelo. Si está pendiente de él, le dará grandes productos y bonitas flores. Nosotros «reparamos» constantemente el suelo, es decir, le damos lo que necesita, le devolvemos siempre lo que le hemos quitado y lo dejamos descansar de vez en cuando.

El compost es una buena opción básica para mejorar el suelo porque potencia los nutrientes y crea estructura. La harina de pescado natural es otro buen alimento que nos gusta sobre todo para los tomates, que son plantas insaciables: guardamos las cabezas de pescado, las congelamos y las incorporamos a la tierra antes de plantar las tomateras. El pescado se deshace poco a poco y les aporta los nutrientes que necesitan.

La rotación de cultivos también es sumamente importante. Si se cultiva la misma planta en el mismo sitio año tras año, el suelo puede llegar a agotarse. Alternamos plantas voraces como el maíz y la calabaza con otras menos exigentes, como los tubérculos. Además, es fundamental entender que ciertos cultivos apuran determinados nutrientes y otros los devuelven. Las Brassicas requieren mucho nitrógeno, por ejemplo, así que las plantamos en una parcela donde previamente hemos cultivado leguminosas como guisantes o judías verdes, que absorben el nitrógeno del aire y lo «fijan» en el suelo. Los tréboles también fijan el nitrógeno y los utilizamos como cultivo de cobertura; los cultivamos unos meses y luego los devolvemos al suelo en forma de abono vegetal.

KYO-YASAI

Todo lo que cultivamos es apasionante, pero nos gustan sobre todo las hortalizas poco comunes que podemos compartir con nuestros comensales. Estamos especializados en variedades japonesas únicas, en concreto de la región de Kansai, llamadas *kyo-yasai*:

- *Kujo negi* (*Allium fistulosum*)—Nos encanta esta cebolla tierna japonesa por su largo tallo blanco y su sabor suave. Es una constante en una granja que siempre está en estado de fluctuación: la cultivamos todo el año. De hecho, es tan importante para nosotros que el logotipo de SingleThread está inspirado en la flor de esta planta.
- *Kamo nasu* (*Solanum melongena*)—Un tipo de berenjena redonda. La preparamos de muchas formas, por ejemplo, rehogada y después cocida en un consomé de pato con mirin, sake y tamari.
- *Shishigatani* (*Cucurbita moschata*)—Después de asar entera esta llamativa calabaza dulce hasta que queda chamuscada, retiramos la deliciosa pulpa de color naranja intenso para hacer purés.
- *Shogoin kabu* (*Brassica campestris subsp. rapifera*)—Un nabo dulce y cremoso que solemos utilizar crudo.

1. REMOLACHAS ASADAS CON COSTILLAS Y VERDURAS COCIDAS

El tradicional kanpyo japonés son tiras de calabaza deshidratadas. Se suele utilizar para preparar diferentes tipos de sushi, como *futomaki* y *ehomaki*.

PARA 4 PERSONAS
REMOLACHAS ASADAS Y ZUMO DE REMOLACHA
- 8 remolachas grandes (1,2 kg)
- 300 ml de vino de ciruelas
- 50 g de azúcar
- sal

LECHO DE ARROZ VENERE
- 300 g de arroz venere
- aceite de colza o de semillas de uva, para freír
- pulpa de remolacha deshidratada (véase arriba Remolachas asadas y zumo de remolacha)
- 25 g de semillas de sésamo negro tostadas y machacadas
- sal y pimienta

VERDURAS COCIDAS
- 2 manojos (unos 200 g) de mizuna limpia
- 100 ml de sake
- 100 ml de mirin
- 500 ml de dashi
- 50 ml de tamari blanco

PURÉ DE HOJAS DE NABO
- 500 g de hojas de nabo limpias
- 200 ml de dashi
- sal

JUGO DE TERNERA Y REMOLACHA
- 100 g de base de remolacha y ciruela (véase arriba Remolachas asadas y zumo de remolacha)
- 250 g de caldo de ternera reducido
- sal
- hojas de micro tatsoi, para decorar

KANPYO
- 50 g de calabaza seca kanpyo
- 200 g de base de remolacha y ciruela (véase arriba Remolachas asadas y zumo de remolacha)

TERNERA
- 500 g de costillas deshuesadas de wagyu americano en un bloque rectangular
- sal marina

REMOLACHAS ASADAS Y ZUMO DE REMOLACHA

Pele 4 remolachas y exprímalas en un exprimidor. Reserve el zumo y extienda la pulpa en una fina capa sobre la bandeja del deshidratador y séquela a 60 °C durante 12 horas.

Precaliente el horno a 180 °C.

Encienda una chimenea o parrilla y deje que las llamas se apaguen y solo queden las brasas. Entierre con cuidado las 4 remolachas restantes en las brasas calientes durante 40 minutos. Retírelas, dispóngalas en una sola capa sobre una bandeja de horno y cúbralas con papel de aluminio. Hornéelas hasta que estén tiernas. Retírelas del horno y pélelas. Baje la temperatura del horno a 60 °C. Coloque de nuevo las remolachas peladas sin tapar en la bandeja, introdúzcalas en el horno y deshidrátelas 12 horas.

Mientras, mezcle 300 ml del zumo de remolacha reservado con el vino de ciruela y bátalos mientras incorpora el azúcar. Coloque las remolachas asadas y deshidratadas en la mezcla de vino de ciruela y zumo de remolacha y sale al gusto.

LECHO DE ARROZ VENERE

Cueza el arroz en una cazuela de agua hirviendo hasta que se pase y se empiece a romper. Escúrralo, déjelo enfriar y extiéndalo en una única capa sobre la bandeja del deshidratador. Deshidrátelo varias horas hasta que esté completamente seco.

Caliente el aceite en una cazuela hasta que alcance los 190 °C y fría el arroz por tandas hasta que se hinche. Retírelo con una espumadera y déjelo escurrir sobre papel de cocina.

Fría la pulpa de remolacha 30 segundos o hasta que se dore y déjela escurrir por separado sobre papel de cocina.

Mezcle 100 g de arroz venere hinchado con 100 g de pulpa de remolacha frita y las semillas de sésamo y salpimiente. Reserve la mezcla en un recipiente cerrado.

VERDURAS COCIDAS

Coloque todos los tallos de los manojos de mizuna en la misma dirección. Escáldelos en una cazuela de agua hirviendo 10 segundos, sumérjalos en un bol de agua con hielo, escúrralos y estrújelos para eliminar el exceso de agua.

Mezcle el sake con el mirin en una cazuela y llévelos a ebullición. Deje que se reduzcan a la mitad y agregue el dashi y el tamari. Añada la mizuna escaldada, retire la cazuela del fuego y déjela enfriar.

Cuando se haya enfriado, coloque la mizuna en una esterilla para sushi de modo que las hojas se superpongan en el centro y los tallos queden fuera. Forme un atado apretado, córtelo en 8 trozos y resérvelos.

Cuele la mezcla de dashi y resérvela para recalentar la mizuna.

PURÉ DE HOJAS DE NABO

Escalde las hojas de nabo en una cazuela con agua hirviendo unos 10 segundos, escúrralas y sumérjalas en un bol de agua con hielo. Escúrralas de nuevo y páselas a una batidora. Tritúrelas con la cantidad suficiente de agua fría para obtener un puré y sale al gusto. Pase el puré por un colador de malla fina sobre un biberón de salsas.

JUGO DE TERNERA Y REMOLACHA

Mezcle la base de remolacha y ciruela con el caldo de ternera en un cazo. Caliente la mezcla, déjela reducir ligeramente hasta que adquiera la consistencia de una salsa y sale al gusto. Resérvela caliente.

KANPYO

Lave el kanpyo con agua fría, escúrralo y repita la operación con agua fresca y fría hasta que esta salga limpia y el kanpyo esté blando. Déjelo en remojo toda la noche.

Al día siguiente, escúrralo y córtelo en tiras de 5 cm de largo. Cuézalo en la base de remolacha y ciruela 30 minutos y déjelo enfriar en el mismo líquido. Córtelo en juliana y devuélvalo al líquido.

TERNERA

Encienda el carbón en una chimenea o una parrilla. Ase el costillar por los dos lados dejando la carne poco hecha. Déjelo reposar de 5 a 8 minutos antes de cortarlo.

PARA SERVIR

Con la ayuda de un molde de metal redondo de 6 cm, disponga un círculo perfecto de lecho de arroz en cada plato.

Caliente la base de remolacha y ciruela restante en un cazo y agregue los 4 trozos de remolacha. Baje el fuego y cuézalos 2 o 3 minutos.

Recaliente en una cazuela poco profunda la mizuna en el dashi y colóquela en el plato. Cúbrala con las hojas de tatsoi y añada una cucharadita de puré de hojas de nabo.

Corte el costillar de ternera en 4 porciones y sálelas. Colóquelas en los platos.

Retire los trozos de remolacha del líquido y póngalos en cada plato sobre el lecho de arroz. Vierta un poco de jugo de ternera y remolacha y disponga un montículo de kanpyo en cada plato.

1

Rafael Costa e Silva

LASAI
Botafogo, Río de Janeiro, Brasil

Inaugurado en 2014, Lasai está fuertemente arraigado en la tradición brasileña. La cocina de Rafael Costa e Silva se basa en la materia prima que le proporciona una amplia red de granjeros, pescadores y artesanos de su ciudad natal. A medida que Lasai ha ido evolucionando, se han creado dos huertos propios: uno pequeño en la ciudad, donde crían gallinas ponedoras, y una parcela más grande en la que cultivan un gran porcentaje de las frutas y hortalizas que utilizan en el restaurante.

En 2012, después de trabajar en Nueva York y España durante diez años, volví a Río de Janeiro para abrir Lasai. Quería conseguir las mejores hortalizas así que tenía que conocer muy bien los mercados de productos orgánicos locales, el Circuito Carioca de Feiras Orgânicas. Estaba claro que podría comprar productos excelentes pero había ingredientes con los que había trabajado en el extranjero que me encantaban y esos tendríamos que cultivarlos nosotros.

Ahora tenemos dos huertos que producen al menos un 40 % de los productos que utilizamos en el menú diario de Lasai. El más grande está al lado de la casa de mis padres en las colinas, en el Vale das Videiras, a un par de horas de la ciudad pero todavía en el estado de Río. Empezó como un modesto huerto familiar en 2005 en el que mi madre cultivaba verduras y criaba gallinas y ahora tiene una superficie de 1 hectárea. Tenemos 120 gallinas que nos dan huevos y ocupan en torno al 20 % del huerto, donde también llevan a cabo una «tarea» importante: generar estiércol. En el resto del huerto cultivamos variedades de hortalizas que no podemos comprar en el mercado. Estoy entusiasmado con los tomatillos (*Physalis philadelphica*) mexicanos, parecidos al tomate pero con una textura y un sabor distintos; se suelen usar en salsas y me gustan tanto muy ácidos como cuando se vuelven dulces. Hace poco los hice fritos en tempura con una salsa picante. Cuando están en su punto más dulce preparamos una salsa con guindillas brasileñas y aceite de oliva.

Otros de mis cultivos favoritos son la minisandía mexicana (que a pesar de su nombre es un tipo de pepino) y la llamativa acelga arcoíris: tienen un sabor muy fresco y presentan distintas características según la estación. El huerto también nos permite cultivar variedades interesantes de hortalizas comunes: me gusta la estética de las judías amarillas y moradas y muchas de ellas tienen un sabor y una textura excepcionales. Hace años que las cultivo y le he dado semillas a uno de los productores del mercado de productos orgánicos para que cultive más para nosotros. Las judías verdes son muy populares en Brasil y se venden mejor, así que nos hemos comprometido a comprar las amarillas o moradas que el productor no pueda vender. Un 95 % de los platos del menú no tiene receta, la decidimos en el momento: la última vez tosté las judías amarillas y moradas y las serví con arroz orgánico brasileño cocido con tinta de calamar, calamar a la plancha y crema de hierbas.

En este huerto, hay dos personas que trabajan a tiempo completo y una a tiempo parcial y yo lo visito una vez por semana para recolectar ingredientes y planificar las tareas. No tenemos el certificado de productores orgánicos, pero no hay nada que pongamos en el suelo que no sea de producción propia; no utilizamos pesticidas ni ningún producto químico. Es un huerto agroecológico.

El huerto más pequeño está en la ciudad. Mis padres vivieron en el mismo lugar de Río durante 35 años y tenían una pequeña parcela al lado, que conservamos cuando se mudaron. Tiene una superficie de unos 700 m² y está en una zona verde de la ciudad, cerca de las montañas. Cuando mi mujer, Malena (que además es la *maître* y mi socia en Lasai), y yo regresamos a Río, creamos el huerto juntos. Allí cultivamos solo patatas y boniatos de todo el mundo, por lo que incluso el ingrediente más «simple», en recetas como Cigala de mar, patatas del huerto y palmitos, desarrolla todo su potencial. Las patatas requieren muy pocas atenciones, por eso se adaptan perfectamente a nuestras necesidades. La ciudad suele ser más calurosa y árida que las colinas, así que a veces tenemos que regar en periodos de sequía, de lo que se encarga un sistema de riego automático. También criamos unas 30 gallinas, para obtener huevos y producir estiércol.

Reflexionamos mucho acerca de lo que vamos a cultivar en cada huerto. El principio fundamental es no plantar algo si lo podemos encontrar en el mercado de productos orgánicos: los productores lo cultivan de una manera más fácil, económica y mejor que nosotros. Nos centramos en ampliar nuestro horizonte culinario mediante el cultivo de hortalizas y variedades que no podemos comprar. Cuando estaba en Nueva York y España, recolectaba semillas y las intercambiaba con otras personas, así que regresé con un montón de variedades distintas, muchas de las cuales no se encuentran aquí en Brasil y por eso las he sembrado. Desde que volví sigo haciendo intercambios con otros productores para ampliar mi búsqueda de sabores y texturas.

En Lasai, solemos tener 40 comensales para cenar, por lo que durante el día los 10 cocineros que trabajan conmigo resuelven los pequeños detalles del menú. Los dos huertos son mi fuente de inspiración y la de los demás cocineros cuando creamos nuevos platos; tenemos un menú de producto que cambia a diario, basado en los ingredientes disponibles en los huertos y los mercados.

El restaurante es muy joven y con los huertos hacemos lo que el tiempo y el espacio nos permiten. Aprendemos sobre la marcha. Les pregunto a los productores que me proporcionan las semillas si me pueden aconsejar y nuestros horticultores tienen formación, pero actualmente cuesta encontrar gente que trabaje la tierra, sobre todo en la ciudad; estoy contento de conocer a personas que quieren formar parte de lo que hacemos. No sé si nuestras técnicas son buenas o malas; buscamos información en internet el poco tiempo que tenemos disponible y vamos aprendiendo de nuestra experiencia. Por ejemplo, el apionabo no es un cultivo común en Brasil y poco a poco estamos averiguando cómo cultivarlo para que tenga un buen tamaño. Al principio no conseguíamos que creciera más que una manzana, pero ahora sabemos que necesita más agua en distintas fases de su crecimiento. De esta manera, nuestros conocimientos en constante evolución benefician a la cocina y, a su vez, a los comensales.

CULTIVO DE VARIEDADES POCO HABITUALES

No cultivo nada que pueda encontrar en el mercado, sino únicamente variedades de hortalizas con sabores y texturas que no podemos comprar. Por ejemplo, en Brasil los boniatos son blancos, mientras que en Estados Unidos y Europa, donde he trabajado, suelen ser de otros colores, así que siembro variedades naranjas y moradas con semillas que consigo en mis viajes y a través de mis amigos. Los boniatos que cultivo en este momento son de Estados Unidos y Reino Unido. Los comensales suelen preguntarme si el boniato se ha cocinado con naranja para darle ese color, lo que a su vez nos da pie a explicarles lo que hacemos. Lo mismo sucede con las patatas; ahora tengo variedades de Perú y México, entre otras.

El cultivo de variedades foráneas también implica que al cabo de unos años la producción termina siendo excesiva. Le he dado algunos productos a la persona con la que más trato tengo en el mercado, que ahora los cultiva a gran escala, de modo que así nos proporciona más volumen y nos beneficiamos mutuamente.

1. CIGALA REAL, PATATAS DEL HUERTO Y PALMITOS

PARA 4 PERSONAS
CIGALAS
- 2 cigalas reales vivas de 500 g
- 40 ml de aceite de oliva virgen extra
- sal marina

PATATAS
- 20 ml de aceite de oliva virgen extra
- 2 dientes de ajo
- 3 ramitas de tomillo
- 200 g de 3 variedades de patatas limpias

SALSA DE PALMITOS
- 500 g de palmitos frescos picados gruesos
- 1 litro de nata para montar
- sal marina gruesa

ACEITE DE HIERBABUENA
- 500 g de hojas de hierbabuena
- 150 ml de aceite de oliva virgen extra

PARA SERVIR
- berros

CIGALAS

Lleve a ebullición una cazuela de agua con el 10 % de sal. Introduzca las cigalas vivas en el agua hirviendo para que mueran.

Precaliente un baño maría al vacío hasta que alcance los 58 °C. Retire la carne de las colas de cigala con unas tijeras y repártala entre 2 bolsas de vacío. Distribuya también el aceite de forma uniforme entre las bolsas.

Coloque las bolsas en el baño maría y cuézalas 8 minutos. Páselas de inmediato a un bol de agua con hielo y deje que se enfríen por completo.

PATATAS

Caliente el aceite con el ajo y el tomillo hasta que alcance los 92 °C y agregue las patatas. Controle la temperatura con un termómetro de freír y sofríalas 40 minutos o hasta que estén tiernas. Retire las patatas y reserve el aceite.

Cuando las patatas estén templadas, pélelas con cuidado con ayuda de un paño o unas pinzas de precisión y póngalas de nuevo en el aceite.

SALSA DE PALMITOS

Precaliente el horno a 180 °C. Coloque los palmitos en una bandeja de horno y hornéelos durante unos 30 minutos o hasta que se caramelicen.

Páselos a una cazuela y nápelos con la nata. Caliéntelos a fuego lento, tape la cazuela y cuézalos durante 1 hora.

Páselos por un colador y reserve la nata caliente hasta el momento de servir.

ACEITE DE HIERBABUENA

Ponga las hojas y el aceite en una Thermomix y tritúrelos a 80 °C 10 minutos. Pase la mezcla por un colador forrado con muselina.

PARA SERVIR

Precaliente el horno a 180 °C. Caliente la carne de cigala 2 minutos y colóquela en el centro de cada plato junto con las patatas. Bata la salsa de palmitos con una batidora para que quede espumosa. Nape la carne de cigala con la espuma caliente de palmitos. Para terminar, vierta 15 gotas de aceite de hierbabuena, decore con los berros y sale con sal marina gruesa.

2. MEDREGAL, REMOLACHAS Y MOSTAZA

PARA 4 PERSONAS
REMOLACHAS
- 2 claras de huevo
- 750 g de sal gema gruesa
- 8 remolachas blancas limpias y sin tallo

SALSA DE MOSTAZA
- 2 manojos grandes de hojas de mostaza
- aceite de oliva virgen extra
- 5 ml de zumo de limón
- sal marina

MEDREGAL
- 320 g de medregal con piel y sin espinas
- zumo de limón, al gusto
- sal marina

PARA SERVIR
- 32 hojas frescas de mostaza
- 20 brotes frescos de mostaza
- 5 ml de vinagre de sidra ecológico

REMOLACHAS

Precaliente el horno a 200 °C.

Monte las claras de huevo a punto de nieve en un bol mientras añade poco a poco la sal, hasta que se incorpore por completo.

Coloque las remolachas en una bandeja de horno y nápelas con una capa gruesa de la mezcla de claras y sal. Asegúrese de que están completamente cubiertas y hornéelas durante 1 hora y 20 minutos. Sáquelas, déjelas enfriar y retire con cuidado la capa de sal con ayuda de un paño. Pele las remolachas mientras todavía estén calientes.

SALSA DE MOSTAZA

Coloque las hojas de mostaza y el aceite de oliva en una batidora, tritúrelas y pase la salsa por una muselina.

MEDREGAL

Precaliente la parrilla de carbón a la temperatura más alta posible (nosotros encendemos el fuego 1 hora antes). Si no dispone de una parrilla, utilice una sartén con aceite vegetal. Selle el pescado 2 minutos por cada lado y déjelo reposar cerca del fuego.

PARA SERVIR

Sazone las flores y brotes de mostaza recién cogidos con vinagre de sidra al gusto y la salsa de mostaza con zumo de limón y sal. Caliente la salsa 30 segundos. Deberá estar templada pero no caliente, ya que adquiriría un tono parduzco.

Sazone el pescado con zumo de limón y sal y colóquelo en el plato junto con las remolachas horneadas, los brotes y flores sazonados y la salsa de mostaza templada.

3. ACEDERA, CHOCOLATE BLANCO Y RICOTTA

PARA 4 PERSONAS
YOGUR HELADO DE ACEDERA
- 500 ml de yogur de leche cruda de oveja
- 100 g de azúcar
- 200 g de hojas de acedera

CRUJIENTE DE CHOCOLATE BLANCO
- 150 g de chocolate blanco en trozos
- 50 g de mantequilla sin sal
- 100 g de leche en polvo
- 20 g de maicena
- 50 g de harina
- 2 g de sal marina
- 20 g de azúcar

CREMA DE RICOTTA
- 500 g de ricotta
- 100 g de *crème fraîche*
- 60 g de azúcar

POLVO DE ACEDERA
- 100 g de acedera sin tallos

DULCE DE LIMA RANGPUR
- 12 limas Rangpur
- 1 litro de agua
- 1 kg de azúcar

YOGUR HELADO DE ACEDERA

Bata todos los ingredientes en un bol, pase la mezcla a la Pacojet y congélela toda la noche hasta que se endurezca. Tritúrela dos veces y congélela cada vez.

CRUJIENTE DE CHOCOLATE BLANCO

Precaliente el horno a 100 °C.

Funda el chocolate con la mantequilla.

Coloque los ingredientes secos en un bol y mezcle bien. Añada el chocolate fundido y remueva para que se integren. Pase la mezcla a un Silpat. Hornéela 30 minutos, retírela y déjela enfriar. Trocéela con las manos.

CREMA DE RICOTTA

Triture todos los ingredientes en un bol con una batidora y refrigere la mezcla.

POLVO DE ACEDERA

Coloque la acedera en la Pacojet. Congélela, tritúrela dos veces y congélela cada vez. Cuando tenga la textura de un polvo, resérvela en el congelador.

DULCE DE LIMA RANGPUR

Pele las limas, retire la piel blanca y resérvelas. Coloque las pieles en una cazuela con agua fría y llévelas a ebullición. Cuélelas y repita esta operación 8 veces hasta que se enfríen, cambiando el agua cada vez.

Caliente el agua con el azúcar en una olla a fuego vivo hasta que el azúcar se disuelva. Agregue las pieles escaldadas, baje el fuego y cuézalas durante 1 hora. Páselas a una Thermomix (sin especificar la temperatura y a máxima velocidad) y tritúrelas junto con el zumo de las 8 limas. Rectifique la consistencia y el sabor (deberá quedar como nata). Pase el dulce por un colador fino y refrigérelo.

PARA SERVIR

Ponga la ricotta en el centro de cada plato y disponga encima el yogur, el dulce, el crujiente de chocolate y el polvo de acedera.

1

2

3

Enrico Crippa

PIAZZA DUOMO
Alba, las Langas, norte de Italia

La filosofía culinaria del chef Enrico Crippa está basada en la creación de una plataforma de diálogo entre el comensal y la cocina. En su restaurante con tres estrellas Michelin, Piazza Duomo, el chef dirige una experiencia casi personalizada para cada comensal, en la que los productos de la granja y el huerto recorren el trayecto del campo a la mesa en cuestión de minutos. En la finca tiene invernaderos, parcelas de hortalizas y arriates de hierbas que visita a diario para recolectar solo los mejores ingredientes para el menú.

Abrí Piazza Duomo en el corazón de las Langas, al norte de Italia, en 2005. Mis experiencias en restaurantes vanguardistas como El Bulli, en España, y con Michel Bras en Laguiole, Francia, donde las tradiciones hortícolas guiaban y daban forma a los platos, fueron mi inspiración a la hora de crear un menú ligero a base de hortalizas en Piazza Duomo. Sabía que los platos serían más interesantes si cultivaba yo mismo las hojas de ensalada, las hierbas, las flores, las hortalizas e incluso algunas frutas, y así ha sido.

Los propietarios, la familia Ceretto, cuentan con un viñedo biodinámico en la sede central, a solo unos kilómetros del restaurante, y ponen a nuestra disposición espacio para cultivar algunos productos. Empezamos con un fantástico invernadero de cristal con el que pensábamos satisfacer nuestras necesidades, pero la importancia de las hortalizas en Piazza Duomo creció exponencialmente y el huerto también. El número de personas que se ocupan de él aumentó y el modo de trabajarlo cambió de forma sustancial. El huerto tiene una superficie de 4 hectáreas, de las que tres cuartas partes se cultivan hoy día. Al maravilloso invernadero de 400 m^2 se ha añadido una parcela de 4000 m^2, así como dos politúneles. Por nuestro clima tenemos veranos calurosos, pero también inviernos largos en los que la temperatura desciende de forma drástica por la noche, a veces a -20 °C, de modo que el invernadero y los politúneles son de vital importancia para garantizar cultivos como verduras asiáticas y hierbas y flores comestibles en los meses de riguroso invierno. El suelo es bastante arcilloso, por lo que seguimos añadiendo nuestro compost y estiércol.

Ahora cultivamos unos 400 tipos de frutas, hortalizas, flores y hierbas, pero esta cantidad no deja de aumentar. Cultivamos las variedades habituales de cualquier huerto tradicional, pero también otras antiguas interesantes, como las guindillas Corno di Bue (*Capsicum annuum*), el brócoli Fiolaro (*Brassica oleracea var. italica*) y la calabaza Tromba d'Albenga (*Cucurbita moschata*). También disfrutamos con el descubrimiento de plantas comestibles menos conocidas y estamos especializados en halófilas (plantas que crecen de manera natural con una elevada salinidad) y plantas cuyo sabor evoca al mar, como el kale marino, el hinojo marino, el armuelle, la hoja de ostra y la uña de león. Con estos sabores obtenemos notas marinas sin tener que utilizar pescados y crustáceos. Nuestros cultivos se complementan con plantas silvestres, como violetas, dientes de león, prímulas, flores de saúco, verdolaga y flores de falsa acacia. La complejidad de sabor y la gama de texturas de las hortalizas son extraordinarias: hay plantas secas, fibrosas, suculentas, carnosas o viscosas; satisfacen todos los sentidos.

Nuestra filosofía es ofrecer a diario platos elaborados con materias primas de proximidad y de temporada: apostamos fuerte por el territorio y los productos locales excelentes, incluidos carnes y quesos, y el hecho de cultivar nuestras propias hortalizas, hierbas y flores seleccionadas nos garantiza la mejor calidad posible. Con los años, el punto fuerte del restaurante ha sido cada vez más la atención que prestamos a la frescura de los ingredientes: me gusta cosecharlos cuando son jóvenes y están tiernos, a menudo recién brotados, puesto que ofrecen su mejor sabor y textura. Cuando un ingrediente ya no está disponible o no se encuentra en su momento óptimo, replanteamos el plato; si la hortaliza protagonista es demasiado grande, demasiado larga, más amarga o más correosa de la cuenta, se sustituye por otra o se cambia su papel en la receta.

Cada día madrugo para estar en el huerto antes de las ocho y ayudar a nuestro equipo de horticultores a seleccionar y recolectar las hortalizas, hierbas y flores que necesitamos. Practicamos la agricultura biodinámica (un método de cultivo holístico, ecológico y ético donde la relación con las estaciones y el ciclo lunar es determinante) para cultivar ingredientes que van más allá de lo orgánico. Es un método de cultivo gratificante (aunque lleva mucho tiempo), que enriquece tanto al huerto como al horticultor. Plantamos y sembramos en función de las variedades y durante unas semanas concretas: la semana de las hojas, la semana de los tubérculos y las raíces, etcétera. Si plantas zanahorias la semana que debería dedicarse a las hojas, concentrarán su energía en producir hojas en lugar de raíces.

Un 98 % de los platos del menú empiezan con el nombre de una hortaliza y el huerto domina incluso cuando el plato lleva carne. Por ejemplo, El huerto y la Fassona (una raza bovina muy apreciada aquí) y Evasión y territorio, que se creó cuando los corazones de achicoria roja fueron lo único que sobrevivió al invierno increíblemente riguroso de 2017. Ensalada 21-31-41-51, nuestro plato insignia, se refiere a la cantidad de ingredientes que lleva en cada estación, los cuales se enumeran en el menú. En primavera la ensalada puede incluir pimiento Senise (*Capsicum annum*, parecido a una guindilla y muy apreciado en la región) y espinacas Malabar (*Basella alba*, una verdura de hojas carnosas muy nutritiva también conocida como espinaca china, que suele comerse cruda); en invierno, quizá hinojo marino (*Salicornia europaea*), mizuna (*Brassica rapa subsp. nipposinica*, una verdura asiática de hojas picantes) y uñas de león (*Carpobrotus edulis*).

Los primeros años de vida, el huerto desempeñó un papel secundario en el restaurante, pero en los últimos dos años se ha convertido en un elemento clave de la experiencia. Los comensales pueden visitarlo si lo desean y no deja indiferente a nadie. Y, aunque no lo vean, esperamos que perciban su presencia en nuestros platos como un protagonista dinámico e indispensable.

SABORES DEL MAR

- Hinojo marino (*Salicornia europaea*)—Esta planta suculenta es habitual en nuestras costas. Sus tallos carnosos de un verde vibrante contienen un porcentaje considerable de sal, que aporta un intenso sabor a mar a los platos. En el invernadero, hay que regarlas con agua salada.
- Hoja de ostra (*Mertensia maritima*)—Esta pequeña planta crece silvestre en acantilados continuamente salpicados por el agua del mar. Las hojas verde azuladas tienen sabor (auténtico) a ostra.
- Hinojo marino (*Crithmum maritimum*)—Una hierba perenne que suele encontrarse en las costas rocosas y se ha ido incorporando su cultivo por el agradable sabor de sus hojas y brotes tiernos. Tiene un ligero sabor salado y un aroma muy parecido al del hinojo. Conservado en vinagre es un condimento excelente.
- Uña de león (*Carpobrotus edulis*)—Una planta suculenta de Sudáfrica cuyas hojas aportan una frescura extrema a diferentes platos y ensaladas. Están cubiertas de minúsculas ampollas llenas de agua, donde se acumulan las reservas de la misma para la planta.

1. ENSALADA DE HUEVOS Y HUEVAS

PARA 4 PERSONAS
HUEVOS MACERADOS
- 40 g de sal
- 10 g de azúcar
- 100 g de alubias pintas trituradas
- 5 yemas de huevo

CONSOMÉ
- 1 bacalao
- 200 g de mantequilla sin sal
- 2,5 litros de agua
- sal

MANTEQUILLA CREMOSA
- 800 g de distintos cortes de ternera picada
- 600 g de mantequilla sin sal
- 10 hojas de salvia
- sal

PARA SERVIR
- 4 manojos pequeños de verduras de ensalada frescas de temporada, como lechuga, pak choi o achicoria de Treviso
- 4 Huevos macerados (véase arriba)
- 40 g de caviar
- 40 g de caviar prensado
- 1 limón pelado y en dados de 2 cm
- 4 cdtas. de crema agria

HUEVOS MACERADOS
Mezcle el puré de alubias pintas con la sal y el azúcar. Coloque las yemas de huevo en un bol y cúbralas con el puré. Déjelas macerar 12 horas a temperatura ambiente, lávelas con cuidado con agua fría y resérvelas en el frigorífico 5 días. Deles la vuelta cada día. Estarán listas cuando adquieran la consistencia de la botarga y sean fáciles de rallar.

CONSOMÉ
Cubra el bacalao con la sal y déjelo reposar a temperatura ambiente 4 horas. Retire la sal y separe la carne de la piel. Necesitará 500 g: la mitad de piel y la mitad de carne. Corte la piel y la carne del bacalao en trozos pequeños y colóquelos en una cazuela. Tuéstelos y agregue la mantequilla. Cuando estén bien dorados, páselos a una sartén honda o una freidora y ponga hielo por encima. Cuando este se haya derretido, lleve el agua a ebullición y cueza la piel y la carne de bacalao 3 horas. Retire la olla del fuego y déjelas infusionar 3 horas. Pase todo por un colador forrado con muselina y reserve el caldo claro.

MANTEQUILLA CREMOSA
Dore a fuego lento la ternera en una sartén con la mantequilla y las hojas de salvia durante 1½ horas hasta que la carne adquiera un color avellana y la mantequilla absorba el sabor de la carne y la salvia. Pase la mantequilla por un colador y estruje la carne para que suelte todos los jugos. Deseche la carne y la salvia.

Bata la mantequilla en un bol sobre hielo hasta que adquiera una textura cremosa.

PARA SERVIR
Unte mantequilla cremosa sobre las hojas de ensalada. Dispóngalas en un plato y agregue huevo macerado rallado, los dos tipos de caviar y los dados de limón.

Para terminar, vierta unas gotas de crema agria y sirva el plato acompañado de una taza de consomé caliente.

2. ENSALADA 21… 31… 41… 51…

Para la ensalada utilizamos una combinación de hojas de lechuga gentilina, parella y valeriana, berros, amapolas, dientes de león, hojas de prímula, espinacas, achicoria de Treviso, ensalada del huerto (*trusot*), hojas de remolacha roja, de pimpinela, estragón, acedera, ajedrea, mejorana, mizuna roja y verde, mostaza china, perifolio, hojas de pimpinela escarlata, apio, levístico, shiso verde y rojo, eneldo, hojas de hinojo crudo y hojas de capuchina.

Para la mezcla de flores utilizamos caléndulas rojas, blancas, violetas, naranjas y amarillas, flores de violeta, de prímula, de borraja, de aciano, de cebollino y de ajo.

PARA 4 PERSONAS
ACEITE CON AROMA A HIERBAS
- 50 g de perejil
- 50 g de estragón
- 250 ml de aceite de oliva virgen extra

AMARANTO CRUJIENTE
- 200 g de semillas de amaranto
- 13 g de dashi instantáneo
- 1,2 litros de agua
- aceite de cacahuete, para freír

ENSALADA
- 160 g de verduras de hojas variadas (véase introducción)
- 50 g de flores variadas (véase introducción)

ALIÑO
- 4 cdtas. de Aceite con aroma a hierbas (véase arriba)
- vinagre de Barolo
- 2 cdtas. de semillas de sésamo blanco
- 2 cdtas. de semillas de sésamo negro
- algas nori picadas
- jengibre confitado en dados, más ½ cdta. del jarabe

ACEITE CON AROMA A HIERBAS
Escalde las hierbas en una cazuela con agua hirviendo algo menos de 1 minuto y estrújelas con las manos. Introduzca las hierbas y el aceite en una batidora y tritúrelas hasta obtener una mezcla homogénea. Pase la mezcla por un colador forrado con muselina. Obtendrá una cantidad mayor que la necesaria para la receta. Reserve el resto para utilizarlo en otra ocasión.

AMARANTO CRUJIENTE
Cueza el amaranto en el dashi instantáneo y el agua unos 40 minutos como si fuera risotto (deberá conseguir una consistencia similar). Retírelo del fuego y extiéndalo sobre una lámina de papel vegetal. Cúbralo con una segunda lámina y déjelo secar en un lugar cálido (a 40 °C) durante 24 horas. Cuando esté completamente seco, pártalo en trozos irregulares.

Caliente el aceite de cacahuete en una cazuela honda hasta que alcance una temperatura de 160 o 170 °C y fría los trozos de amaranto de uno en uno hasta que las semillas estallen. Retírelos y déjelos escurrir sobre papel de cocina.

ENSALADA
Limpie y lave todas las hierbas y hojas.

ALIÑO
Mezcle bien todos los ingredientes.

PARA SERVIR
Sazone las hierbas y hojas con el aliño. Coloque los trozos de amaranto crujiente en platos, disponga la ensalada aliñada por encima y decore con las flores.

3. VERDURAS SAZONADAS

PARA 4 PERSONAS
- 1 daikon pelado
- 500 g de pasta de miso blanco

PARA SERVIR
- pimienta negra
- aceite de oliva virgen extra
- zumo de limón
- virutas de queso parmesano
- hojas de rúcula

Corte el daikon a lo ancho en 3 trozos iguales. Colóquelos en un recipiente, disponga la pasta de miso blanco por encima y déjelos macerar a temperatura ambiente 10 días.

Pasados los 10 días, lave y seque los trozos de daikon. Córtelos con una mandolina en rodajas muy finas y colóquelas en un plato curvándolas con los dedos como si fuera bresaola.

Decore el plato antes de servir: muela un poco de pimienta negra, vierta un poco de aceite de oliva y zumo de limón y, para terminar, añada virutas de queso y algunas hojas de rúcula.

1

2

the world fascinates me
andy warhol

Mary Dumont

CULTIVAR
Boston, Massachusetts, Estados Unidos

En pleno centro de la bulliciosa ciudad de Boston, el restaurante Cultivar de la chef Mary Dumont ofrece un menú basado en la cocina de máxima proximidad y en el deseo de expresar lo bueno y lo mejor de la campiña de Massachusetts en el plato. El huerto hidropónico está instalado en el interior de un contenedor de transporte en el patio del restaurante. Equipado con una tecnología climática y herramientas de cultivo innovadoras, el contenedor permite materializar la filosofía «del campo a la mesa» en un entorno completamente urbano.

Siempre he sido horticultora y recolectora. Vivo con mi familia en Groton, en las afueras de Boston, y muchas mañanas, antes de ir al restaurante, recolecto ingredientes como escaramujos, ajo silvestre, setas, lechuga de minero y espárragos de mar. El huerto que tenemos en casa abastece al restaurante de guisantes y judías verdes, tomates de variedades antiguas, calabazas, uvas, arándanos, frambuesas y muchas variedades de hierbas.

Pero no me conformaba con eso. También quería cosechar productos frescos lo más cerca posible del restaurante. Cultivar está próximo al cruce más ajetreado del centro de Boston (un lugar poco apropiado para un huerto), pero esto no supuso ningún inconveniente. Siempre me había atraído la idea de tener un huerto completamente funcional en medio de la ciudad y, gracias a la hidroponía, bastaba con proponérselo.

Somos el primer restaurante de Boston que cuenta con un huerto hidropónico al lado. Lo diseñó y construyó Freight Farms, que también está en Boston. Es una empresa innovadora que ha desarrollado un sistema de cultivo hidropónico que puede albergar un contenedor de transporte «supraciclado». En Cultivar se instaló con una grúa en nuestra terraza elevada.

Mi huerto está completamente cerrado y climatizado y es productivo todo el año. Cada planta se cultiva en una pastilla de coco prensado y todas se colocan en torres verticales para aprovechar al máximo el espacio. El sistema hidropónico proporciona agua rica en nutrientes directamente a las raíces de las plantas y puede programarse informáticamente. El pH también está controlado. En lugar de luz natural, las bombillas LED de alta eficiencia proporcionan a las plantas solo la luz azul y roja que requieren para la fotosíntesis. El efecto discotequero de estas «luces de cultivo» es todo un éxito entre los comensales y es un componente más del interés y la curiosidad que el huerto despierta.

Está equipado con sensores medioambientales que miden las condiciones de agua, temperatura e iluminación. Puedo controlarlo todo con una aplicación desde el teléfono: veo las imágenes a través de dos cámaras y recibo notificaciones sobre la temperatura, la humedad y el nivel de nutrientes. Incluso así, lo superviso personalmente a diario; es un rincón apacible ajeno al trajín de la ciudad.

Una planta hidropónica crece más deprisa porque recibe un aporte constante de luz, agua y nutrientes. Y genera menos desperdicios; he descubierto que no hay que podar hojas de las lechugas por el daño provocado por los insectos o el agua. El sistema es muy eficiente: el impacto medioambiental generado por el transporte es nulo y requiere un 98 % menos de agua que una parcela tradicional. No contamina y no necesita productos químicos.

Desde un punto de vista económico, culinario y de planificación de los menús, lo bueno de un huerto hidropónico es que puedo calcular con precisión la cantidad que planto y recolecto y sé lo que tardan las plantas en crecer. Puedo depender de determinados cultivos en momentos específicos sin temor a que una ola de frío o de calor echen a perder la planificación. El huerto siempre me cubre las espaldas. Sin embargo, aunque puedo cultivar de todo en cualquier época del año, doy prioridad a las variedades y los sabores de temporada. Por ejemplo, cultivo capuchinas todo el año por sus hojas, pero reservo las flores comestibles para los meses de verano.

Pese a su reducido tamaño, el huerto es muy productivo y nos da 0,6 hectáreas de cultivos anuales. Ahora ya sé qué cultivos producen mejores resultados y cuáles es preferible evitar o roban demasiado espacio a otros. Las mejores opciones son las lechugas, las hierbas, las flores y los brotes. Cultivamos variedades antiguas, como acedera de nervios rojos (*Rumex sanguineus*), además de brotes de hinojo e hinojo de bronce (*Foeniculum vulgare, Purpureum*). Los brotes de guisante crecen de maravilla y los utilizamos en muchos platos de primavera. Las flores comestibles como pensamientos, caléndulas y flores de rúcula también son nuestras favoritas. Además, cultivo distintas variedades de hortalizas de raíz que recolecto cuando solo miden 10 cm de largo, como zanahorias carmesí, nabos y colirrábanos. Lo que no funcionan son las plantas muy altas como el maíz o las hierbas alargadas como la borraja.

Paso tiempo en el huerto a diario, pero también cuento con una horticultora entregada, Christina Erving, que planifica, planta, cosecha y hace que todo vaya como la seda. Trabajamos con una planificación semanal. Como aquí no podemos cultivar todo lo que necesitamos en el restaurante, para mí es una forma de producir plantas especiales o raras. Los otros productos frescos nos los suministran granjas y productores de la zona.

La comida de Cultivar es cocina de la huerta de Estados Unidos. Ejemplifica los mejores ingredientes de Nueva Inglaterra (pescado y marisco frescos, carnes maduradas en seco, pasta hecha a mano y postres maravillosos) y las plantas de cosecha propia o silvestres conforman la base de nuestra cocina. Las hierbas, las hojas y las flores están presentes en casi todos los platos: por ejemplo, en el yakitori de kale que servimos con el chuletón, el aceite de cebollino del *chowder* de pescado, las tostadas de caracoles o las ortigas silvestres que condimentan los *bucatini*. Las hierbas hidropónicas forman parte incluso de los cócteles de la casa.

Además de ser una fuente de ingredientes frescos de máxima proximidad, también quiero que el huerto sea una experiencia para los comensales. Me gusta que vean todo el proceso, desde la germinación hasta la cosecha. Muchos clientes quedan fascinados y les encanta el hecho de que parte de los ingredientes se hayan cultivado a unos centímetros de donde están comiendo. Para mí es una forma de cerrar el círculo; ahora formo parte de todas las fases de la experiencia de mis clientes. Además, es una aventura y una confluencia de cosas que amo: la comida, la sostenibilidad y la tecnología.

VARIEDADES FAVORITAS

- Kale toscano (*Brassica oleracea*)—Se ha adaptado muy bien a nuestro sistema. Actualmente lo servimos con carne de venado en otoño.
- Rábanos (*Raphanus sativus*)—También crecen increíblemente bien y muy deprisa. Aprovechamos toda la planta, desde la raíz a las hojas, ya sean frescos, asados en la plancha de yakitori o estofados con mantequilla. Los rábanos Breakfast y los Icicle son dos de nuestros favoritos.
- Violeta Helen Mount (*Violaceae*)—Nos da muchas flores comestibles moradas y amarillas diminutas.
- Acedera de nervios rojos (*Rumex sanguineus*)—Una hoja preciosa, con nervios de un rojo intenso que atraviesan la hoja verde, que es toda una explosión de acidez con su sabor a limón y manzana.
- Lechuga hoja de roble Rouxi (*Lactuca sativa*)—Una de nuestras lechugas favoritas, tiene hermosas hojas con el borde bermellón y un intenso sabor dulce.
- Zanahorias Thumbelina (*Daucus carota*)—Como los rábanos y otras raíces de pequeño tamaño, estas zanahorias están perfectamente adaptadas y crecen muy deprisa en nuestro huerto. Es muy divertido utilizar minihortalizas y quedan preciosas en el plato.

1. ENSALADA DEL HUERTO CON TODAS LAS SEMILLAS, TODAS LAS FLORES Y ALIÑO DIOSA VERDE

PARA 4 PERSONAS

POLVO DE SETAS DESHIDRATADAS
- 400 g de bejines (o la variedad que prefiera, como champiñones) limpios y en rodajas finas

POLVO DE PUERRO DESHIDRATADO
- 400 g de puerros escaldados y limpios en rodajas de 2,5 cm

TODAS LAS SEMILLAS
- 250 g de arroz venere hinchado
- 100 g de semillas de girasol
- 50 g de semillas de eneldo
- 100 g de semillas de sésamo negro
- 25 g de semillas de sésamo blanco
- 10 g de semillas de alcaravea
- 10 g de semillas de apio

ALIÑO DIOSA VERDE
- 100 g de hojas de eneldo picadas
- 200 g de hojas de perejil picadas
- 50 g de hojas de orégano picadas
- 100 g de hojas de menta picadas
- 200 g de perifollo picado
- 100 g de semillas de sésamo blanco sin tostar
- 15 g de yuzu kosho
- la ralladura de 4 limas
- 10 g de ácido ascórbico
- 100 ml de agua fría
- 1 g de Polvo de puerro deshidratado (véase arriba)
- 400 g de aceite de oliva virgen extra
- sal, al gusto

PARA SERVIR
- 100 g de lechuga tierna fresca
- flores comestibles, como flores de cebollino, capuchinas o pensamientos
- 4 g de Polvo de setas deshidratadas (véase arriba)
- rábano en rodajas finas
- Todas las semillas (véase arriba)
- plantas de hoja verde recién cogidas, como hojas de ajo silvestre y capuchina

POLVO DE SETAS DESHIDRATADAS

Deshidrate las rodajas de bejines en el deshidratador a 57 °C durante 48 horas y macháquelas en un mortero hasta obtener un polvo.

POLVO DE PUERRO DESHIDRATADO

Deshidrate las rodajas de puerro en el deshidratador a 57 °C durante 48 horas y macháquelas en un mortero hasta obtener un polvo.

TODAS LAS SEMILLAS

Tueste todas las semillas por separado. Nos gusta tostar las semillas en una palomitera pequeña, porque así se doran de manera uniforme sin llegar a quemarse. Mezcle las semillas tostadas en un mortero y macháquelas 6 veces.

ALIÑO DIOSA VERDE

Escalde las hierbas en una cazuela con agua hirviendo y sal. Escúrralas, lávelas y estrújelas para eliminar el exceso de agua. Coloque todos los ingredientes salvo el aceite de oliva y la sal en una batidora y tritúrelos mientras agrega estos dos ingredientes poco a poco. Pase la mezcla a un bol y refrigérela de inmediato.

PARA SERVIR

Mezcle despacio las hojas de lechuga con el aliño diosa verde y sale al gusto. Disponga las hojas aliñadas en los platos y decórelas con flores, polvo de setas deshidratadas, rodajas de rábano, semillas y hierbas silvestres.

2. TOSTADA CARACOL

PARA 4 PERSONAS

BRIOCHE DE SEMILLAS, PARA 2 MOLDES
- 350 ml de leche entera templada
- 80 g de levadura fresca
- 175 g de azúcar
- 80 g de miel
- 12 huevos
- 175 g de harina común
- 225 g de harina de alto contenido en gluten
- 225 g de semillas de sésamo tostadas
- 3 cdtas. de sal
- 12 g de mantequilla sin sal en pomada
- 1 huevo batido, para pintar

CARACOLES EN CONSERVA
- 225 g de cebolla blanca en dados pequeños
- 225 g de apio en dados pequeños
- 10 dientes de ajo picados finos
- 2 hojas frescas de laurel
- aceite de oliva virgen extra, para engrasar y cubrir
- 120 ml de vino blanco seco
- 60 ml de Pernod
- 225 g de caracoles de Borgoña pochados y escurridos
- 1 cda. de sal marina

PURÉ DE HABAS
- 225 g de habas peladas escaldadas y enfriadas en un bol de agua con hielo
- 120 g de *crème fraîche*
- la ralladura de 1 limón
- 50 g de menta en *chiffonade*
- sal marina, al gusto

PARA SERVIR
- mantequilla sin sal, para untar
- flores comestibles, como flores de cebollino, de *allium* o de acacia blanca
- plantas de hoja verde, como hojas de ajo silvestre y capuchina
- aceite de oliva virgen extra afrutado

BRIOCHE DE SEMILLAS

Bata la leche caliente y la levadura en el vaso de una batidora. Cuando la levadura se haya disuelto, añada el azúcar, la miel y los huevos y bata hasta que se integren. Agregue los dos tipos de harina, las semillas y la sal. Amase con el gancho a velocidad lenta unos 5 minutos hasta obtener una bola de masa homogénea. Raspe el vaso para asegurarse de que no quedan grumos de harina. Añada la mantequilla en pomada y amase de 5 a 10 minutos hasta que se integre por completo y la masa esté blanda.

Coloque la masa en un recipiente y déjela leudar toda la noche o hasta que duplique su tamaño si la prepara el mismo día que desea servirla.

Precaliente el horno a 180 °C.

Reparta un trozo de masa de 1,7 kg entre dos moldes Pullman de 34 x 10 cm. Deje las masas leudar en el horno 1 hora o hasta que dupliquen su tamaño.

Pinte con huevo batido y realice cortes en la superficie. Hornee los brioches 15 minutos con un 15 % de humedad, baje la temperatura a 160 °C y prosiga con la cocción 15 minutos más. Baje de nuevo la temperatura del horno a 150 °C hasta que la temperatura interna sea de 180 °C.

CARACOLES EN CONSERVA

Poche a fuego medio la cebolla, el apio y el ajo con las hojas de laurel en una cazuela de fondo grueso ligeramente engrasada hasta que estén tiernos. Desglase la cazuela con vino blanco y Pernod. Añada los caracoles y vierta aceite de oliva virgen extra hasta cubrirlos. Sálelos al gusto y déjelos infusionar a fuego lento unos 30 minutos.

PURÉ DE HABAS

Coloque todos los ingredientes en un robot de cocina, tritúrelos y sálelos al gusto.

PARA SERVIR

Corte una rebanada de 1 cm de grosor del brioche de semillas y úntelo generosamente con mantequilla por los dos lados. Tuéstelo por ambos lados en una cazuela caliente o una plancha hasta que se dore. Extienda 50 g de puré de habas sobre el pan y disponga de 50 a 80 g de caracoles en conserva por encima. Repita la operación con más rebanadas de brioche, puré y caracoles. Decore cada plato con una cantidad generosa de flores comestibles, hierbas y hojas, y rocíelo con un chorro de aceite de oliva virgen extra.

1

Rodney Dunn
y Séverine Demanet

THE AGRARIAN KITCHEN COOKING SCHOOL
Lachlan, Tasmania, Australia

En 2007, Rodney Dunn y su mujer, Séverine Demanet, cambiaron Sídney por Tasmania, donde transformaron un colegio en una escuela de cocina rodeada de 2 hectáreas de tierra de cultivo. Después, abrieron el restaurante The Agrarian Eatery en New Norfolk. The Agrarian Kitchen, que apuesta por los productos de proximidad y de temporada, quiere volver a conectar a sus alumnos y comensales con el entorno. Muchos de los productos que se sirven en el restaurante proceden de su gran huerto orgánico de hortalizas, árboles frutales y hierbas.

Suelo empezar mis clases en The Agrarian Kitchen Cooking School diciendo: «Me gusta cocinar porque me gusta comer». Para mí, la comida es el deseo irrefrenable de la próxima oleada de sabor. Después de comer en los mejores restaurantes de este país y de todo el mundo como periodista gastronómico de la revista Australian Gourmet Traveller, lo más lógico era volver... volver a los orígenes, volver a la tierra, porque es donde comienza todo el sabor. Ya desde mi primera incursión en la horticultura me quedó muy claro que el hombre no puede superar lo que la madre naturaleza ha logrado en lo que a sabores se refiere. Mi trabajo era respetarlo, no estropearlo con excesos, así que mi cocina es cada vez más sencilla, apuesta por el maridaje armonioso de sabores y refleja el equilibrio entre el trabajo en el huerto y el de la cocina.

Nos trasladamos a Tasmania en 2007 para crear The Agrarian Kitchen Cooking School, una experiencia gastronómica donde los alumnos pudieran recolectar ingredientes del huerto y cocinar con ellos. Compramos un colegio de 1887 y 2 hectáreas del terreno adyacente, nos pusimos a trabajar y ampliamos el huerto hasta alcanzar los más de 4000 m² de terreno de cultivo actuales. Lo hicimos asesorados por Lee Farrell, nuestro horticultor. Primero dejamos que los cerdos arrancaran las raíces y se comieran las malas hierbas y, con la tierra relativamente limpia, construimos arriates elevados y empezamos a cultivar. Plantamos 40 árboles frutales, incluidos melocotoneros, perales y membrillos, y cinco hileras de 30 m de frambuesos, arándanos, groselleros negros y zarzamoras híbridas como *boysenberries, loganberries, silvanberries, marionberries, youngberries* y *tayberries*.

El huerto sigue evolucionando: hemos ampliado el proyecto inicial para incluir los antiguos gallineros y dos politúneles de 30 m de largo. También hemos añadido colmenas y 15 olivos. Como en el sur de Tasmania el clima es más frío, en los túneles podemos cultivar melones y solanáceas amantes del calor, como berenjenas y guindillas, de una manera más fácil y rápida. Es nuestra póliza de seguro porque, como estamos en el interior, la temperatura puede ser hasta 6 °C más fría en invierno que en la capital, Hobart, situada en la costa, y las temperaturas estivales son justo lo contrario, más altas. En los meses más fríos, los politúneles nos permiten empezar a sembrar semillas de plantas que no sobrevivirían a las heladas antes de trasplantarlas en el exterior. En general, el suelo más cálido hace que las plantas invernales se desarrollen un poco más rápido. Rotamos los cultivos de los arriates y siempre resulta interesante releer el diario del huerto para comparar las diferencias de las estaciones cada año.

Estamos ubicados en un valle a cien metros sobre el nivel del mar, con una capa superior de marga arenosa aluvial de base arcillosa. Es un buen suelo para trabajar y nos parece que drena bien, pero pierde muchos nutrientes a través del subsuelo arcilloso. Por tanto, nuestra misión principal es mantener en todo momento una capa de humus en la superficie. Para ello generamos abundante compost. Siempre tenemos montones de compost en marcha, pero también usamos nuestros senderos como sistema de compostaje. Están formados por astillas de madera que, cuando se degradan, van a parar a los arriates y se sustituyen por astillas nuevas. Hemos descubierto que esto también es una buena incubadora para el micelio, que amplía el área de nutrientes de los hongos.

También construimos criaderos de lombrices, que generan un líquido denso en nutrientes que diluimos en 10 partes de agua por una de líquido. Luego regamos las plantas con él y el efecto es inmediato: al día siguiente las plantas están más felices y saludables. En el huerto y los campos aplicamos los principios de la agricultura orgánica (están limpios de productos químicos) y hay mucha fauna, como ranas, que se encuentran a gusto viviendo aquí.

Siempre que podemos guardamos nuestras propias semillas, pero, como nos encanta probar nuevas variedades, compramos y cultivamos semillas de todo el mundo. En el último inventario habíamos probado más de 150 variedades de tomate (*Solanum lycopersicum*). Seguimos cultivando las variedades que dan buenos resultados en el huerto, como Periforme Abruzzese, Black Cherry y tomate pasa (*Solanum pimpinellifolium*) e introducimos otras nuevas cada año. Resultan especialmente interesantes los cultivos de verano que podemos utilizar en invierno: variedades secas de maíz o judías o cultivos de invierno, como raíces y tubérculos o Brassicas.

La lección más importante que me ha enseñado el huerto es que no hay que pelearse con la madre naturaleza. No merece la pena intentar que prospere una planta que no quiere crecer en un lugar determinado; es mucho más fácil encontrarle el sitio adecuado para que se desarrolle feliz y produzca en abundancia. Aunque al principio los fracasos pueden ser una decepción, he aprendido a no desanimarme porque todos nos han enseñado algo valioso.

Comenzamos nuestras experiencias culinarias en 2009 y el huerto nos suministraba la mayoría de los ingredientes para cocinar. Varios años después, descubrimos que el huerto y los árboles frutales nos proporcionaban una abundancia que excedía las necesidades de nuestros alumnos de las clases de cocina. Entonces decidimos abrir The Agrarian Kitchen Eatery en un psiquiátrico abandonado próximo, construido en 1925. Los productos que sobran en las clases ahora van a parar a la cocina del restaurante junto con los de pequeños productores locales y los del huerto comunitario del otro lado de la carretera. En la escuela de cocina de Lachlan y en el restaurante de New Norfolk se utilizan solo productos del huerto y los alrededores. De modo que los menús dependen de las estaciones y de los matices que acompañan al clima local. Los menús cambian en cada clase de cocina y semanalmente en el restaurante. Ahora no podríamos cocinar de otra forma: por mucho que cueste hacerlo con las restricciones que nos impone el huerto, la recompensa es un sabor elevado a la décima potencia. Cuando pruebas a cocinar con ingredientes recién recolectados, ¡no hay marcha atrás!

CONSEJOS DE HORTICULTURA

- Para que resulte todo más sencillo, instale un sistema de riego por goteo. Así usará menos agua y la que utilice irá a parar a las raíces de las plantas que quiere que crezcan y no a las malas hierbas de alrededor.
- Haga analizar el suelo del huerto. De esta forma sabrá de qué tipo es y podrá decidir cuáles son sus necesidades para mejorar la capacidad de cultivo.
- Déjese aconsejar. Los vecinos, sobre todo si tienen huerto desde hace tiempo, suelen ser una magnífica fuente de conocimientos y, además, cultivan en un clima similar al de su parcela.

CRIADERO DE LOMBRICES

Una forma sencilla de mejorar la calidad del suelo es añadir humus de lombriz. Un compostador de dos compartimentos permite transformar el exceso de productos o desperdicios en alimento para el huerto. Extienda una capa de papel de periódico o cartón húmedos y cortados en tiras en la base y añada la comida. Evite el aceite y productos animales como huesos, carne, grasa o lácteos; para calcular la cantidad, tenga en cuenta que las lombrices consumen su peso en comida a diario. Ponga las lombrices en la parte de arriba, añada otra capa de papel/cartón húmedo y cierre la tapa. En dos semanas, empezará a ver los resultados: el humus de lombriz en el compartimento superior y el jugo concentrado en el inferior.

1. ZANAHORIAS Y REMOLACHAS BABY ASADAS CON GARBANZOS Y ALIÑO DE YOGUR Y TAHINI

Cuando comencé a cultivar el huerto, lo que más me sorprendió fueron los tubérculos, sobre todo las zanahorias y remolachas. La profundidad de su sabor y dulzor me dejó alucinado. Si se plantan en otoño, crecerán en invierno y el frío solo mejorará su sabor. Por eso las cultivamos todo el año. Un truco que aprendí consiste en cortar las hojas durante su crecimiento para que no absorban todo el azúcar de las raíces durante el almacenaje.

PARA 8 PERSONAS
- 500 g de remolachas baby
- 50 g de aceite de oliva
- 500 g de zanahorias baby sin tallo
- 1 cda. de semillas de comino
- 200 g de garbanzos secos remojados toda la noche en agua fría
- 100 g de trigo sarraceno
- aceite vegetal, para freír
- sal marina y pimienta negra recién molida

ALIÑO DE YOGUR CON TAHINI
- 250 g de yogur natural espeso
- 3 dientes de ajo, picados finos
- 1 cda. de tahini
- 100 ml de aceite de oliva virgen extra

PARA SERVIR
- 4 cebollas tiernas en rodajas finas
- 20 g de hojas de menta en un manojo suelto
- 20 g de hojas de albahaca en un manojo suelto y partido
- zumaque

Precaliente el horno a 180 °C.

Vierta un chorrito de aceite de oliva sobre las remolachas y sálelas. Envuélvalas en papel de aluminio y colóquelas en una bandeja de horno. Áselas de 50 a 60 minutos hasta que estén tiernas. Retírelas del horno, pélelas y córtelas en gajos.

Coloque las zanahorias en una fuente de horno, esparza el comino, un chorrito de aceite de oliva, sal y pimienta y hornéelas de 35 a 40 minutos hasta que estén tiernas.

Escurra los garbanzos y páselos a una olla con agua fría. Llévelos a ebullición y cuézalos durante 1 hora hasta que estén tiernos. Escúrralos, sálelos y resérvelos.

Coloque el trigo sarraceno en una cazuela con agua y llévelo a ebullición. Baje el fuego y cuézalo hasta que esté tierno. Escúrralo y séquelo con papel de cocina.

Vierta 5 cm de aceite vegetal en una olla o freidora honda y caliéntelo hasta que alcance los 180 °C. Añada el trigo sarraceno y fríalo hasta que se dore. Retírelo con una espumadera y déjelo escurrir en un plato forrado con papel de cocina.

ALIÑO DE YOGUR CON TAHINI
Mezcle el yogur con el ajo y el tahini en un bol y remueva bien. Incorpore el aceite en un hilo fino y constante y salpimiente al gusto.

PARA SERVIR
Disponga los garbanzos en un plato, añada las zanahorias y gajos de remolacha asados y vierta el aliño de yogur y tahini. Esparza las cebollas tiernas, la menta, la albahaca, el trigo sarraceno y el zumaque.

2. BUÑUELOS DE CEBOLLINO CON ALIOLI DE PIMENTÓN AHUMADO

Muchas de nuestras recetas nacen de la necesidad de usar un ingrediente que tenemos en abundancia o reemplazar otro que hemos agotado. Este plato tiene mucho cebollino, abundante en primavera y demasiado bueno para desperdiciarlo. Es, además, un buen ejemplo de cómo el equilibrio entre texturas, sabores y colores embellecen una preparación.

PARA 10 PERSONAS
- 2 manojos de cebollino en rodajas finas
- 200 g de harina
- ½ cdta. de guindilla en polvo
- 1 cdta. de cúrcuma molida
- 1 cdta. de levadura en polvo
- 1 cdta. de comino molido
- 2 pimientos verdes despepitados y picados finos
- 50 g de hojas de cilantro picadas finas
- agua con gas
- aceite vegetal, para freír
- sal marina y pimienta negra recién molida

ALIOLI DE PIMENTÓN AHUMADO
- 4 dientes de ajo picados finos
- 3 yemas de huevo
- 1 cda. de zumo de limón
- 125 ml de aceite de oliva virgen extra
- 125 ml de aceite vegetal
- 1 g de pimentón ahumado agridulce

RÁBANO ENCURTIDO
- 300 ml de vinagre de sidra
- 110 g de azúcar extrafino
- 2 cdtas. de semillas de alcaravea
- 20 rábanos rojos en cuartos

PARA SERVIR
- 1 lechuga iceberg grande con las hojas separadas
- 200 g de hojas de cilantro y menta

ALIOLI DE PIMENTÓN AHUMADO
Coloque el ajo en un mortero, añada una pizca de sal y májelo hasta obtener una pasta fina. Agregue las yemas y el zumo de limón, bata hasta obtener una mezcla ligera y espumosa, e incorpore los dos tipos de aceite en un hilo fino y constante hasta que emulsionen. Sale al gusto, añada el pimentón y refrigere el alioli.

RÁBANO ENCURTIDO
Mezcle el vinagre con el azúcar y las semillas de alcaravea en una cazuela y caliéntelos a fuego lento, sin dejar de remover hasta que el azúcar se disuelva. Retire la cazuela del fuego y deje enfriar la mezcla a temperatura ambiente. Coloque el rábano en un bol. Sazónelo con sal marina, remueva y déjelo reposar 30 minutos. Páselo a un colador y lávelo bajo un chorro de agua fría. Séquelo en una centrifugadora de verduras. Coloque el líquido para encurtir en un recipiente y sumerja el rábano.

Mezcle en un bol el cebollino con la harina, la guindilla, la cúrcuma, la levadura, el comino, el pimiento verde y el cilantro. Vierta 200 ml de agua (cantidad suficiente para obtener una mezcla espesa), sale al gusto y remueva bien.

Forre una bandeja de horno con papel de cocina. Vierta 5 cm de aceite de oliva en una sartén o freidora y caliéntelo a fuego vivo. Añada varias cucharadas de la masa de buñuelos y fríalos a fuego vivo 2 minutos hasta que se doren. Deles la vuelta y fríalos 2 minutos más. Fríalos en dos o tres tandas para no ocupar toda la sartén. Pase los buñuelos al plato forrado con papel de cocina con ayuda de una espumadera.

PARA SERVIR
Coloque los buñuelos en el centro de las hojas de lechuga y disponga el rábano encurtido y el alioli por encima. Envuelva las hojas de lechuga con el relleno en su interior y sirva.

3. GUISO DE CALABACÍN, JUDÍAS VERDES Y PATATAS CON AJEDREA

Si cultiva calabacines, sabrá la agonía que supone descubrir frutos extragrandes escondidos entre las hojas. Tristemente, muchos terminarán siendo abono, ya que su alto contenido en agua opaca su sabor. Sin embargo, a pesar de ello, la carne resulta deliciosa. Este plato utiliza ese alto contenido de agua como líquido de cocción. Puede sustituir cualquier verdura de la receta; nosotros a veces hemos utilizado legumbres en lugar de patatas.

PARA 8 PERSONAS
- 125 ml de aceite de oliva
- 1 cebolla dorada en rodajas finas
- 6 calabacines grandes en trozos grandes
- 1,5 kg de patatas pequeñas de ojos rosas
- 300 g de judías verdes despuntadas
- 1 cda. de estragón picado fino
- 1 cda. de ajedrea picada
- sal marina y pimienta negra recién molida

Caliente a fuego medio el aceite de oliva en una olla honda, añada la cebolla y sofríala 8 minutos o hasta que esté translúcida. Sale, agregue el calabacín, tape la olla y sofríalo despacio 45 minutos o hasta que esté hecho. Retire la tapa, añada las patatas y cuézalas sin tapar de 15 a 20 minutos más, hasta que líquido del calabacín se reduzca y las verduras estén tiernas. Incorpore las judías y cuézalas 5 minutos o hasta que estén tiernas. Agregue las hierbas y salpimiente al gusto. Sírvalo caliente en boles individuales.

1

2

Alexandre Gauthier

LA GRENOUILLÈRE
La Madelaine-sous-Montreuil, Francia

Alexandre Gauthier es uno de los chefs más creativos de Francia y, La Grenouillère, situado cerca de Montreuil, en el norte de Francia, es sin duda un lugar fuera de lo común. El restaurante, que ocupa un edificio con siglos de antigüedad y dispone de un elegante comedor acristalado con vistas al huerto, sirve cocina de vanguardia. Muy arraigado a su región, Gauthier trabaja con todo lo que se pueda pescar, cazar o recolectar en los alrededores, y con la gran variedad de hierbas, frutas y hortalizas de su huerto.

Nuestro huerto rodea La Grenouillère, a los pies de las murallas de Montreuil-sur-Mer. Nos encontramos a 7 km del mar, en la costa de Ópalo, en el norte de Francia. El huerto nos proporciona las hierbas y las plantas que usamos en la cocina para hacer nuestros platos, limonadas e infusiones calientes y frías. También forma parte del paisaje que vemos desde el comedor y la cocina. Cuando el tiempo acompaña, las bebidas y el café se sirven bajo los manzanos, en largas mesas. Queríamos crear un huerto modesto, alejado del lujo. Se trata de cuidar la naturaleza y trabajar codo a codo con ella, mientras sacamos la poesía de cada estación o la luz de cada día.

Estamos en una zona de marismas a orillas del río Canche, que desemboca en el Canal de la Mancha. El suelo es húmedo y las temperaturas son moderadas, típicas del norte de Francia. El paisaje siempre está muy verde, con una gran variedad de plantas y hierbas. Las parcelas no son regulares. Puede que las plantas parezcan asilvestradas e indisciplinadas, pero las construcciones de cañas y los senderos de juncos demuestran que el espacio se ha «pedido prestado» en lugar de doblegarlo. La diseñadora, Tiphaine Hameau, tiene una relación con las plantas muy parecida a la que tengo yo con los productos: no hay plantas ni hierbas malas, todas son naturales, bonitas y silvestres. Lo único que debemos hacer es observarlas desde otro punto de vista y encontrar cierta armonía. Nuestro huerto termina donde empieza el de nuestro vecino. Estoy muy apegado a la idea de la cercanía con los vecinos y de vivir todos en armonía.

Cuando remodelamos el restaurante, queríamos reorientar la casa, que hasta entonces daba al patio, y abrir las vistas sobre el huerto, la colina y las murallas fortificadas de Montreuil-sur-Mer. La entrada sigue estando en la casa de labranza, como hace siglos, y se accede por el patio, donde destacan un par de tuyas inclinadas. El vestíbulo se ha mantenido prácticamente intacto y rústico. La luz que entra al final de un antiguo pasillo estrecho y oscuro invita a acceder al comedor y la cocina que hay bajo dos tejados de estilo pagoda. El espacio, con las encimeras, las forjas y las chimeneas, se asoma a la naturaleza, dejando entrar luz y verdor a partes iguales. El restaurante está revestido de enormes cristaleras del suelo al techo que ofrecen vistas del huerto a cada paso. El espacio es a la vez muy arquitectónico y muy libre.

Mi cocina se basa en productos de temporada, un 80 % de los cuales son de proximidad, de la costa de Ópalo. En la otra orilla del río Canche, tenemos un huerto especializado en hierbas y plantas aromáticas. Los comensales están invitados a «cruzar el puente» y pasear entre los cautivadores aromas de melisa, tomillo, menta (limón, marroquí y púrpura), hierbabuena, hierbaluisa, casis, mejorana, geranio, ajenjo, tomillo, salvia y citronela, entre otras. No utilizamos productos químicos ni abonos artificiales.

Nuestro huerto no es lo bastante grande para abastecer todo el restaurante. Tenemos plantado ruibarbo, pero no hay suficiente para la cocina, por eso lo compramos a productores locales que cultivan más de cien variedades. Nuestros 14 manzanos y 2 perales producen bastante fruta para hacer nuestra compota de invierno casera. Tenemos arbustos de frutos rojos, como grosellas rojas, espinosas y negras con los que elaboramos mermeladas que mezclan frutas y hierbas, para desayunar. Nuestras abejas polinizan las plantas y los árboles frutales, y nos dan miel y polen.

También aprovechamos las hierbas para preparar bebidas dulces. Me gusta trabajar con hierbas frescas y picantes como la citronela, la melisa y distintos tipos de menta. Las añado al agua con gas, a la fruta o a algún jarabe casero (pero no demasiado dulce). Tenemos calabacines silvestres creciendo entre las hierbas: pimpinela, acedera, salvia, manzanilla. Entre las plantas aromáticas se cuentan asimismo las flores de capuchina y las hojas de los groselleros rojos y negros. Todas forman parte del ADN de nuestra cocina. Experimentamos con nuestros productos cultivados en casa del mismo modo que nuestro producto experimenta con nuestra cocina... Lo mismo sucede con nuestra pasión y nuestra energía. Nos hace felices y es nuestra fuente de inspiración para probar cosas nuevas.

Las estaciones dictan lo que cocinamos, o más bien nuestro huerto y los huertos de los productores locales. La naturaleza marca el tempo, el ritmo, y determina los colores y matices que presenta el plato. Esta forma de abordar la cocina también influye en la manera en que plantamos y cuidamos el huerto, y nos garantiza que disfrutaremos de los mejores ingredientes durante todo el año. Es un huerto con visión de futuro que busca inspirar y educar a personas de todas las edades.

1. ANÉMONA VEGETAL

PARA 10 PERSONAS
GELATINA DE «AGUA DE MAR»
- 500 g de agua mineral
- 20 g de lechuga de mar
- 10 g de alga nori
- ¼ de limón
- 3,5 g de carragenina iota

ACEITE DE LECHUGA DE MAR
- 30 g de lechuga de mar
- 200 g de aceite de cacahuete

EMULSIÓN DE HIERBALUISA
- 500 g de leche entera
- 2 manojos de hierbaluisa
- sal

ROLLITOS DE CALABACÍN
- 5 calabacines amarillos limpios
- 2 g de sucro (agente emulsionante)

PARA SERVIR
- 5 brotes de hierbaluisa

GELATINA DE «AGUA DE MAR»
Prepárela el día de antes. Triture el agua mineral con la lechuga de mar, el alga nori y el limón en una batidora. Pase la mezcla a un recipiente, ciérrelo y resérvelo en un lugar fresco. Al día siguiente, cuélela, pásela a una cazuela con la carragenina iota y llévela a ebullición. Déjela enfriar.

ACEITE DE LECHUGA DE MAR
Tueste la lechuga de mar en un gratinador y macháquela con el aceite de cacahuete.

EMULSIÓN DE HIERBALUISA
Caliente la leche en una cazuela y añada las hojas de hierbaluisa. Cubra la cazuela con film transparente y déjela infusionar durante 30 minutos. Pásela por un colador sobre un bol y sale al gusto.

ROLLITOS DE CALABACÍN
Precaliente el horno de vapor a 100 °C.

Corte los calabacines en tiras de 2 mm de grosor con una mandolina. Enrolle cada tira hasta obtener rollitos de 3 o 4 cm de ancho. Átelos con hilo de cocina y cuézalos en el horno 2 o 3 minutos. Retire el hilo y corte cada rollito en diagonal.

PARA SERVIR
Coloque un chorrito de aceite de lechuga de mar en cada plato. Disponga los rollitos de calabacín de forma escalonada encima. Añada una cucharada de gelatina de «agua de mar» a un lado, decore con los brotes de hierbaluisa y sírvalo acompañado de un pequeño bol de emulsión de hierbaluisa.

2. RUIBARBO Y CORREHUELA

PARA 10 PERSONAS
SORBETE DE RUIBARBO
- 10 tallos de ruibarbo grandes en tiras
- 50 g de mantequilla sin sal
- 165 ml de agua
- 250 g de azúcar
- 20 g de maltodextrina
- 2 g de estabilizante para sorbetes

TIRAS DE RUIBARBO
- 750 g de azúcar extrafino
- 50 ml de agua
- 5 tallos grandes de ruibarbo

NATA
- 250 g de nata espesa

ACEITE DE HOJA DE RUIBARBO
- 150 g de aceite de cacahuete
- las hojas de 15 tallos de ruibarbo

PARA SERVIR
- 1 ramillete de hojas de correhuela

SORBETE DE RUIBARBO
Cueza los 10 tallos de ruibarbo en una cazuela sin azúcar hasta obtener una compota. Reserve los tallos restantes (para las tiras de ruibarbo) en agua.

Pese 500 g de la compota, pásela a un bol y añada la mantequilla poco a poco, integrándola mientras se funde. Resérvela.

Lleve el agua a ebullición con el azúcar y agregue la maltodextrina y el estabilizante. Incorpore la compota con mantequilla en el jarabe y mezcle bien. Pase la mezcla a una Pacojet y congélela.

TIRAS DE RUIBARBO
Lleve a ebullición el agua con el azúcar en una cazuela 2 minutos hasta que el azúcar se disuelva y obtenga un almíbar. Retírelo del fuego y déjelo enfriar. Refrigérelo. Con ayuda de una mandolina, corte los tallos de ruibarbo en tiras de 2 cm de ancho, 6 cm de largo y 2 mm de grosor. Déjelas enfriar.

NATA
Monte la nata en un bol hasta que esté bien firme.

ACEITE DE HOJA DE RUIBARBO
Machaque las hojas de ruibarbo (las más verdes y jóvenes) con el aceite de cacahuete, cuele la mezcla y reserve solo el aceite.

PARA SERVIR
Reserve algunas tiras de ruibarbo crudas y sumerja el resto en el jarabe frío. Colóquelas a continuación en una bolsa de vacío y cuézalas al vacío 2 minutos. Retire y escurra las tiras de ruibarbo y disponga 5 sobre un montículo de nata montada como si formara un milhojas de ruibarbo. Coloque al lado una quenelle de sorbete de ruibarbo, vierta un poco de aceite de hoja de ruibarbo y esparza unas cuantas hojas de correhuela junto con las tiras de ruibarbo reservadas.

3. PATATA, RÁBANO DE MAR, PRALINÉ

PARA 10 PERSONAS
PRALINÉ SALADO
- 250 g de almendras peladas
- 250 g de avellanas
- 50 g de cacahuetes con sal
- sal y pimienta negra molida

ACEITE DE HOJAS DE MOSTAZA
- 250 g de hojas de mostaza anchas
- 75 g de aceite de cacahuete

PATATAS
- 6 patatas Ágata o bintje grandes peladas
- 2 litros de aceite de cacahuete, para freír

PARA SERVIR
- 150 g de mantequilla clarificada
- flor de sal
- 2 manojos de hojas de rúcula

PRALINÉ SALADO
Precaliente el horno a 170 °C.

Extienda los frutos secos en una bandeja de horno con bordes y tuéstelos 30 minutos. Retírelos, déjelos enfriar y tritúrelos hasta obtener una pasta. Déjela enfriar 1 o 2 horas y tritúrela de nuevo hasta que adquiera una textura más homogénea y líquida. Salpimiente y reserve en un recipiente.

ACEITE DE HOJA DE MOSTAZA
Escalde las hojas de mostaza en una cazuela con agua unos segundos, retírelas y sumérjalas en un bol de agua con hielo. Cuando estén frías, escúrralas y séquelas. Tritúrelas en una batidora con el aceite de cacahuete.

PATATAS
Corte las patatas en rodajas con una mandolina y colóquelas de inmediato en un bol de agua con hielo. Enrolle varias hasta formar un cilindro ligeramente apretado de unos 3 cm de diámetro. Átelo con hilo de cocina para que mantenga su forma. Repita la operación con las rodajas restantes hasta obtener 10 rollitos (uno por persona). Resérvelos en un bol con agua fresca.

Caliente el aceite para freír en una olla hasta que alcance los 175 °C y precaliente un horno de vapor a 100 °C.

Hornee los rollitos de 8 a 10 minutos. Compruebe si están hechos con una brocheta. Sáquelos del horno, córtelos por la mitad a lo largo y dórelos en la olla de aceite. Retírelos con una espumadera, déjelos escurrir sobre papel de cocina y corte cada mitad en un trozo grande y otro pequeño.

PARA SERVIR
Caliente de nuevo los rollitos de patata en el horno, úntelos con una cantidad generosa de mantequilla clarificada y sálelos.

Coloque unas cuantas cucharadas de aceite de mostaza en cada plato y disponga los rollitos encima de forma que las capas queden hacia arriba. Esparza hojas de rúcula y añada una cucharada de praliné en un extremo del plato.

1

2

3

Robin Gill

THE DAIRY
Clapham, Londres, Reino Unido

El chef irlandés Robin Gill se crió en Dublín y de niño pasaba los veranos en la campiña de Cork. Después de trabajar en varios restaurantes con huerto, se decidió a llevar su arraigada tradición «del campo a la mesa» a un entorno urbano. The Dairy abrió en Clapham, Londres, en 2013, con un jardín en la azotea que abastece la cocina de hierbas y ensalada; el abono se obtiene de los restos de comida del restaurante.

Cuando abrimos The Dairy en 2013, mi idea era crear una experiencia lo más cercana posible al concepto «del campo a la mesa» en pleno centro de Londres. Somos lo que nos gusta llamar un bistró moderno: un lugar con encanto y buen ambiente, pero sin complicaciones. Cocinamos de una manera primitiva en la que todo gira en torno al fuego, utilizando madera de distintos árboles en función del producto. He tenido la suerte de trabajar en establecimientos que cuentan con sus propias granjas y huertos, así que aunque ahora no estoy en un entorno rural como en los restaurantes que me han inspirado, tenía claro que quería cultivar mis propios productos.

El huerto está en la azotea de The Dairy, unos 93 metros cuadrados en los que cultivamos todas nuestras hierbas y ensaladas. Excepcionalmente, se adelantó un poco a la inauguración del restaurante, puesto que nuestro reducido equipo de cocina ya se encontraba disponible y con ganas de ponerse a trabajar, pero el edificio se retrasó. Lo más lógico era aprovechar el tiempo para despejar la azotea. Casi sin presupuesto, examinamos los materiales que teníamos a mano y nos pusimos creativos con la remodelación. Teníamos, por ejemplo, unas bandejas de plástico hondas con agujeros en la base que resultaron ser unos recipientes perfectos. Lo que empezó siendo una solución económica, se convirtió en una ventaja a la hora de encontrar la mejor ubicación para las plantas, puesto que se podían trasladar fácilmente al sol o a la sombra.

Nuestro planteamiento es sencillo. Se basa en la salud del suelo; al principio pecamos de explotar las cosechas, lo que impedía que las plantas se recuperaran, por eso ahora rotamos los cultivos cada año y evitamos recolectar demasiado. También tratamos de utilizar técnicas naturales. Ponemos, por ejemplo, en remojo las ortigas y aprovechamos el agua infusionada para pulverizar las plantas afectadas por la mosca blanca (es una forma de evitar que se propague la plaga). El riego se realiza mediante un sistema que aprovecha el agua de lluvia. La mayoría de nuestros cultivos provienen de semillas, pero el resto (y aquí hacemos una pequeña trampa) nos lo proporciona Foxhollow de Sussex, un huerto especializado en hierbas situado en el sudeste de Inglaterra. Una excelente manera de empezar consiste en comprar plántulas.

Cultivo hierbas que encajan en uno de los cinco perfiles de sabor: menta, pimienta, *allium*, anís y hierbas aromáticas. Seleccionamos las especies en función de los ingredientes que nos cuesta encontrar, o plantas que son muy perecederas y marcan la diferencia, como la menta negra, la hierbaluisa y la capuchina (*Tropaeolum majus*). También cultivamos hierbas silvestres, como acederillas (*Rumex acetosella*), acedera romana (*Rumex scutatus*), lágrimas de la Virgen (*Allium triquetrum*), borrajas y hierba ajera (*Alliaria petiolata*). Es maravilloso ver cómo vuelven a brotar al año siguiente.

Del huerto se encargan los cocineros; justo antes de cada servicio dedicamos algo de tiempo a cortar hierbas en grupos de dos. Con esto cumplimos un doble objetivo, puesto que a la vez quitamos las malas hierbas y las flores marchitas. Creo que el huerto ejerce un efecto terapéutico en nuestros trabajadores. Aunque te quite diez minutos de tu tiempo, es importante tener un oasis apacible a tu disposición.

El huerto influye mucho en la cocina, pero ahora soy consciente de que las influencias se retroalimentan. Cuando tienes mucho de algo en el huerto y no estás seguro de qué hacer con ello, sucede algo mágico y surge una creación única. Me viene a la mente un pesto de hojas de zanahoria y un granizado de acedera.

Lo que hacemos en The Dairy es lo que siempre he deseado. La tradición «del campo a la mesa» es una parte fundamental de mi pasado. Me crie en el condado de Dublín, en Irlanda, pero mi tía Emer vivía en Mallow, en el oeste de Cork, con el doctor Miles Frankel en la granja Kilbrack, donde yo solía acudir para pasar mis vacaciones de verano. Nunca olvidaré aquella cocina demencial, su suelo de piedra y su estufa de leña siempre con algún guiso delicioso borboteando en el fuego. Mi hermano Earl también trabajaba allí. Actualmente es una de las granjas orgánicas más prestigiosas de Cork. Al vivir en una ciudad, para mí es importante preservar mi conexión con este legado y su progresión. El huerto me permite recrear esa época y definir nuestro planteamiento de la cocina.

También hemos hecho avances en nuestras técnicas hortícolas. Solíamos comprar abono, pero todo cambió cuando empezamos a trabajar con Tom, el propietario de Full Circle Farms. Es increíble los progresos que hemos hecho gracias a él. Recoge nuestros desperdicios de comida y, con un método japonés llamado *bokashi*, los trasforma en compost. Es orgánico y se hace con un tipo de melaza fermentada y microorganismos de origen natural que transforman los restos de comida en un compost seguro y rico en nutrientes. Tom tiene una granja en Sussex, donde actualmente cultiva productos en exclusiva para The Dairy, Sorella y Counter Culture (mis otros restaurantes). Ahora también contamos con lo que llamamos una agricultura urbana de guerrilla. Dean Parker (jefe de cocina y copropietario de Sorella) se ha quedado con un terreno cercano al restaurante que nadie quería y está empezando a cultivar todo lo que puede ahí.

QUÉ CULTIVAR EN UN JARDÍN DE HIERBAS

- Elija hierbas que escaseen, como la menta negra (*Mentha x piperita*), el hinojo de bronce (*Foeniculum vulgare, Purpureum*) y la menta corsa (*Mentha requienii*).
- Utilice recipientes móviles, le permitirán probar y ver en qué parte del huerto se adapta mejor cada planta.
- Cuando recolecte las hierbas, córtelas directamente sobre un baño de agua con hielo y guárdelas sobre un paño húmedo dentro de un recipiente hermético en el frigorífico.

VARIEDADES FAVORITAS DE HIERBAS

- La menta negra (*Mentha x piperita*) tiene un sabor fuerte y muy limpio comparado con otras variedades más comunes, por eso es una buena opción cuando se desea aportar intensidad sin notas florales.
- El hinojo de bronce (*Foeniculum vulgare, Purpureum*) es visualmente atractivo debido a su color dorado oxidado, a veces morado, y sus flores amarillas en verano. Las hojas son exquisitas con pescado.
- La acedera romana (*Rumex scutatus*) tiene un punto cítrico muy marcado, por eso es perfecto para las ensaladas de verano.

GUISANTES FRESCOS, MENTA DE LA TERRAZA Y PAN FRITO

Todos guardamos en la memoria alguna comida. Muchos recordamos haber comido guisantes frescos directamente en sus vainas. Dulces y jugosos, su textura firme y elástica es señal de que el verano se encuentra a la vuelta de la esquina. Los últimos meses del invierno pueden suponer un reto para un chef, de ahí que demos una calurosa bienvenida a los primeros guisantes frescos, indicio de que pronto las cestas del huerto estarán repletas y rebosantes. La mayoría de nuestros platos comienzan con una charla sobre los productos que tenemos. Este plato, con guisantes de nuestro huerto y menta de la azotea, nació una mañana durante una sesión de *brainstorming* mientras trabajábamos juntos recolectando, desvainando, lavando y limpiando la cosecha.

PARA 8-10 PERSONAS

ACEITE DE ALGA NORI
- 350 ml de aceite de semillas de uva
- 5 láminas de alga nori de 3 g cada una, cortadas en trozos pequeños con tijeras
- 30 g de hojas de perejil
- 30 g de hojas de perifollo
- 30 g de hojas de estragón
- 30 g de hojas de eneldo

PAN RALLADO FRITO
- 150 g de pan de masa madre del día anterior
- 25 ml de aceite de oliva Arbequina
- ½ diente de ajo majado
- la ralladura de ½ limón
- las hojas de 1 ramita de tomillo limonero
- sal Maldon

ESPUMA DE GUISANTES
- 1½ hojas de gelatina de 2,5 g
- 500 g de guisantes del huerto congelados
- 10 g de Sosa ProEspuma fría
- sal

GEL DE LIMÓN
- ½ hoja de gelatina
- 35 g de azúcar extrafino
- 75 ml de zumo de limón

GRANIZADO DE MENTA
- las hojas de 2 manojos de menta (unos 60 g en total)

PARA SERVIR
- 500 g de guisantes frescos en sus vainas
- 1 penca de apio
- Aceite de alga nori (véase arriba)
- zumo de limón, al gusto
- 15 g de cebollino picado
- 100 g de Pan rallado frito (véase arriba)
- sal Maldon
- brotes de guisante
- polen de apio

ACEITE DE ALGA NORI

Deje enfriar el aceite en el congelador durante 2 horas.

Precaliente el horno a 200 °C. Tueste el alga nori en una bandeja de horno 5 minutos.

Escalde las hojas de las hierbas en una cazuela de agua hirviendo 2 minutos, refrésquelas en un bol de agua con hielo y escúrralas bien. Píquelas gruesas.

Triture el aceite y el alga nori tostada en una batidora 2 minutos. Agregue las hierbas y triture todo 2 minutos más. Pase la mezcla por un colador de malla fina sobre un bol con hielo debajo para que se enfríe y mantenga su color verde intenso.

Guárdelo en un recipiente cerrado en el frigorífico hasta 1 mes o en el congelador hasta 3 meses.

PAN RALLADO FRITO

Corte el pan en trozos y séquelo por completo 3 o 4 horas en un deshidratador o en el horno a la temperatura más baja posible. Triture el pan deshidratado en un robot de cocina hasta que adquiera la consistencia del pan rallado.

Caliente a fuego medio una cazuela de fondo ancho y añada el aceite de oliva y el pan rallado. Fríalo, removiendo con unas varillas, unos 10 minutos o hasta que se dore. Añada el ajo majado, la ralladura de limón, el tomillo y una pizca de sal y mézclelos. Pase la mezcla a una bandeja forrada con papel de cocina y déjela enfriar. Guárdela en un recipiente hermético hasta 5 días.

ESPUMA DE GUISANTES

Ponga en remojo las hojas de gelatina en un bol de agua fría.

Ponga una cazuela de agua con mucha sal a hervir. Escalde los guisantes en agua hirviendo 2 minutos y escúrralos. Tritúrelos en una batidora hasta obtener una pasta fina.

Escurra la gelatina reblandecida y caliéntela en un cazo con un chorrito de agua para que se disuelva. Añada la gelatina derretida al puré de guisantes y la ProEspuma, y triture todo hasta que se integre. Pase la mezcla por un colador de malla fina sobre una bandeja con hielo debajo para que se enfríe lo más rápido posible.

Decante la mezcla en un sifón hasta llenar tres cuartas partes. Agregue dos cargas al sifón y agítelo fuerte. Refrigérelo hasta que lo vaya a utilizar.

GEL DE LIMÓN

Ponga en remojo las hojas de gelatina en un bol de agua fría.

Caliente el azúcar en una cazuela con el zumo de limón hasta que esté a punto de romper a hervir para que se disuelva. Retírelo del fuego. Escurra la gelatina reblandecida, estrújela para eliminar el exceso de agua y agréguela a la cazuela. Remueva hasta que la gelatina se diluya. Deje enfriar la mezcla y decántela en un dosificador o una manga pastelera desechable y refrigérela hasta que la vaya a utilizar.

GRANIZADO DE MENTA

Escalde las hojas de menta en una cazuela de agua con sal hirviendo unos 4 minutos. Escúrralas, reserve el líquido y refresque las hojas en un bol de agua con hielo. Escúrralas y estrújelas para eliminar el máximo de agua posible. Triture las hojas con un poco del líquido reservado en una batidora hasta obtener una mezcla fina.

Viértala en una bandeja de metal o un recipiente apto para el congelador para obtener una capa fina. Congélela hasta que se solidifique y rómpala con un tenedor para obtener la textura de un granizado. Resérvela en el congelador hasta que la vaya a utilizar.

PARA SERVIR

Separe los guisantes más pequeños y dulces de los más grandes. Deje crudos los más pequeños. Escalde los más grandes en una cazuela de agua hirviendo 30 segundos y refrésquelos en un bol de agua con hielo. Reserve todos los guisantes en el frigorífico hasta que los vaya a utilizar.

Pele la penca de apio y córtela en dados de 1 cm. Para salarlos, pese los dados y calcule el 1 % de su peso en sal.

Aliñe los guisantes y el apio con un poco de aceite de alga nori, zumo de limón y sal al gusto. Incorpore el cebollino picado. Extienda esta mezcla por el plato. Escudille bolas de gel de limón alrededor. Esparza el pan rallado frito por encima y añada un montículo generoso de espuma de guisantes. Decore el plato con los brotes de guisante, el polen de apio y el granizado de menta.

1

Peter Gilmore

QUAY
The Rocks, Sídney, Australia

Con un menú que parece una oda a Australia, Quay sigue siendo uno de los restaurantes más famosos del mundo. El chef Peter Gilmore trabaja solo con agricultores artesanos que cultivan productos a medida para su restaurante, situado en mitad del puerto de Sídney e inspirado en la naturaleza. El huerto de Gilmore, donde cultiva ingredientes más especializados, es su terreno de pruebas.

Hace unos catorce años que cultivo hortalizas en el huerto de mi casa en Bayview, en las playas del norte de Sídney. Lo llamo mi huerto de pruebas, porque es donde ensayo con las hortalizas. En cuatro arriates de 10 x 1 m construidos con traviesas, planto sobre todo variedades nuevas y antiguas de hortalizas de polinización abierta, puede que quince tipos cada temporada. Nunca sé qué parte de la hortaliza terminaré aprovechando o en qué punto de su ciclo vital la recolectaré: puede que sean los brotes tiernos, las vainas de semillas, las flores, los tallos, las raíces o las hojas. Puede que las utilice tiernas o cuando se hayan desarrollado por completo. Las valoro una a una en función de su sabor, su textura y la antigüedad de la variedad, y dejo el cultivo de las mejores variedades en manos de uno de los tres horticultores orgánicos especializados que abastecen mis restaurantes, Quay y Bennelong.

El huerto también cuenta con espacio para árboles frutales, plantados en depósitos de agua vacíos para mitigar la pendiente muy pronunciada y el suelo pobre. Hay higueras, granados, naranjos amargos, limeros, un melocotonero de pulpa morada, albaricoqueros, un manzano Cox (*Malus domestica*) y una morera.

Para la producción a gran escala, trabajo con horticultores que están a dos horas al norte de Sídney, y gozan de un clima costero, y con otros que están a dos horas al oeste, en las Blue Mountains. Cuentan con distintas elevaciones y condiciones de cultivo, lo que me permite ampliar las temporadas y producir diferentes hortalizas en función del clima. También trabajo con un agricultor de la bahía de Byron, donde el clima es más subtropical y está indicado para hortalizas más exóticas como brotes de bambú, pastes y judías de metro. Todos ellos se rigen por los principios de la agricultura orgánica, dos de ellos defienden la política de no cavar y todos abogan por ser sostenibles y practicar el compostaje, la cría de lombrices y otras técnicas relacionadas.

Para abastecer mis restaurantes con estos agricultores hace falta mucha planificación y compromiso y es ahí donde mi propio huerto encuentra su razón de ser. Por ejemplo, si deseo incluir en el menú mi plato de Nabo globo blanco, cangrejo azul y col Jersey Wakefield y aliño de zumo de col fermentada y mantequilla avellana, tengo que comprometerme por adelantado con la cantidad de rábanos que necesitaré y dar indicaciones del tamaño que quiero que tengan y del tiempo que los mantendré en el menú. En Quay es probable que pasen por mis manos mil nabos a la semana, por eso es necesario que planifique mis menús hasta con dos estaciones de antelación para garantizar el suministro. Cada productor puede abastecerme de varias hortalizas, hierbas y flores cada estación, y entre la siembra y la cosecha pueden transcurrir de 6 a 15 semanas: este proceso no es una ciencia exacta y si quieres trabajar así hay que ser flexible, comprender que habrá malas cosechas y factores climatológicos, pero la recompensa repercute en el sabor, la calidad y la singularidad y supera con creces los aspectos negativos. La principal ventaja es trabajar con productores apasionados con una mentalidad similar, aportando significado y valor a tu producto.

El huerto de mi casa ha sido una gran fuente de inspiración para mí a lo largo de los años. Siento que me ha conectado con la naturaleza profunda y significativamente. La observación del ciclo vital de las plantas y la apreciación de lo maravilloso que es el proceso de la naturaleza han sentado las bases de mi cocina y han influido en ella. Para mí el huerto es un lugar donde puedo meditar y encontrar la inspiración para crear nuevos platos. El hecho de cultivar hortalizas también me ha permitido apreciar el esfuerzo que hacen mis agricultores, productores y proveedores: te hace respetar los ingredientes aún más y aprovechar todo su potencial.

Al trabajar de este modo puedo utilizar cualquier parte de las plantas en sus distintas fases vitales: tal vez use las flores y los brotes inmaduros en un plato o quizá deje que la hortaliza eche semillas y aproveche las vainas. En Tirabeques Lamborn, miso verde y limón, por ejemplo, utilizo las vainas, las puntas y las flores de la planta del guisante. Las hortalizas no tienen por qué alcanzar el punto de madurez, ya que a menudo es en la fase de desarrollo cuando están más tiernas y los brotes tienen más sabor.

Con la horticultura siempre se aprende. Los mayores éxitos son los cultivos raros, los que no se encuentran en el mercado y tienen un sabor, una textura o una apariencia únicos. Una de mis grandes pasiones son las variedades antiguas. Las zanahorias (*Daucus carota* subsp. *sativus*) Red Kyoto, el maíz (*Zea mays*) Country Gentleman, los garbanzos negros italianos (*Cicer arietinum*) y el brócoli blanco (*Brassica oleracea var. italica*) Burback ya no se cultivan comercialmente y me encanta redescubrirlas. Muchas de estas variedades son tan rentables como las más modernas, pero a menudo tienen una apariencia, un color, un sabor y una textura insuperables. Podrían perderse si no fuera por los horticultores entusiastas que las cultivan y las aprecian: algunas se han librado de la extinción solo en una zona, un valle o incluso en la parcela de una sola persona o familia. Si una hortaliza no se cultiva cada año y se guardan las semillas, la genética que quizá haya tardado cientos de años en desarrollarse a través de cambios fortuitos de la naturaleza o la observación y la selección humanas podría perderse en poco tiempo.

La singularidad, la diversidad, el sabor y la tradición están en juego. Los chefs y los cocineros desempeñan un papel clave a la hora de mantener vivas estas hortalizas únicas, y nuestros menús y comensales aprecian sus singulares cualidades. El hecho de dar a conocer estas variedades antiguas tiene un efecto dominó: los clientes y el público empiezan a pedirlas en los mercados y los horticultores aficionados buscan las semillas en empresas especializadas de todo el mundo. Estas hortalizas son nuestro patrimonio cultural y culinario compartido y depende de nosotros preservarlas.

COSECHAS SUCESIVAS

Se puede cultivar para obtener una gran cosecha que se recolecta de una vez o bien cosechas sucesivas, en las que el cultivo va dando frutos de manera constante durante largo tiempo: esta segunda opción requiere una planificación meticulosa. Por ejemplo, mis productores de las Blue Mountains, Epicurean Harvest, siembran cada dos semanas para poder recolectar habas desde finales de la primavera hasta principios del verano; cuando unas plantas se agotan, les siguen otras.

CONSEJOS DE HORTICULTURA

La horticultura conlleva un proceso de aprendizaje. Ojalá hubiera descubierto antes la importancia del compostaje; creo que es crucial para la salud del huerto. La rotación de cultivos también es esencial para evitar cultivar la misma variedad en el mismo arriate año tras año, algo que agotaría los nutrientes del suelo y aumentaría el riesgo de enfermedades. El mantillo es también clave, no solo ayuda a forjar y enriquecer el suelo, sino que lo mantiene al nivel de humedad adecuado.

VARIEDADES ANTIGUAS FAVORITAS

Estas hortalizas presentan colores, sabores y texturas muy interesantes.

- El brócoli blanco (*Brassica oleracea var. italica*), aunque es parecido a otros tipos de brócoli, es mucho más tierno y de sabor más delicado.
- Las zanahorias (*Daucus carota* subsp. *sativus*) Red Kyoto son de un color rojo intenso y poseen una textura densa, por lo que pueden cocerse más tiempo sin que se deshagan.

1. TIRABEQUES LAMBORN, MISO VERDE Y LIMÓN

El doctor Calvin Lamborn desarrolló numerosas variedades de guisantes a lo largo de toda su carrera. Solo unos pocos productores del mundo disponen de ellas y las pueden cultivar, con permiso de la familia Lamborn. En esta receta, utilizo dos variedades: una con motas rojas y los tirabeques Lamborn. Esta ensalada se sirve sobre un lecho de miso de soja verde con mantequilla, ralladura de limón y salsa de anchoas deshidratadas.

PARA 2 PERSONAS

- 16 vainas de tirabeques Lamborn
- 2 cdtas. de miso coreano de soja verde (*doenjang*) u otro tipo de miso de calidad
- 4 cdtas. de mantequilla sin sal en pomada
- 1 pizca de salsa de anchoas deshidratadas
- la ralladura de ½ limón
- 24 guisantes de motas rojas limpios
- 8 brotes de tirabeques Lamborn
- 4 cdtas. de aceite de oliva virgen extra
- 12 flores de guisantes de motas rojas

Desvaine los tirabeques. Escáldelos en una cazuela de agua hirviendo 10 segundos, retírelos y refrésquelos en un bol de agua con hielo.

Mezcle el miso con la mantequilla, la salsa de anchoas y la ralladura de limón en un bol, y extienda la mezcla en 2 platos.

Disponga los tirabeques sobre el miso. Aliñe los guisantes de motas rojas y los brotes de tirabeques con aceite de oliva y colóquelos sobre los tirabeques y el miso. Decore el plato con las flores de guisantes y sírvalo.

2. NABO GLOBO BLANCO, CANGREJO AZUL Y COL JERSEY WAKEFIELD Y ALIÑO DE ZUMO DE COL FERMENTADA Y MANTEQUILLA AVELLANA

Esta receta contiene nabo globo blanco (*Tennouji kabu*) y col Jersey Wakefield acompañados de carne de cangrejo azul y un aliño de hojas de col fermentadas con mantequilla avellana. El plato se centra en los sabores puros y las texturas únicas de los nabos y los tallos de la col.

PARA 4 PERSONAS

- 1 col Jersey Wakefield
- 4 nabos globo blancos (*Tennouji kabu*)
- 2 cangrejos azules de 800 g vivos
- 50 g de mantequilla sin sal fundida
- sal marina fina

MANTEQUILLA AVELLANA

- 100 g de mantequilla salada

Cuatro días antes de hacer el plato, retire y deseche las dos capas exteriores de la col. Retire otras 6 o 7 capas de col y reserve el corazón. Envuélvalo con film transparente y guárdelo en el frigorífico. Pese 200 g de hojas de col, colóquelas en una bolsa de vacío y añada 4 g de sal marina. Selle la bolsa y resérvela a temperatura ambiente 4 días para que fermente.

Cuando las hojas hayan fermentado, retire el corazón de col del film, córtelo por la mitad y corte los cuatro tallos centrales con algunas hojas sujetas. Esta parte de la col estará totalmente blanca y muy tierna.

Pele los nabos y corte una rodaja central de cada nabo de unos 3 cm de grosor. Resérvelas a un lado.

Llene una cubeta de agua con hielo e introduzca los cangrejos vivos 15 minutos para adormecerlos. Lleve a ebullición una olla de agua con sal. Pasados los 15 minutos, escalde los cangrejos 4 minutos y páselos de nuevo a la cubeta de agua con hielo. Rompa las cáscaras y retire la carne de las pinzas. Reserve la carne de los caparazones para otra preparación.

MANTEQUILLA AVELLANA

Caliente a fuego vivo la mantequilla en una cazuela hasta que se empiece a dorar. Retire la mantequilla y deseche los sólidos. Elimine cualquier partícula que se encuentre en la superficie y déjela enfriar.

Abra la bolsa de col fermentada y estruje el líquido de las hojas sobre un cazo. Caliéntelo a fuego vivo y cuézalo hasta que se reduzca a la mitad. Incorpore la mantequilla avellana, retire la mezcla del fuego y resérvela.

Coloque una vaporera sobre una cazuela de agua hirviendo. Caliente una sartén antiadherente o el gratinador. Disponga las rodajas de nabo en la vaporera y cuézalas 3 minutos. A continuación, introduzca la carne de las pinzas de cangrejo durante 1 minuto para terminar su cocción. Unte un poco de mantequilla fundida sobre los tallos de col y fríalos o gratínelos ligeramente.

PARA SERVIR

Unte las rodajas de nabo al vapor con la mantequilla fundida restante y sazónelas con sal marina. Colóquelas en un plato junto con los tallos de col y la carne de cangrejo. Decore el plato con el zumo de col fermentada y la mantequilla avellana y sírvalo.

1

Bertrand Grébaut

D'UNE ÎLE
Rémalard, Normandía, Francia

Lejos de una isla, como sugiere su nombre, la casa rural D'une Île se encuentra al sudoeste de París, en Normandía, en el parque natural del Perche, imponente y relativamente virgen. Rodeado de árboles, el restaurante se abastece de los productos de las granjas y mercados de la zona, y de su propio huerto. En el menú del chef Bertrand Grébaut abundan los ingredientes sostenibles, de proximidad y de temporada, y posee todo el encanto rústico del entorno rural.

D'une Île es una casa rural con ocho habitaciones y un restaurante para 25 comensales. Llegamos aquí la primavera de 2018. Para nosotros, trasladarnos a la Baja Normandía nos parecía lo más natural del mundo. El Parque Natural Regional del Perche está a apenas dos horas en coche desde París. Cuando sales de la autopista, de repente te encuentras en una región llena de pequeños agricultores que cultivan frutas y hortalizas y productores de leche. La casa, de piedra amarilla del siglo XVII y renovada con un gusto exquisito por los dos dueños anteriores, se encuentra en la linde de un bosque. La propiedad está rodeada de 8 ha de terreno, donde producimos manzanas de sidra y cereales y antes pastaba el ganado.

D'une Île es nuestro pequeño trocito de campo: representa estos bosques donde recolectamos zarzamoras, bayas de saúco y grama de olor; es nuestro huerto de variedades antiguas de cerezas, manzanas y peras, unos campos que segamos una vez al año. También tenemos colmenas y cultivamos champiñones en la antigua bodega de sidra. El huerto es el corazón de la finca. Lleva aquí desde que se construyó la granja, en el lugar ideal: en una ligera pendiente, bien drenado, orientado al sur y debajo de un gran árbol que le da sombra por la mañana. Un muro de piedra seca se extiende a lo largo de un lado del huerto, conservando todo el calor del día e irradiándolo con delicadeza por la noche. Para aprovechar al máximo estas condiciones, al año que viene queremos plantar frutales a lo largo del muro, como frambuesos y groselleros rojos y negros.

En el Perche, el clima es frío y variable: toda la zona es ácida y húmeda. Nuestras higueras solo dan hojas, que afortunadamente nos encantan, ya que su sabor obra maravillas infusionadas en *îles flottantes* (islas flotantes) o *velouté* de hortalizas. Cultivamos todos nuestros productos al aire libre, por lo que nos vemos obligados a plantar bastante tarde, a partir de febrero los primeros nabos. Así que nos estamos planteando construir un invernadero para cultivar nuestras plántulas y seguir recolectando hasta que llegue el frío.

El equipo entero colaboró en el diseño del huerto, que se divide en cinco parcelas de arriates elevados. Nuestro planteamiento se basa en la permacultura. Para evitar la erosión del suelo hemos establecido un sistema de «rotación de cultivos» en cuatro de las parcelas: cada año dejamos una en barbecho para plantar flores, en las otras tres cultivamos hortalizas y la quinta se reserva para probar variedades distintas.

Seguimos el ciclo natural de las estaciones: de la primavera al otoño producimos hortalizas de hoja, como acelgas, acedera y col; el verano es el momento de recolectar hortalizas de fruto, como calabacines y berenjenas. Finalmente, cultivamos tubérculos, como patatas, para ayudarnos a pasar el invierno. También tenemos dos jardineras en alto donde cultivamos unas 20 hierbas aromáticas, como ajedrea, albahaca y levístico, por nombrar algunas.

Estos primeros años hemos tenido mucha suerte: hemos disfrutado de un verano cálido y soleado y el huerto ha prosperado a un ritmo increíble. Nos fue muy bien con los calabacines y los tomates, no así con las coles, que se infestaron de pulguillas y babosas antes de que llegaran los venados y arrasaran con casi todo.

Siempre he soñado con tener un pequeño rincón donde poder conectar con la naturaleza. Lo vi claro en 2006, cuando empecé a trabajar para el chef Alain Passard en L'Arpège, que había conseguido ser prácticamente autosuficiente gracias a los ingredientes que cultivaba. Mientras que en nuestros restaurantes de París (Septime y Clamato) los menús suelen concebirse en los despachos, en D'une Île se deciden dando un paseo por el huerto. Nos llamarán la atención unas calabazas (*Cucurbita pepo*) Jack Be Little que están en su punto y nos llevaremos un poco de grama de olor seca, la necesaria para infusionar una sopa. Algunas remolachas nuevas madurarán al mismo tiempo que las grosellas negras, cuyos tonos morados combinan de maravilla en una ensalada crujiente.

Asistimos a una interacción perfecta de armonía, punto de maduración y colores, donde las hortalizas que crecen bien juntas también se complementan en el plato. Es natural, puro sentido común. Se trata de una cocina pura y sin artificios, con ingredientes auténticos, en la que damos prioridad a la región de Perche y su riqueza natural. El menú cambia con menos frecuencia que en nuestros restaurantes parisinos porque van a tenor de la evolución del huerto. Aquí seguimos el ritmo pausado de la naturaleza. El huerto pone unos límites que son un verdadero trampolín para la creatividad, obligándonos a encontrar nuevas recetas pero también nuevas formas de conservar el excedente de frutas y hortalizas o de compensar la escasez de productos en invierno.

Nuestro huerto sigue una larga tradición de varias generaciones que consiste en satisfacer las necesidades de la casa, aunque hoy las personas que cuidan de él ya no son las que se sientan a la mesa. Cuando llegamos aquí, la tierra estaba abandonada a su suerte. Lo único que hicimos fue devolverla a la vida y ampliarla. El huerto tiene solo 600 m^2, pero a nosotros nos basta: nunca hemos aspirado a ser autosuficientes; nuestro objetivo es garantizar que adornará los platos de nuestros 25 comensales. El restaurante es lo bastante pequeño para que podamos incidir más en la abundancia que en la productividad, además de permitirnos aplicar técnicas naturales como arrancar a mano las malas hierbas, sin necesidad de tratamientos químicos o maquinaria pesada.

El huerto necesitará cuatro o cinco años para sacar todo su potencial. Tenemos mucho que aprender de los agricultores de la zona: en el poco tiempo que llevamos, hemos probado más hortalizas de las que habríamos imaginado jamás. Y esto es solo el principio. Aquí, en D'une Île, aún estamos echando raíces.

CONSEJOS PARA CULTIVAR EN ARRIATES ELEVADOS

- En pequeñas áreas como la nuestra, siga las pautas de la permacultura, sobre todo las plantas complementarias: plante zanahorias a los pies de las tomateras, y rábanos, lechugas y puerros en el mismo arriate.
- Mantillo de paja: permite al suelo retener la humedad para regar menos y mantiene a raya las malas hierbas.
- Considere las malas hierbas sus aliadas: con pamplina y acederilla prepararemos un *mesclun*. Utilice todas las partes de las hortalizas: las hojas de remolacha van bien con los encurtidos, las hojas verdes de apio son buenas en ensalada y con las hojas de rábano y zanahoria se elaboran magníficas sopas.

VARIEDADES DE HORTALIZAS FAVORITAS

- Acederilla (*Rumex acetosella*)—Esta planta produce muy poco, pero requiere escaso mantenimiento y rebrota varias veces entre primavera y otoño. De intenso sabor ácido, es una delicia con un poco de mantequilla semisalada.
- Remolacha (*Beta vulgaris*) Rouge Crapaudine—Esta variedad tarda más en madurar en comparación con otras, pero es muy fácil de cultivar. Nos gusta sobre todo su pulpa carnosa, y la cocinamos con tuétano, asada y ahumada.
- Apio de monte—Esta variedad hortícola antigua, también conocida como apio perenne, es una planta resistente que crece a gran altitud. Preferimos usarla a finales del verano por su aroma anisado, que recuerda a los crustáceos. Lo usamos para infusionar nuestras cremas y caldos.
- Apionabo (*Apium graveolens* var. *rapaceum*) Monarch—La maduración de esta hortaliza marca el comienzo del otoño. Se planta en julio y puede alcanzar los 15 cm de diámetro a finales de septiembre. Nos gusta utilizarlo muy joven y tierno, asado entero en el horno en las últimas hojas de la higuera y salteado hasta que quede caramelizado.

1. COLIFLOR GLASEADA CON MANTEQUILLA EN BRIOCHE CON SEMILLAS, BAYAS Y HIERBAS FRESCAS Y DESHIDRATADAS

Es necesario encurtir las semillas de ajo al menos un mes antes de hacer este plato y las grosellas rojas lacto-fermentadas hasta tres semanas antes.

PARA 6 PERSONAS

AJO SILVESTRE ENCURTIDO
- 60 g de semillas de ajo silvestre encurtidas los días posteriores a su floración
- sal marina, para cubrir
- 1 ramillete de 15 g de hierbas aromáticas como tomillo, laurel y estragón
- vinagre de sidra, para cubrir

GROSELLAS LACTO-FERMENTADAS
- 120 g de grosellas rojas
- agua mineral, para cubrir
- sal marina

MASA DE BRIOCHE
- 6 huevos, más 1 batido, para glasear
- 50 g de azúcar
- 8 g de sal
- 380 g de harina, y un poco más para espolvorear
- 10 g de levadura fresca
- 300 g de mantequilla sin sal en pomada, en dados

COLIFLOR
- 600 g de coliflor
- 50 g de mantequilla sin sal, y un poco más para glasear y freír
- 50 g de mostaza en grano
- flor de sal

PARA SERVIR
- 20 g de semillas de perejil
- 60 g de Grosellas lacto-fermentadas (véase arriba)
- 60 g de Ajo silvestre encurtido (véase arriba)
- 20 g de flores de puerro
- 20 g de flores de mejorana
- 100 ml de aceite de colza

AJO SILVESTRE ENCURTIDO

Cubra las semillas de ajo con sal 12 horas, lávelas con abundante agua limpia para retirar la sal y séquelas. Colóquelas en un tarro de cristal limpio, añada el ramillete de hierbas aromáticas y cúbralas con vinagre. Cierre el tarro y guárdelo por lo menos 1 mes a 15 °C antes de utilizarlo.

GROSELLAS LACTO-FERMENTADAS

Llene dos tercios de un tarro de cristal de 200 ml con grosellas rojas, termine de llenarlo con agua y añada 2 % de su peso en sal. Tápelo y déjelo fermentar 3 días a 22 °C. Resérvelo en un lugar fresco (15-18 °C) 3 semanas como mínimo.

MASA DE BRIOCHE

Para preparar la masa, coloque los huevos, el azúcar y la sal en el bol de una batidora amasadora y bata. Incorpore despacio la harina, desmenuce la levadura y bata de nuevo a velocidad media unos 10 minutos. Agregue la mantequilla en pomada en dados y amase con el gancho de amasar 5 minutos más hasta que adquiera una textura uniforme y flexible. Cubra el bol con un paño y deje leudar 30 minutos a temperatura ambiente. Desgasifíquela y déjela leudar toda la noche en el frigorífico.

COLIFLOR

Escalde la coliflor entera 10 minutos en una olla de agua con sal, asegurándose de que está cocida pero firme.

Mezcle la mantequilla con la mostaza y sazone con flor de sal.

Deje enfriar la coliflor y engrásela por completo con la mezcla de mantequilla y mostaza. Refrigérela para que la capa de mantequilla se solidifique.

Precaliente el horno a 200 °C.

Deje leudar la masa de brioche otros 30 minutos más y desgasifíquela de nuevo. Pásela a una superficie de trabajo ligeramente enharinada y extiéndala en forma de cruz. Coloque la coliflor en el centro con el cogollo hacia abajo y pase la masa por el tallo para envolverla por completo. Dele la vuelta, extienda una capa de huevo batido y colóquela en una bandeja de horno. Hornéela durante 10 minutos, baje la temperatura a 170 °C y siga horneándola 15 minutos más.

Retírela del horno y déjela reposar unos 20 minutos antes de servir.

PARA SERVIR

Mezcle las semillas de perejil, las grosellas, el ajo encurtido y las flores en un bol y líguelas con el aceite de colza como si se tratase de una salsa vierge.

Corte el brioche de coliflor en rodajas gruesas y fríalas en una sartén hasta que se doren. Sírvalas con una cantidad generosa de semillas, grosellas y flores.

2. TARTA DE MORAS SILVESTRES CON MIEL DEL HUERTO Y HELADO DE HOJAS DE NOGAL

Prepare el helado un día antes de servir este postre. Nosotros usamos Savagnin de Voile (*voile* significa "velo"), un vino madurado en barrica bajo un «velo» de levadura.

PARA 6 PERSONAS

HELADO
- 5 yemas de huevo
- 80 g de azúcar moreno
- 400 ml de leche entera
- 250 ml de nata líquida (35 %)
- 50 g de hojas de nogal recién cogidas picadas finas, y algunas más para decorar
- 100 ml de Savagnin de Voile (vino amarillo del Jura)

MASA DE TARTA
- 250 g de harina
- 100 g de mantequilla sin sal muy fría, en dados pequeños
- 1 huevo
- 100 g de azúcar moreno

CREMA «AMANDINE»
- 135 g de mantequilla sin sal en pomada
- 165 g de azúcar glas
- 2 huevos batidos
- 200 g de almendras molidas
- 100 g de nata cruda

COBERTURA DE LA TARTA
- 100 g de mermelada de moras casera
- 200 g de moras silvestres
- panal de miel, al gusto

HELADO

Bata en un bol refractario las yemas con el azúcar.

Lleve a ebullición la leche en una cazuela y viértala despacio sobre la mezcla de huevo. Cuézala a fuego lento 10 minutos y remueva despacio como si estuviera preparando crema inglesa. Evite que la temperatura sobrepase los 84 °C. Estará lo suficientemente espesa cuando cubra el dorso de una cuchara sin resbalarse.

Para detener el proceso de cocción, añada la nata líquida fría y, por último, las hojas de nogal. Deje infusionar la mezcla en el frigorífico toda la noche.

Al día siguiente, coloque el vino en una cazuela y redúzcalo a la mitad. Déjelo enfriar.

Para terminar, incorpórelo a la mezcla de nata, pase todo a una Pacojet y congélelo (con las hojas incluidas).

MASA DE TARTA

Para preparar la masa, coloque la harina en un bol, añada la mantequilla y frótelos hasta que tenga una consistencia de migas de pan. Bata en otro bol el huevo con el azúcar.

Integre las dos mezclas hasta obtener una bola evitando amasarla demasiado. Envuélvala con film transparente y resérvela 1 hora en el frigorífico.

Desenvuelva la bola y estírela sobre una superficie de trabajo ligeramente enharinada hasta que tenga un grosor de 3 mm. Coloque la masa en una tartera de 24 cm y resérvela en el frigorífico mientras prepara la crema de almendras.

CREMA «AMANDINE»

Bata la mantequilla en pomada con el azúcar en un bol hasta que esté cremosa. Añada los huevos batidos e incorpore las almendras molidas con una espátula de silicona. Cuando la mezcla esté fina, incorpore la nata y extienda una capa de 1 cm de grosor sobre la tarta. Refrigérela de nuevo mientras precalienta el horno a 160 °C.

Hornee la tarta unos 30 minutos y colóquela sobre una rejilla para que se enfríe.

COBERTURA DE LA TARTA

Mientras la tarta aún esté caliente, extienda la mermelada de moras y disponga una capa uniforme de moras silvestres encima de manera que queden muy juntas.

PARA SERVIR

Corte un cuadrado del panal y triture la mezcla helada en la Pacojet. Sirva la tarta con la porción de panal y una quenelle de helado.

1

2

QUINCE 'VRANJA'
Cydonia oblonga 'Vranja'
Row 2
Pos. 12

Skye Gyngell

RESTAURANTES MARLE Y HEARTH EN HECKFIELD PLACE
Heckfield, Hampshire, Reino Unido

Situado en el Hampshire rural, en Inglaterra, Heckfield Place es un hotel, restaurante y granja biodinámica que alberga el extraordinario talento del director culinario Skye Gyngell para transformar productos de temporada sencillos en algo excepcional. El objetivo es que el huerto de 2 ha produzca el 90 % de las hierbas, frutas y hortalizas que se emplean en los dos restaurantes de Heckfield: Marle, un escaparate del estilo característico de Gyngell, y Hearth, el restaurante del hotel, exclusivo para los huéspedes.

Cuando Heckfield Place se construyó en la década de 1760, la finca y los huertos, plantados por William Wildsmith, sustentaban toda la casa. Cuando nos embarcamos en el proyecto, nuestro sueño era que la huerta, los frutales y la granja volvieran a ser orgánicos. Pero después de trabajar con Jane Scotter, cuya granja de Herefordshire, Fern Verrow, produce solo para mi restaurante londinense Spring, me enamoré de los productos biodinámicos, que van un paso más allá de lo orgánico. Los veo en sintonía con los ritmos de la tierra y sus principios tienen sentido para mí. Así que Jane también se ha convertido en una parte fundamental de la granja de Hampshire.

Nuestra parcela de hortalizas cubre 2 ha, pero doblaremos la superficie el año que viene, y la parte de árboles frutales adyacente cuenta con 500 ejemplares entre manzanos, perales, ciruelos y membrillos. Las zonas de cultivo se han establecido los últimos tres años, y contamos con un gran invernadero para propagar y criar las plantas jóvenes y tres politúneles donde cultivamos hortalizas, hojas de ensalada y flores todo el año. La parcela de hortalizas está en una zona expuesta, por eso hemos plantado setos y árboles para protegerlas y darles sombra, además de por su interés visual.

Cuando empezamos, la tierra era pedregosa y carecía de materia orgánica. Hemos empezado a recuperarla poco a poco y nos hemos propuesto lograr la certificación biodinámica en 2020. Es una tarea ardua y larga revitalizar el suelo y hacer que esté en condiciones; es algo vivo que está en proceso de hacerse más fuerte, más sano y más fértil. Los productos biodinámicos están dotados de vida y energía. La diferencia puede verse y saborearse.

Para mí, cultivar todos los ingredientes aquí es una obsesión y una pasión. Como chef, tienes que darle la vuelta a tu forma de trabajar: en lugar de ser el cocinero el que decide lo que hay en el plato, es la tierra la que nos dice qué cocinar. Cuanto más trabajo con productos excelentes que saben perfectamente, que tienen los colores más bonitos del mundo, más me apetece mostrarlos. Es como si recibieras un regalo cada mañana; es fantástico. Siempre digo que «hemos subido el volumen». Nuestra cocina es reactiva e instintiva: no trabajamos con recetas cerradas porque no podemos hacerlo, no sabemos cómo sabrá un tomate el día que vayamos a utilizarlo, cada plato es único de algún modo.

Me encantan la carne y el pescado, pero mi cabeza va en otra dirección: siempre me resultan más estimulantes las hortalizas y las frutas. Las veo como un tapiz más complejo. Cuando pienso en un plato, lo primero que imagino son las hortalizas porque puedo hacer muchas cosas con ellas: unas estupendas empanadillas de queso *quark* con verduras de otoño, mantequilla avellana y *dukka* de avellanas o tupinambos asados con crema de cebolla, requesón de cabra y ajedrea. El invierno es el paraíso y está lleno de deliciosas hortalizas entintadas, oscuras y saludables, como berzas, coles de Bruselas y col rizada, además de calabazas, patatas y nabos.

Tenemos un menú corto con siete entrantes, siete platos principales y cuatro postres. Cuando haces cocina de temporada tienes que ser creativo: no juegas con 400 ingredientes, puede que solo haya 10. Tenemos que ingeniárnoslas para que el menú parezca equilibrado, de manera que si abunda algún ingrediente como el tomate, no lo incluimos en todos los platos, aunque podemos tratar las hortalizas de formas muy distintas. Hacemos unos tomates de variedades antiguas asados sobre hojas de higuera con *crème fraîche* y frambuesas doradas, pero al mismo tiempo servimos trucha con un *kasundi* de tomate (salsa de tomate con especias india), y el resultado son platos completamente diferentes. Los encurtidos y las conservas son una parte esencial de nuestra cocina.

Nuestro objetivo es aprovechar todo el potencial de la granja y espolvorearlo con los polvos mágicos que vienen de fuera. Nunca cultivamos demasiados cítricos (porque no es posible), pero cuando llega la temporada no puedo estar sin naranjas sanguinas o sin pistachos de Sicilia, y no quiero renunciar a ellos. También aprovechamos las plantas al máximo: utilizamos las uvas pero también las hojas de vid para encurtirlas o ponerlas en salmuera; usamos los higos, pero también preparamos jarabe o licor de hojas de higuera, con las que también envolvemos el pescado. Además, hacemos yogur de hojas de higuera y yogur infusionado con hojas de higuera.

La plantación sucesiva es clave porque queremos alargar la temporada de cultivo al máximo. Lo más importante para trabajar de este modo es la información. Por ejemplo, tenemos un grupo de WhatsApp con Jane y la granja, así podemos saber lo que hay disponible o está a punto de estarlo. Usamos marcadores (ponemos unos preciosos puerros tiernos junto a un lápiz, por ejemplo) para hacernos una idea del tamaño. Y Jane utiliza el sistema del semáforo. El verde significa adelante: está listo para recolectar y ya no puede estar en el suelo. El ámbar nos indica que algo está casi a punto, pero puede estar en el suelo una semana más o menos. El rojo es para los cultivos que aún no están listos pero siguen su curso.

Cada semana del año el huerto nos ofrece sus increíbles productos para que cocinemos con ellos. A veces de manera fugaz: de repente hay frambuesas doradas o unas moras espectaculares. Es muy satisfactorio y emocionante para mí como cocinero. Abres tu mente y tu corazón para estar en completa sintonía con la naturaleza. Es una forma maravillosa de trabajar. Estamos creando una granja de trabajo (no de postal) y a medida que pase el tiempo habrá más y más capas y será más fértil y mejor.

PLANTAR CON LA LUNA

Nos guiamos por el calendario biodinámico para trabajar en el huerto y sembramos, plantamos, abonamos, podamos y cosechamos en el mejor momento según la posición de la luna y los planetas. Hay días óptimos para cada tarea y todo lo que cultivamos forma parte de los grupos siguientes: tubérculos y raíces (patatas, rábanos, zanahorias, chirivías), flores, hojas (ensalada, espinacas, hierbas, verduras), frutas (fresas, frambuesas, manzanas, ciruelas y todas las hortalizas de fruto como tomates, calabacines y guisantes).

LEGUMINOSAS POLIFACÉTICAS

Cultivamos muchas variedades de leguminosas, incluidas judías verdes, habas y alubias pintas; no solo son deliciosas, sino que las judías trepadoras son un elemento visual elegante para el huerto con sus hileras ordenadas de soportes de ramas, flores y frutos colgantes. Las leguminosas también son muy beneficiosas para el suelo; su sistema de raíces ahonda en la tierra, abriéndola y dándole vida. La mayoría de nuestras leguminosas se siembran en primavera y se recolectan entre mediados y finales de verano; las habas Hangdown Green (*Vicia faba*) producen largas vainas de frutos deliciosos. También se pueden guiar en paredes o vallas.

1. TRUCHA DE RÍO CON TOMATES, ESTRAGÓN Y CREMA DE RÁBANO

PARA 4 PERSONAS

TOMATES

- 20 tomates dulces maduros, de diversas variedades y tamaños, los más grandes cortados por la mitad
- 60 ml de aceite de oliva virgen extra de calidad
- 1 cda. de hojas de estragón encurtidas
- sal

CREMA DE RÁBANO

- 100 ml de *crème fraîche*
- 2 cdas. de rábano recién rallado
- 2 cdtas. de vinagre de vino tinto
- sal

TRUCHA

- 4 filetes de trucha de 180 g cada uno
- ½ cda. de aceite de oliva virgen extra
- sal marina y pimienta negra recién molida

TOMATES

Lleve a ebullición una olla de agua con sal y prepare un bol de agua con hielo.

Marque una cruz en la base de cada tomate con un cuchillo afilado. Sumerja los tomates en el agua hirviendo y retírelos de inmediato con una espumadera. Colóquelos en el bol de agua con hielo para detener la cocción. Retire el agua, pele los tomates y resérvelos.

CREMA DE RÁBANO

Coloque la *crème fraîche* en un bol, añada el rábano, el vinagre y una pizca de sal y remueva para que se integren.

TRUCHA

Precaliente el horno a 180 °C.

Caliente a fuego medio una sartén antiadherente refractaria. Salpimiente los filetes de trucha por el lado de la piel.

Cuando la sartén esté caliente, agregue el aceite de oliva y coloque la trucha con la piel hacia abajo. Fríala 3 o 4 minutos hasta que la piel se dore bien, introduzca la sartén en la parte central del horno y prosiga con la cocción 2 minutos más. La carne debe estar cocida pero un poco translúcida. Retírela del horno y resérvela.

TOMATES

Coloque los tomates pelados en un cazo y añada el aceite de oliva virgen extra y una pizca de sal. Ponga el fuego lo más bajo posible y caliente los tomates despacio y con paciencia. Los tomates no deben estar calientes sino templados (a la temperatura de la sangre). Cuando estén templados, agregue el estragón y retire el cazo del fuego.

PARA SERVIR

Reparta los tomates entre 4 platos calientes. Disponga los filetes de trucha a un lado y añada la crema de rábano por encima.

2. FLOR DE SAÚCO REBOZADA CON PANAL DE MIEL Y SAL

Esta es una buena forma de acabar una comida cuando abundan las flores de saúco.

PARA 6 PERSONAS

- unos 6 ramilletes de flores de saúco limpias y en puñados
- 250 ml de suero de mantequilla
- 480 g de harina
- 120 g de sémola
- aceite neutro, como de cacahuete o girasol, para freír

PARA SERVIR

- azúcar glas
- sal marina
- panal de miel caliente

Compruebe que las flores no tienen insectos. Si es así, deles golpecitos para quitarlos.

Coloque el suero de mantequilla en un bol bajo. Mezcle la harina y la sémola y páselas a un plato llano. Forre otro plato llano con papel de horno para reservar las flores rebozadas antes de freírlas.

Caliente el aceite en una sartén honda o una freidora hasta que alcance los 160 °C.

Sumerja las flores de saúco en el suero de mantequilla de una en una, asegurándose de que quedan bien cubiertas, y páselas por la mezcla de harina y sémola. Resérvelas en el plato forrado con papel de horno hasta que las vaya a freír.

Fríalas por tandas hasta que se doren y déjelas escurrir sobre papel de cocina.

PARA SERVIR

Disponga las flores fritas en platos, espolvoree azúcar glas por encima y esparza un poco de sal. Coloque un trozo de panal de miel a un lado y sírvalo caliente.

2

Gert Jan Hageman

RESTAURANTE DE KAS
Watergraafsmeer, Ámsterdam, Holanda

La ubicación del restaurante De Kas es solo una de sus muchas extravagancias. Construido en una serie de invernaderos que se remontan a 1926 y que pertenecen al Vivero Municipal de Ámsterdam, el restaurante se abastece de productos de los invernaderos y huertos, donde cultiva hortalizas, hierbas y flores. Además, cuenta con una parcela de 4 ha para productos orgánicos más resistentes. Su fundador, Gert Jan Hageman, también es el horticultor jefe.

Tenemos varias parcelas: un huerto de árboles y arbustos frutales, un huerto tradicional de hierbas y flores rodeado de setos, sobre todo boj, y un invernadero. También tenemos nuestro huerto de gran producción en el pólder de Beemster, en parte acristalado y en parte al aire libre. Cuando los comensales vienen a De Kas, atraviesan el huerto y pasan junto al invernadero camino del comedor. El huerto de hierbas está al otro lado, con una terraza donde servimos comidas cuando el tiempo acompaña.

La idea del huerto es anterior al restaurante. Empezamos a experimentar con hortalizas y a cultivarlas en 1997. Yo no era buen estudiante y, como no pude continuar los estudios, empecé a trabajar de cocinero en un restaurante. En 1993 era jefe de cocina y recibí una estrella Michelin. Poco después, siguiendo el consejo de mi amiga Jolinde (que ahora es mi mujer), me tomé un año sabático y, mientras trabajaba en el huerto de un amigo, tuve una revelación: tenía que abrir mi propio restaurante y cultivar mis propias hortalizas, que dominarían un menú, a base de ingredientes de proximidad de la mejor calidad, que cambiaría semanalmente. El ayuntamiento de Ámsterdam se enteró de mi idea y me avisó de que iban a demoler el antiguo invernadero de Frankendael. Tras muchas idas y venidas, pudimos reconstruir y restaurar el invernadero y abrimos en enero de 2001. Por suerte para nosotros, la inauguración fue un éxito, puesto que nos habíamos endeudado hasta el cuello.

El parque de los alrededores de De Kas lo diseñó Buro Sant en Co, de La Haya, y añadió árboles frutales, parcelas de hortalizas y estanques cerca del restaurante. Empezamos a cultivar hierbas, flores comestibles y frutos rojos, con estructuras de sauce para dar soporte a las plantas. En el invernadero utilizamos bombillas LED, con hidroponía y un sistema de flujo y reflujo automatizado. Cultivamos una gran variedad de fresas. Siempre recibimos emocionados los primeros ejemplares de estos magníficos frutos. Dejamos que las frutas y las hortalizas cultivadas en casa sean las estrellas, como se puede comprobar en nuestra receta Fresas maceradas en almíbar de rosa con helado de verbena y almendras tiernas.

Todo lo que crece en tu huerto es maravilloso, desde las patatas nuevas hasta los tomates maduros. Entre mis productos favoritos están las fresas (*Fragaria* x *ananassa*) Korona, las patatas nuevas cultivadas en invernadero, las habas, las primeras lechugas, la achicoria roja, las hierbas, los tomates y las berenjenas. Cuando estas últimas llegan a la cocina, señalan la llegada del verano. A simple vista, las berenjenas pueden parecer extrañas, pero son muy versátiles y sabrosas. En De Kas, las incluimos en todo tipo de platos: caviar de berenjena, miniberenjenas al vapor con jengibre y sésamo y como un ingrediente más de un delicioso bol de *caponata*.

El nuestro es un clima oceánico moderado, con inviernos y veranos suaves y lluvia todo el año. El clima holandés recibe la influencia del mar del Norte, pero nuestra temporada de cultivo tradicional se ha ampliado debido al cambio climático. En Beemster cultivamos sobre arcilla y en Ámsterdam, sobre marismas arenosas. Los tubérculos no crecen bien en los suelos arcillosos de Beemster. Ponemos en práctica todos los principios de la agricultura orgánica que podemos. En el invernadero, controlamos las plagas con avispas y nemátodos parásitos. Cambiamos los cultivos anualmente, deshierbando con la azada y trabajando la tierra superficialmente antes de plantar. Usamos abonos orgánicos y minerales como harina de basalto y algas para estimular el suelo y fortalecer las plantas. No nos dan miedo los híbridos modernos, menos vulnerables a las enfermedades y con mucho sabor. Tomamos muestras del terreno anualmente y corregimos defectos y desequilibrios añadiendo compost elaborado especialmente para nosotros en primavera.

El día empieza con la recolección a las seis y media de la mañana en plena temporada, cuando atendemos los pedidos de la cocina que nos envían la noche anterior. Después, un café rápido y reunión de trabajo, mientras los productos de Beemster se envían a Ámsterdam y llegan a De Kas a las diez. Luego hay que plantar, deshierbar, regar, hacer listas de reparto, segar los senderos de hierba, limpiar zanjas y hacer reparaciones hasta la tarde. Hacemos esto seis días a la semana cuando el huerto está en activo, de febrero a diciembre. Ajustamos el ritmo y las horas de trabajo en función de las cosechas; en invierno, nos preparamos para el ajetreo que nos espera.

He aprendido a seguir los calendarios de las plantas y semillas y a alargar al máximo la temporada. Cuando se lleva el calendario al límite, a veces las cosas salen mal, con heladas tempranas o tardías u hortalizas que dan flores (una feliz coincidencia si son comestibles). Pero otras tienes suerte: una vez, cultivamos y cosechamos casi todo el año. Cada día nos esperan un montón de pedidos de hortalizas que nos llenan de orgullo y nos dan fuerza para volver al trabajo. Lejos de la cocina, hemos aprendido a tener paciencia, a trabajar con el clima, y a estar pendientes y a disfrutar de cada nueva estación.

Tenemos dos chefs brillantes, Jos Timmer y Wim de Beer, que preparan deliciosos platos de hortalizas y hierbas y nunca planifican los menús hasta que no saben con qué ingredientes contarán. Nuestro menú, de seis platos, la mayoría vegetarianos o veganos, depende del huerto y es un reflejo del ciclo de las estaciones. Los cocineros nos suelen pedir que cultivemos cosas concretas, como flores comestibles, que aportan sabor a los platos. Cultivamos muchas flores, incluidas capuchinas, violetas (para jarabes), geranios y flores de borraja, pepino e hinojo. Y el vivero produce hortalizas en distintas fases de crecimiento para que los cocineros elijan cuándo utilizarlas. En este sentido, nos inspiramos mutuamente. Es el caso del colirrábano, por ejemplo, que generalmente acaba olvidado en el frigorífico porque la gente no sabe qué hacer con él. A nosotros nos gusta utilizarlo crudo, relleno o asado con una costra dulce.

Trabajar la tierra forma parte de nuestro ADN. Para nosotros es primordial la procedencia de los ingredientes. La inspiración y la frescura extrema de nuestro huerto no tienen precio. Los olores, los colores y la llegada de una nueva estación, pendientes del primer tomate o la primera fresa, son cosas que te dan energía y esperas con impaciencia. Al estar cada día al aire libre, a la luz del sol, la mente y el cuerpo ganan en salud, sin olvidar el ejercicio físico que requiere trabajar la tierra. Todo esto es lo que recibes del huerto. Sin el huerto, no existiría De Kas.

CONSEJOS DE HORTICULTURA

- Conozca la tierra que cultiva, y si está en equilibrio: tome muestras.
- Compre el manual de Velt (Asociación para la Vida y la Agricultura Ecológicas), una auténtica guía para el agricultor que se convertirá en su libro de cabecera (y le hará inseparable de sus gafas de lectura).
- Prepare calendarios para plantar y sembrar.
- Si tiene muchas ganas de recoger los frutos, sobre todo no se contenga.
- No tema los híbridos modernos: tienen más posibilidades de prosperar, son menos vulnerables a las enfermedades y normalmente tienen mucho sabor.
- Nunca almacene las patatas por debajo de 8°C, de lo contrario resultarán extrañamente dulces.
- Explore los límites de las temporadas de cultivo y se llevará algunas sorpresas.

HÍBRIDOS MODERNOS

La lechuga francesa es un buen ejemplo de un híbrido de buena calidad. Hay variedades para cada estación, unas que dan buenos resultados en invernaderos y otras en el exterior, con o sin calor o luz adicionales. Y todas tienen un precioso corazón amarillo con un dejo entre dulce y amargo. Los tomates son otro ejemplo, sobre todo los híbridos de variedades antiguas de Estados Unidos. Son fantásticos: buen producto, rendimiento y sabor.

1. BERENJENA A LA BARBACOA CON VINAGRETA DE CACAHUETE, CURRY VERDE Y HIERBAS

PARA 4 PERSONAS
ACEITE DE HIERBAS
- 1 litro de aceite de semillas de uva o aceite neutro
- 75 g de perejil
- 75 g de albahaca tailandesa
- 75 g de espinacas
- 75 g de perifollo

VINAGRETA DE CACAHUETE
- 5 ml de vinagre para sushi
- 5 ml de salsa de soja
- *kecap manis* (salsa de soja dulce), al gusto
- 100 g de cacahuetes sin sal picados gruesos
- el zumo de 1 limón

CURRY VERDE
- 1 coliflor en ramitos
- 1 litro de leche de coco
- 30 ml de agua
- 1 tallo de citronela limpio, picado y machacado
- 3 hojas de lima
- 1 pimiento despepitado
- 40 g de galanga (jengibre siamés) picada
- 130 g de arroz basmati
- 75 g de cilantro
- 75 g de albahaca tailandesa
- 75 g de levístico
- 75 g de espinacas
- 300 ml de Aceite de hierbas (véase arriba)

AROS DE CHALOTA EN TEMPURA
- 1 litro de aceite neutro
- 200 g de harina de tempura
- 100 ml de agua con gas
- 1 chalota en aros

BERENJENA A LA BARBACOA
- 2 berenjenas
- 10 ml de salsa de soja de calidad

PARA SERVIR
- 50 g de pimiento
- 50 g de cebollino
- 4 flores de capuchina
- 4 flores de cebollino
- 4 flores de perifollo
- 4 flores de cilantro
- 80 g de hojas de cilantro encurtido
- 40 g de germinados

ACEITE DE HIERBAS
Triture los ingredientes en una Thermomix 7 minutos. Pase la mezcla por una muselina.

VINAGRETA DE CACAHUETE
Mezcle el vinagre con la soja y la *kecap manis* en un bol. Añada los cacahuetes y el zumo.

CURRY VERDE
Cueza la coliflor en una cazuela con la leche de coco, el agua, la citronela, la lima, el pimiento, la galanga y el arroz hasta que estén tiernos. Páselos por un colador y déjelos enfriar. Tritúrelos con las hierbas y el aceite de hierbas en un robot de cocina hasta obtener una mezcla homogénea. Cuélela de nuevo.

AROS DE CHALOTA EN TEMPURA
Caliente el aceite en una cazuela a 150 °C. Mezcle la harina con el agua con gas, pase la chalota por el rebozado y fríala.

BERENJENA A LA BARBACOA
Envuelva cada berenjena en papel de aluminio y áselas hasta que estén tiernas. Déjelas enfriar, abra el papel de aluminio y úntelas con la salsa de soja. Áselas de nuevo sin papel de aluminio hasta que adquieran bonito color.

PARA SERVIR
Coloque una cucharada de vinagreta y otra de aceite de hierbas en cada plato. Disponga una berenjena encima. Vierta el curry verde y agregue la chalota, una cucharadita de pimiento y una cucharada de cebollino en cada plato. Decórelos con las hierbas y flores.

2. COLIRRÁBANO CON BEURRE BLANC, FLOR DE SAÚCO Y CAVIAR

PARA 4 PERSONAS
INFUSIÓN DE FLOR DE SAÚCO EN NATA
- 6 ramilletes de flor de saúco
- 200 ml de nata espesa

PURÉ DE COLIRRÁBANO
- 4 colirrábanos en rodajas gruesas
- 500 ml de leche entera
- sal y pimienta negra recién molida

COLIRRÁBANO COCIDO
- 3 colirrábanos en rodajas gruesas
- 50 g de mantequilla sin sal
- 200 ml de caldo vegetal

BEURRE BLANC
- 50 ml de shiro dashi
- 50 ml de vinagre para sushi
- 50 g de vino blanco
- Infusión de flor de saúco (véase arriba)
- 250 g de mantequilla sin sal troceada
- 50 g de caviar
- 1 chalota echalion picada fina
- 50 g de cebollino picado fino

PARA SERVIR
- 1 puñado de hinojo marino
- 1 puñado de lavanda de mar
- 1 colirrábano cortado fino con una mandolina
- 12 hojas de salsifí

INFUSIÓN DE FLOR DE SAÚCO EN NATA
Coloque las flores en un bol. Lleve la nata a ebullición, viértala sobre las flores y cubra el bol con papel de aluminio. Déjela infusionar 20 minutos y pásela por un colador fino.

PURÉ DE COLIRRÁBANO
Cueza el colirrábano con la leche en una cazuela hasta que esté tierno. Tritúrelo en una batidora hasta que quede fino. Salpimiente.

COLIRRÁBANO COCIDO
Cueza el colirrábano con la mantequilla y el caldo en una cazuela hasta que esté tierno.

BEURRE BLANC
Coloque el dashi, el vinagre y el vino en una cazuela, llévelos a ebullición e incorpore la infusión de flor de saúco en nata. Retire del fuego y añada la mantequilla de trozo en trozo mientras tritura todo con una batidora. Obtendrá más cantidad de la necesaria. Reserve la mitad para otra ocasión. Preparar menos no serviría porque no obtendría una salsa perfecta. Incorpore el caviar, la chalota y el cebollino.

PARA SERVIR
Escalde el hinojo marino y la lavanda de mar en una cazuela. Escúrralos y mézclelos con el colirrábano cocido.

Reparta el puré de colirrábano entre 4 boles. Añada un poco de colirrábano cocido. Vierta un poco de beurre blanc y agregue varias rodajas de colirrábano crudo y varias hojas de salsifí.

3. FRESAS MACERADAS EN JARABE DE ROSAS CON HELADO DE VERBENA Y ALMENDRAS

PARA 4 PERSONAS
NATA DE PANNACOTTA
- 1,5 litros de nata espesa
- los pétalos de 2 rosas comestibles fragantes
- 10 g de gelatina
- 450 g de chocolate blanco

HELADO DE VERBENA
- 200 g de hojas de verbena
- 1,5 litros de leche entera
- 1,5 litros de nata espesa
- 600 g de azúcar extrafino
- 600 g de yemas de huevo

FRESAS INFUSIONADAS
- 200 g de azúcar para mermeladas
- 350 ml de agua
- los pétalos de 2 rosas comestibles fragantes (nosotros usamos William Shakespeare)
- 250 g de fresas sin rabillo

PARA SERVIR
- 1 cda. colmada de Nata de pannacotta (véase arriba) por persona
- la ralladura y el zumo de ½ limón
- 4 cdas. de Helado de verbena (véase arriba)
- 4 almendras frescas cortadas por la mitad y picadas
- 16 pétalos de rosa comestibles
- unas gotas de aceite de oliva

NATA DE PANNACOTTA
Caliente la nata y viértala sobre los pétalos. Déjela infusionar 20 minutos y cuélela. Deje la gelatina en remojo en agua fría. Cuando esté blanda, incorpórela a la nata caliente, remueva y añada el chocolate. Refrigere toda la noche y tritúrela con una batidora hasta obtener una nata fina. Resérvela en una manga pastelera.

HELADO DE VERBENA
Deje infusionar la verbena en una mezcla de leche y nata 20 minutos. Caliente la mezcla hasta que alcance los 85 °C.

Bata el azúcar con las yemas en una batidora amasadora hasta obtener una crema blanquecina. Incorpore la mezcla de leche y nata caliente en 4 tandas. Caliéntela de nuevo hasta que alcance los 81 °C y siga batiendo. Póngala sobre hielo y déjela enfriar. Pásela a una heladera y mézclela.

FRESAS INFUSIONADAS
Lleve el azúcar y los pétalos a ebullición y retírelos del fuego. Déjelos reposar 20 minutos y páselos por un colador sobre un bol. Añada las fresas y aplástelas ligeramente. Déjelas infusionar.

PARA SERVIR
Escudille nata de pannacotta en 4 boles y coloque las fresas encima. Añada ralladura de limón, infusión de fresas y unas gotas de zumo de limón. Agregue una bola de helado y decore con almendras, pétalos y aceite.

1

2

3

Stephen Harris

THE SPORTSMAN
Seasalter, Kent, Reino Unido

Calificado por el propio chef y propietario, el cocinero autodidacta Stephen Harris, como un «pub de mala muerte junto al mar», The Sportsman obtuvo su primera estrella Michelin en 2008. El planteamiento del restaurante, honesto y sin pretensiones, unido a la determinación de Harris por utilizar productos de proximidad, han propiciado que haya sido elegido varias veces como el mejor restaurante del Reino Unido. El menú refleja la geografía, la historia y los productos que rodean al pub. El restaurante cuenta con un huerto que produce la mayoría de los ingredientes del menú; el resto lo obtiene de los productores de la zona.

El huerto de The Sportsman, como el pub, ha tenido una evolución lenta y constante hasta convertirse en algo que nunca habríamos imaginado. Cuando abrimos, el terreno de la parte posterior era un área de servicio para caravanas y llevaba así desde la década de 1950. Cuatro años después, decidimos cultivar una pequeña parcela detrás del pub. Mi novia, Emma, construyó unos arriates elevados y plantamos varios ingredientes del menú degustación, como guisantes, flores comestibles y tomates. Sin embargo, hasta 2015 el huerto no pasó a desempeñar un papel trascendental en The Sportsman. Fue mi hermano Phil quien tuvo la idea de que los comensales se alojaran entre los ingredientes, así que construyó unas cabañas en mitad del huerto.

Yo quería probar cómo funcionaban los politúneles. Uno de los pescadores de la zona se enteró y me vendió el que tenía de repuesto. El primer año nos limitamos a experimentar, sin mayores aspiraciones. Al año siguiente, vimos que el proyecto no paraba de crecer, así que decidimos contratar a alguien para que nos ayudara. Phil puso un anuncio. Era un texto muy impreciso que decía que necesitábamos un horticultor que pudiera trabajar de 20 a 40 horas semanales, en función de las necesidades. Contratamos a Ronan, que lleva con nosotros un año y medio. Gracias a él, ahora tenemos 2 politúneles que proporcionan 50 frutas, hierbas y hortalizas distintas, 16 arriates elevados, 4000 m^2 de prado y un huerto con manzanos, ciruelos y perales.

El suelo es alcalino, lo que básicamente significa que no es ninguna maravilla. Para mejorar la calidad y devolverle la neutralidad de la forma más natural posible, no plantamos intensivamente y seguimos meticulosamente la rotación de cultivos. Además, intentamos reutilizar al máximo todo lo que concierne al huerto. Por ejemplo, las valvas de ostra del sendero proceden del restaurante, pero además repelen a los caracoles y las babosas. Usamos algas de la playa como abono: primero extendemos algas secas por el suelo y luego hacemos algas «líquidas» remojándolas en agua dulce durante seis semanas, hasta que fermentan. Y regamos con el pozo del huerto.

A comienzos de año, plantamos patatas, cebollas, hierbas y guisantes para recolectarlos en abril. En verano disponemos de tomates, calabacines, judías verdes, berenjenas, cebollas tiernas y pimientos verdes, entre otras hortalizas, y experimentamos con dos o tres variedades de cada una. Sin embargo, no me interesa la patata violeta, su apariencia extraña y deslumbrante no me resulta atractiva si su sabor es el mismo. Muchas personas parecen rechazar los planteamientos minimalistas; yo estoy obsesionado con el concepto de arquetipo: una pera o un tomate perfectos.

Los tomates siempre dan resultados magníficos. Cultivamos los de la variedad antigua francesa Marmande y una especie de tomate cherry amarillo, el Sungold. Los Marmande son los tradicionales tomates corazón de buey, con un sabor estupendo. Grandes y de carne firme, son perfectos a rodajas en una ensalada, mientras que los Sungold proporcionan pequeñas explosiones de dulzor (como si comiéramos un caramelo cocido).

Como cocinero, mi trabajo es conservar la integridad de cada ingrediente. Los matices de la cocina son parecidos a los de la recolección. Creo que todos los cocineros deberíamos tener la habilidad de saber qué momento es mejor para recolectar. Cuando llega un cocinero nuevo al restaurante, trato de animarle para que reflexione acerca de los ingredientes y el modo de sacar todo su sabor. Esta tarea resulta más sencilla si son ellos mismos quienes han recolectado ese ingrediente.

La experiencia de los comensales de The Sportsman ha cambiado desde que empezamos a cultivar el huerto. Servimos, por ejemplo, una sopa fría de calabacín los meses de verano. Cuando recolectas calabacines y manipulas la planta, tus manos huelen a menta y a trufa. Así que la sopa lleva solo calabacines frescos, a los que damos un toque de trufa y menta. De este modo, la experiencia de nuestros comensales está en sintonía con la que tenemos nosotros cuando entramos en el huerto.

En un huerto, tomas una decisión en octubre y ves los resultados en agosto del año siguiente. Muchos cocineros cambian de restaurante durante ese espacio de tiempo. Para mí, esta es la verdadera ventaja de estar siempre en el mismo sitio. Hace 18 años que regresé a Whitstable y no podría haber conseguido lo que he logrado en la cocina sin la persistencia y la paciencia que van implícitas. El huerto es el mismo: es un proyecto que requiere grandes dosis de ambas cualidades y que nunca se terminará.

Cuando me preguntan por qué tengo un huerto, contesto que porque siempre he querido cocinar platos que me maravillasen sin saber por qué. Supongo que podría decirse que es la versión superior de la comida «normal». A medida que el huerto prospera, compruebo que la comida es cada vez mejor.

CÓMO CULTIVAR UN HUERTO JUNTO AL MAR

- Las hierbas más resistentes, como el romero y el hinojo, y lo setos vivos, como el majuelo y el espino amarillo, se adaptan muy bien al ambiente salino.
- Aproveche todo lo que tenga a mano; nuestro abono de algas se prepara con una técnica antigua, es gratis y muy bueno para nuestras plantas, sobre todo las patatas (*Solanum tuberosum*) Jersey Royal y Pink Fir Apple.
- Piense cómo afectará el entorno a los cultivos; nosotros creamos una especie de cortavientos con sauces para minimizar el impacto de los fuertes vientos procedentes del mar.

VARIEDADES DE HORTALIZAS FAVORITAS

Siempre estamos probando distintas variedades. Estas son las que más nos gustan:

- El guisante (*Pisium sativum*) Kelvedon Wonder es una variedad antigua inglesa: da buenos resultados como cultivo temprano y su sabor es excelente, muy dulce.
- El calabacín (*Cucurbita pepo*) Defender es fantástico por dos razones: la primera, la temporada de recolección es bastante larga; y la segunda, las flores siempre salen bien. Las rebozamos y las servimos con nuestra sopa fría de calabacín.
- Las judías escarlata (*Phaseolus coccineus*) Firestorm son más tiernas y dulces que otras judías, por lo que son fantásticas muy poco cocidas o crudas, aliñadas con unas gotas de jarabe de lima.

1. LUBINA AL VAPOR CON BERBERECHOS Y PISTOU DE VERANO

PARA 4 PERSONAS, EN UN MENÚ DEGUSTACIÓN
- 4 filetes de 125 g cada uno de lubina salvaje, con la piel marcada (de 200 g para platos principales)
- 500 g de berberechos limpios con valva
- 12 espárragos gruesos limpios, con las puntas reservadas y los tallos en rodajas finas
- 2 cdas. de guisantes frescos
- 2 cdas. de habas peladas
- sal marina

PISTOU DE VERANO
- 1 puñado de hojas de albahaca
- 1 cda. de parmesano rallado
- 1 cda. de aceite de oliva

PARA SERVIR
- 1 chorrito de zumo de limón
- 1 chorrito de aceite de oliva de Liguria o Provenza

Sale los filetes de pescado, envuélvalos con film transparente y refrigérelos unas 2 horas para que mantengan su forma. Retírelos del frigorífico 15 minutos antes de cocinarlos.

Ponga una cazuela a fuego medio y añada los berberechos. Tápela y cuézalos 3 minutos, hasta que las valvas se abran. Agite la cazuela de vez en cuando para agilizar el proceso. Déjelos enfriar en la cazuela, cuele el jugo y resérvelo. Separe los berberechos de sus valvas, resérvelos y guarde algunos con valva para decorar.

PISTOU DE VERANO
Mezcle todos los ingredientes en un mortero y macháquelos hasta obtener una pasta. Si lo prefiere, utilice un robot de cocina.

Coloque los filetes de pescado (envueltos) en un plato sobre un colador colocado sobre una cazuela de agua hirviendo. Tápelos y cuézalos al vapor unos 5 minutos, comprobando la temperatura interna con un termómetro. Cuando alcance los 45 °C, retírelos de la cazuela y déjelos reposar en un lugar templado. La temperatura subirá a 50 °C por el calor residual.

Mientras el pescado reposa, caliente en un cazo el jugo de berberechos reservado. Añada las rodajas de espárragos, los guisantes y las habas y cuézalos durante 2 o 3 minutos. Agregue una cucharada de agua si fuera necesario.

Mientras, caliente un poco de agua en una freidora o una sartén y cueza las puntas de espárragos 2 minutos. Escúrralas y añádalas al cazo con el resto de verduras y legumbres. Incorpore el pistou, agregue los berberechos y caliente todo un poco.

PARA SERVIR
Reparta las verduras y los berberechos entre 4 platos hondos. Aliñe el pescado con un poco de zumo de limón y aceite de oliva y colóquelo sobre el pistou de berberechos y sale. Decórelo con los berberechos con valva reservados y sírvalo de inmediato.

2. CREMA DE VERDURAS

Me gustan los eufemismos y con eso jugamos en esta ocasión. Cuando los comensales escuchan el nombre de esta receta, piensan en una crema envasada, pero cuando la prueban, descubren una combinación sorprendente de unas verduras dulces y tiernas con un caldo sabroso y delicado. Las verduras pueden variar en función de la estación. Las cantidades se corresponden a las que utilizamos en junio. Sin embargo, independientemente de la estación en la que nos encontremos, para obtener el resultado deseado es necesario encurtir las verduras la mañana del día que vaya a tomarla. Puede preparar el caldo con antelación y reservarlo en el frigorífico 4 días como máximo.

PARA 4 PERSONAS, EN UN MENÚ DEGUSTACIÓN
MANTEQUILLA CASERA (PARA UNOS 600 G)
- 1 litro de nata espesa de calidad o 1 kg de *crème fraîche*
- 6-9 g de sal marina

CALDO DE SETAS
- 2 cebollas grandes picadas finas
- 2 zanahorias grandes picadas finas
- ½ manojo de apio picado fino
- 2 puerros grandes picados finos
- 200 g de champiñones cremini en rodajas
- tallos de perejil
- 1 estrella de anís
- 30 g de boletus edulis deshidratados
- agua filtrada, para cubrir
- 15 hojas de hierbaluisa picadas

CREMA DE VERDURAS
- 15 g de Mantequilla casera (véase arriba)
- 1 cda. de agua
- 2 cdas. de guisantes recién desvainados
- 2 cdas. de habas peladas
- 2 cdas. de judías verdes picadas
- 2 cdas. de cebolla tierna picada
- 2 tomates Sungold cortados por la mitad
- 8 hojas pequeñas de hierbaluisa
- pétalos de rosa comestibles en juliana
- 200 ml de crema agria
- un chorro generoso de zumo de lima
- sal marina y pimienta negra recién molida

MANTEQUILLA CASERA
Coloque el bol de una batidora amasadora en el frigorífico para que se enfríe. Vierta la nata o la *crème fraîche* y bátala a velocidad alta con la pala. Pasados 5 minutos, la nata o crema agria se endurecerán y oirá el sonido del suero separándose de la mantequilla. Baje la velocidad y cubra un poco el bol para evitar salpicaduras. Siga batiendo hasta que el suero se separe por completo de la grasa. Esta operación puede tardar unos 5 minutos. Apague la máquina, cuele la mantequilla y deseche el suero. Lave la mantequilla bajo un chorro de agua fría y pásela de nuevo por el colador. Incorpore por completo la sal batiéndola a la velocidad más baja posible.

Aplaste la mantequilla entre 2 láminas de papel encerado para eliminar los últimos restos de suero. Dele forma cilíndrica, envuélvala en el papel encerado y resérvela en el frigorífico.

CALDO DE SETAS
Coloque todos los ingredientes, salvo las hojas de hierbaluisa, en una olla y cúbralos con agua filtrada. Llévelos a ebullición, baje el fuego y cuézalos 15 minutos. Retire la olla del fuego y déjelos infusionar durante 30 minutos.

Llévelos de nuevo a ebullición y cuézalos hasta que el caldo se reduzca a 250 ml. Añada las hojas de hierbaluisa y déjelas infusionar durante 15 minutos. Cuele el caldo y refrigérelo hasta que lo necesite.

CREMA DE VERDURAS
Caliente la mantequilla en una freidora o una sartén pequeña. Añada una cucharada de agua. Mueva la sartén para que emulsionen, agregue los guisantes, las habas, las judías y la cebolla tierna y caliéntelos. No los cocine, se trata solo de calentarlos como si los acabara de recolectar del huerto un día de verano.

Cuanto estén templados, salpimiéntelos y repártalos entre 4 boles. Añada los tomates Sungold, las hojas de hierbaluisa y los pétalos de rosa.

Caliente el caldo de setas en un cazo. Añada la crema agria y llévelo a ebullición. Vierta un chorro generoso de zumo de lima y pruebe la sazón. Triture todo con una batidora hasta obtener una crema fina y repártala entre los 4 boles.

1

Dan Hunter

BRAE
Birregurra, Victoria, Australia

El chef Dan Hunter transformó una casa de labranza en uno de los destinos gastronómicos más fascinantes de Australia, con un menú fijo de temporada. Brae es un lugar para interactuar con la naturaleza y comer lo que ofrece la tierra. Hunter se abastece de productos frescos y deliciosos de los agricultores de la zona, y su huerto, de 12 ha, produce una gran variedad de ingredientes, desde frutas y hortalizas hasta aceite de oliva y miel.

Brae se encuentra en una ladera en Birregura, Victoria (Australia), en una granja orgánica de 12 ha. Cuando nos hicimos cargo de ella en julio de 2013, contaba con un pequeño huerto (donde ahora hay frutales), olivos de 10 a 12 años y unos 30 frutales. Desde entonces hemos crecido: además de varios arriates de hortalizas, tenemos un naranjal con más de 60 ejemplares, más de 100 frutales (entre manzanos, membrillos, perales y frutales de hueso) y el olivar ha aumentado su productividad. Además, existe un campo de trufas, un trigal, nogales y arbustos frutales, espacios dedicados a plantas y árboles autóctonos, un politúnel de 30 m de largo y gallinas. También hay grandes espacios de plantas y árboles de flor autóctonos que favorecen la presencia de pájaros e insectos beneficiosos, como las abejas, que criamos para obtener miel y ayudar con la polinización.

Nos centramos en la producción de ingredientes poco comunes de gran atractivo gastronómico, productos delicados que no aguantan el transporte cuando están maduros, ingredientes caros y todo lo que no podemos comprar de mejor calidad a los productores locales. Es el caso de las fresas silvestres (*Fragaria vesca*) blancas y rojas, recolectadas aún calientes por el sol de la tarde, las almendras y los pistachos tiernos y los espárragos que saben a hierba, clorofila y notas de palomitas cuando se comen frescos y crudos. Ingredientes de temporada llevados a su máxima expresión.

Cada año tenemos un conocimiento más profundo de nuestra granja, una idea más clara de nuestras aptitudes y de cómo queremos que sea nuestra cocina. Cuando veo crecer los productos, considero las plantas en las distintas fases de su crecimiento y pienso en cómo se utilizarán los ingredientes mientras los observo, puedo ver sus posibilidades. El contacto con la naturaleza te inspira y hace que te sientas más creativo y relajado, más valiente y espontáneo con los platos del menú. A menudo pienso que nunca los habría imaginado si no hubiera estado en el lugar adecuado en el momento correcto: el Caldo frío de habas y fresas, almendras verdes y fresas, hoja de higuera y suero de yogur existe porque esas plantas estaban creciendo cerca unas de las otras en el huerto una primavera, y de repente pareció pura lógica juntarlas. Los platos que son fruto de la casualidad suelen ser los más emocionantes para nosotros y para los comensales, que presencian una imagen real y sin artificios de nuestro restaurante un día en particular. Estos platos nacen de una interacción con una planta en un momento determinado de su vida, un encuentro único con una semilla, una flor, una fruta madurada en el árbol, un aroma mezclado con otro. Es algo que solo puede experimentarse estando a diario con las plantas. Estas oportunidades, cuando se capturan y se condensan en los platos, son la clave, el placer absoluto, de tener hortalizas y frutas creciendo tan cerca de la puerta de la cocina y el comedor. Por ejemplo, las hojas de la coliflor morada que florece a finales de primavera, que la mayoría de huertos comerciales quitarían para dar paso al siguiente cultivo, nosotros las vemos como una oportunidad para tostarlas con aceite de oliva y servirlas con ajo verde asado a la sal y suero de mantequilla que ha sobrado de la nata fermentada ligeramente batida.

Me obsesiona la idea de dejar que la fruta madure hasta el punto de que casi se deshaga una vez recolectada. El placer que proporcionan las patatas, los espárragos o las habitas recién recolectados, las frutas de hueso maduradas en el árbol, los tomates madurados en la planta y las fresas calentadas por el sol es razón más que suficiente para cultivar tu propia comida. Estos ingredientes se transforman con el respeto más absoluto en un menú fijo diario, servido a lo largo de tres o cuatro horas, para comer y para cenar.

Trabajo con uno de nuestros horticultores semanalmente para planificar las cantidades, hacer ensayos y pruebas y, por supuesto, reaccionar ante los imprevistos. Los cocineros recolectan a diario lo que necesitan. Se mueven como si fueran uno y en general recolectan o cosechan un único producto a la vez para poder controlar la calidad y la cantidad. Los desperdicios se llevan al compost, se recogen los huevos, los restos de hortalizas y cereales se echan a las gallinas, se les rellena el agua y las sacamos de los gallineros para que se muevan a sus anchas por un cercado entre frutales y olivos. Los meses más cálidos, los productos delicados van directamente a unos recipientes con hielo para preservarlos del calor.

Tenemos la suerte de formar parte de una comunidad de personas que están tan interesadas por nuestros ingredientes como nosotros: estamos rodeados de granjas donde los clientes recolectan sus propios frutos rojos, puestos de hortalizas a la puerta de las granjas y manzanales de variedades antiguas, y aquí las aceitunas, las nueces y las patatas se cultivan comercialmente y se venden en un radio de 10 km. Además, los agricultores locales suelen presentarse en la puerta de la cocina con un cubo o el maletero del coche llenos de algún ingrediente en perfectas condiciones, recolectado unos minutos antes. Hemos conocido a varias personas que ahora nos suministran ingredientes (desde limas hasta membrillos aromáticos) y suelen ser las que tienen los mejores productos.

Todo está a un paso del restaurante y la cocina. Invitamos a nuestros comensales a dar un paseo por la granja: creemos que nuestro trabajo cobra sentido cuando ven el huerto y están en contacto con la naturaleza. Normalmente se dan un respiro en medio del menú de mediodía y salen para visitar la granja. Los senderos les llevan a los árboles frutales, el politúnel y el huerto. Se tarda unos diez minutos en hacer el recorrido completo, pero hay quien se demora una media hora.

La gente está empezando a entender que Brae es una granja con restaurante, no solo un restaurante con huerto: un lugar para sumergirse en la naturaleza y disfrutar de los productos de la tierra.

CONSEJOS DE HORTICULTURA

- Cultive ingredientes que le gusten.
- Cultive ingredientes que se adapten a la temperatura de su lugar de residencia y cuyo cultivo sea fácil, eficiente con el espacio y prolífico. Los tomates, la albahaca, los calabacines, los rábanos, los cítricos, las fresas y las patatas (productos que son deliciosos recién recolectados y mejores que cuando se compran en el supermercado) pueden cultivarse en macetas de suelo o colgantes, o en jardineras.
- No intente hacer demasiado y demasiado pronto. Para ganar confianza, cultive unos cuantos productos la primera temporada y vaya ampliando después.
- Documéntese al máximo y hable con otras personas sobre sus experiencias con el cuidado del huerto.
- Implique a los niños. Creo que la implicación de los niños en el huerto es una enseñanza vital muy interesante que también les descubre ingredientes nuevos y deliciosos; y si sus hijos se alimentan con productos del huerto de casa tendrá la tranquilidad de saber que las comidas cubren buena parte de las necesidades nutricionales diarias, con lo que la hora de comer no resultará tan estresante.

AGRICULTURA ORGÁNICA

Nuestra granja se rige por los principios de la agricultura orgánica desde 2013. Fomentamos la microbiología saludable, cultivamos plantas beneficiosas y atraemos insectos, creamos suelo mediante el compostaje intensivo, rotamos los cultivos de forma planificada y ordenada, nos desplazamos con cuidado por los arriates para no compactarlos, cubrimos las zonas abiertas de los arriates con lonas durante la época de reposo o con mantillo de alfalfa para reducir las malas hierbas y retener la humedad. Evitamos voltear la tierra, usamos herramientas manuales y reservamos la horca para airear el suelo, en lugar de cavar y voltear la tierra.

1. ESPÁRRAGOS, HOJAS DE OLIVO Y MANTEQUILLA MARINERA

PARA 4 PERSONAS
POLVO DE LECHUGA DE MAR
- 100 g de lechuga de mar fresca
- sal

MANTEQUILLA MARINERA
- 4 g de Polvo de lechuga de mar (véase arriba)
- 100 g de mantequilla sin sal, a una temperatura más baja que la temperatura ambiente

ESPÁRRAGOS
- 4 espárragos gruesos
- sal

OLIVO
- 3-4 hojas pequeñas de olivo por espárrago

POLVO DE LECHUGA DE MAR

Lave bien la lechuga de mar con agua salada asegurándose de eliminar toda la arena, las conchas y la suciedad. Lávela varias veces y déjela en remojo en abundante agua porque retiene mucha arena. Cuando esté libre de impurezas, pruebe la sazón. Si está demasiado salada, póngala en remojo en agua hasta que la sazón sea la deseada.

Séquela en un deshidratador a 55 °C de 6 a 12 horas. Triture la lechuga de mar en un robot de cocina hasta obtener un polvo fino. Se rehidratará con rapidez, así que resérvela en un recipiente hermético.

MANTEQUILLA MARINERA

Mezcle los 4 g de polvo de lechuga de mar con la mantequilla en una batidora hasta obtener una mezcla homogénea y sin grumos. Reserve la mantequilla tapada en el frigorífico hasta que la vaya a utilizar. Reserve el polvo de lechuga de mar restante en un recipiente hermético para otras preparaciones.

ESPÁRRAGOS

Retire la primera fibra de la punta de cada espárrago con la ayuda de un cuchillo afilado. Intente retirarla por completo en un solo movimiento para evitar hacer un corte muy profundo o rajar el tallo, dejando así la clorofila intacta.

OLIVO

Retire las hojas del olivo. Lávelas con agua fría y séquelas con papel de cocina. Resérvelas en un recipiente hermético hasta que las vaya a necesitar.

PARA SERVIR

Caliente la mantequilla marinera en una cazuela hasta que se funda pero sin que llegue a dorarse.

Escalde los espárragos en agua hirviendo con 10 g de sal por litro de agua. Deberán estar al dente.

Rebócelos despacio en la mantequilla. Retírelos y dispóngalos en una fuente. Cubra cada espárrago con una hoja de olivo.

2. CALDO FRÍO DE HABAS, ALMENDRAS VERDES Y FRESAS, HOJAS DE HIGUERA Y SUERO DE YOGUR

PARA 4 PERSONAS
ACEITE DE HIGO
- 125 g de hojas de higuera joven
- 1 litro de aceite de oliva

SUERO DE YOGUR
- 10 g de hojas de higuera tiernas de árboles que estén a punto de dar su fruto
- 200 ml de suero de yogur de leche de oveja

HABAS
- 400 g de habas tiernas
- sal

ALMENDRAS
- 20 almendras verdes o tiernas
- una solución de 1 litro de agua con 1 g de ácido ascórbico

FRESAS
- una mezcla de unas 40 fresas japonesas y fresas silvestres, rojas y blancas

FLORES
- flores de cilantro

ACEITE DE HIGO

Mezcle las hojas de higo con el aceite en una bolsa de vacío y caliéntela a 60 °C durante 3 horas. Deje infusionar el aceite a temperatura ambiente al menos unas 3 semanas antes de utilizarlo.

SUERO DE YOGUR

Machaque y rompa las hojas de higuera y séllelas al vacío con el suero. Déjelas infusionar 12 horas en el frigorífico. Páselas por un colador, retire las hojas y reserve el suero en el congelador unos 30 minutos (hasta que se forme hielo pero no se congele y forme una masa sólida).

HABAS

Desvaine las habas y escáldelas en agua hirviendo con sal. Refrésquelas en un bol de agua con hielo y retire la segunda capa de piel. Resérvelas tapadas con un paño húmedo para evitar que se oxiden y se sequen.

ALMENDRAS

Pele las almendras y coloque la parte interna gelatinosa en la solución de agua con ácido ascórbico. Realice esta operación un poco antes de servir.

FRESAS

Limpie bien las fresas.

FLORES

Corte las flores del tallo con unas tijeras afiladas y lávelas rápido en agua fría. Guárdelas en un paño o recipiente cerrado hasta que las vaya a utilizar.

PARA SERVIR

Aliñe las habas y las fresas con un poco de aceite de higo y sal. Coloque un montoncito de habas y fresas en el centro de un plato hondo y disponga las almendras tiernas entre ellas. Vierta una cucharada de suero de yogur y agregue los trozos congelados sobre el resto de ingredientes. Decore el plato con las flores y vierta un poco más de aceite.

2

Luis
Sung H.

Christopher Kostow

THE RESTAURANT AT MEADOWOOD
Valle de Napa, California, Estados Unidos

Christopher Kostow aspira a mezclar las historias de los artesanos, agricultores y recolectores para recrear el vínculo existente en su restaurante entre el paisaje, los sistemas de alimentación y las comunidades. Kostow no solo desea que su cocina sea deliciosa, sino relevante, singular y personal. Con un huerto orgánico de 8100 m² especializado en nuevas variedades y métodos de cultivo experimentales, The Restaurant at Meadowood cultiva frutas, hortalizas y hierbas que ofrecen un retrato fiel de la abundancia del valle de Napa, en California.

Cuando me mudé al valle de Napa, en California, para abrir The Restaurant at Meadowood en 2008, tuve la inmensa suerte de llegar a un acuerdo de colaboración con la Saint Helena Montessori School. La escuela estaba creando una granja de 4 ha a menos de 1 km de nosotros y, como la agricultura es fundamental en el plan de estudios, nos ofrecieron una parcela en un antiguo viñedo para que plantáramos nuestro huerto. De este modo nosotros nos abasteceríamos de productos frescos y los estudiantes verían una aplicación profesional de las lecciones que aprendían en clase.

El espacio estaba vacío y descuidado. Nuestra primera horticultora, Gretchen Kimball, diseñó el huerto y, con ayuda de mis cocineros y yo mismo, cavó las primeras zanjas, creando una infraestructura rudimentaria: una manguera, un alargador para hacer llegar la electricidad del cobertizo y una mesa de banquetes robada para trabajar. Al labrar la tierra, sentimos una sensación de vértigo.

Desde entonces, las cosas han cambiado mucho. Ahora cultivamos unas 1,2 ha, sobre todo como largas hileras de hortalizas cubiertas con telas cuando es necesario, con un politúnel donde cultivamos brotes, plántulas para trasplantar y variedades amantes del calor. La identidad y el menú del restaurante son un reflejo de nuestro huerto. La posibilidad de cultivar ingredientes frescos, autóctonos y de variedades antiguas es una de las razones por las que queríamos trabajar en el valle de Napa. Tenemos la suerte de disfrutar de un clima propicio todo el año, lo que nos permite cultivar una gran variedad de ingredientes de temporada: ahora, cuando nos acercamos al verano, empezamos a ver tomates, judías verdes finas, pepinos y maíz. Con el tiempo habrá más: los limoneros de manos de Buda (*Citrus medica* var. *digitata*) y limas kefir (*Citrus hystrix*) aún no están lo bastante desarrollados para dar fruto, de ahí que tengamos un acuerdo con granjeros y productores locales que mientras tanto nos permiten acceder en exclusiva a sus árboles.

Damos mucha importancia a la experimentación con nuevos cultivos y variedades, los métodos de cultivo novedosos y la utilización de todas las partes comestibles de la planta a lo largo de su ciclo vital. Todo está siempre al servicio de la misión que nos hemos propuesto como objetivo: ofrecer una relación directa entre el entorno natural, el sistema de alimentación y la comunidad. El huerto forma parte del ecosistema y constituye una oportunidad para la inspiración, la salud y la educación.

Nuestro horticultor actual, Zac Yoder, y su equipo siguen los principios de la agricultura orgánica, la rotación de cultivos y el compostaje de los desperdicios de la cocina para abonar el huerto. Suelen llegar muy temprano (sobre todo los meses de verano, antes de que apriete el calor). Yo llego antes de las nueve para comprobar cómo progresan nuestros productos y dar una vuelta por el huerto. Hablamos un poco de todo, desde el rendimiento hasta la experimentación con métodos de cultivo. La cosecha diaria se lleva al restaurante para limpiarla, guardarla, prepararla y conservarla.

Al principio pensábamos que la creatividad de la cocina impulsaría las labores del huerto, que en nuestro afán por crear platos que reflejen el valle de Napa, el huerto proporcionaría los ingredientes que quisiéramos en el momento que los quisiéramos; esto se ha cumplido solo en parte. Un huerto forma parte de la naturaleza y la naturaleza es imperfecta. A pesar de las hojas de cálculo y la planificación, el huerto no siempre nos da lo que queremos. A veces nos proporciona más de lo necesario; otras, Zac planta cosas sin que nos enteremos y nos las trae sin avisar. En todos los casos, el huerto influye más en nosotros que a la inversa. Dicta nuestro menú: empezamos con lo que sabemos que cosecharemos y desarrollamos el resto del menú en torno a eso. Cuando las hortalizas del género *Brassica*, como el *kalette* y el brócoli, empiezan a brotar a principios de otoño, las servimos con caballa de la zona a la plancha y un ligero escabeche. Nuestro barman se adapta a lo que el huerto le ofrece, como yo. Cada día dedica un tiempo a la recolección antes del servicio y cambia el menú en función de lo que haya disponible. El resultado puede ser ginebra infusionada con fresas o algo que tarda algo más en madurar: nuestro propio aguardiente, que infusionamos con peras asiáticas y membrillos aromáticos o con especias y otras frutas para crear bebidas que reflejan las estaciones.

Ver a nuestros cocineros, veteranos de los mejores restaurantes del mundo, trabajar con los niños en la escuela Montessori ha sido una revelación. Para enseñar a los niños se requiere algo que rara vez se encuentra en la cocina: paciencia. Aprendemos más de los entresijos de nuestro conocimiento cuando intentamos condensarlo en lecciones sencillas para los alumnos. Los niños nos enseñan humildad. No les importan las estrellas. De vez en cuando, con la ayuda de mis cocineros, preparan el almuerzo para los padres y los miembros de la comunidad en el restaurante. Creo que esta relación con la escuela y la comunidad es nuestro mayor éxito.

Aunque yo no soy agricultor y nos limitamos a cultivar productos para utilizarlos en nuestra cocina de última generación, la colaboración con nuestros productores me ayuda a reunir los elementos que influyen en mi cocina. Cuando creo un plato basado en un recuerdo gastronómico, el hecho de que hayamos recolectado nosotros mismos las hortalizas da un toque de dignidad a lo que de otro modo sería un plato conceptual o demasiado valioso.

Siempre estoy abierto a nuevas ideas. La clave para crear un estilo único es encontrar una semilla o algo solo mío, que pueda convertirse en mi legado si se deja crecer y madurar. Soy un cocinero estadounidense: soy un producto de la periferia de este país y de las experiencias que he vivido. El trabajo con los productores me ha permitido reflejar mi identidad en la cocina y hacerme inmune a las tendencias e ideas de los demás. Intento cocinar «mi» comida.

Los huertos son terapéuticos y la horticultura siempre me ha parecido relajante. Aporta un aspecto educativo y cultural a nuestro trabajo culinario. Las personas que trabajan aquí se han mudado al valle de Napa para cocinar, como yo. Suelen estar lejos de casa, pero hay algo que hace que no se note. Este pedazo de tierra, que cultivaron unos antes que nosotros y otros lo harán después, crea un continuo que da permanencia a nuestra iniciativa. Al trabajar con la comunidad y dentro de ella nos estamos convirtiendo en parte de la misma. Al abrir nuestras puertas y ofrecer nuestro trabajo, el restaurante se ha convertido en mucho más que un lugar donde se sirve comida. Y todo por plantar semillas.

VARIEDADES ANTIGUAS FAVORITAS

Cultivamos sobre todo variedades antiguas. Entre ellas, la hoja de ostra (*Mertensia maritima*), las zanahorias (*Daucus carota*) Oxheart, las coles (*Brassica oleracea*, Grupo Capitata) Caraflex, las *kalettes* (un híbrido entre las coles de Bruselas y la kale, *Brassica oleracea*), las frambuesas amarillas (*Rubus idaeus*) Anne y las fresas (*Fragaria* x *ananassa*) Mara des Bois.

- El maíz (*Zea mays* var. *indentata*) Jimmy Red y Blue Clarage tiene un color precioso. Lo secamos y lo molemos en el molino local. Estas variedades requieren un riego y un control de plagas intensivos.
- La mostaza (*Brassica juncea*) Dragon Tongue tiene un punto picante increíble. Para esta variedad, el suelo tiene que estar bien equilibrado y uniformemente húmedo, sin exceso de riego.

1. PATATAS COCIDAS EN CERA DE ABEJAS

Las patatas recién recogidas justifican por sí solas todo el esfuerzo que supone el huerto: no pueden compararse a las compradas, incluso cuando ya tienen unos días.

Con la acedera preparamos un vinagre y las flores de acederilla sirven de decoración.

PARA 8 PERSONAS
NATA DE CERA DE ABEJAS
- 1 litro de nata espesa
- 200 g de cera de abejas

VINAGRE DE ACEDERA ROMANA
- 30 g de hojas de acedera romana
- 300 ml de vinagre de vino blanco

PURÉ DE PATATAS Y CERA DE ABEJAS
- 500 g de cera de abejas
- 6 patatas Yukon Gold por persona
- 680 g de mantequilla sin sal, fría y en dados
- 600 ml de Nata de cera de abejas (véase arriba)
- 10 g de miel
- 200 g de *crème fraîche*
- sal kosher

TEJA DE «CERA DE ABEJAS»
- 10 g de glicerina
- 100 ml de aceite de oliva Arbequina
- 6 g de cera de abejas
- 20 g de miel

PARA SERVIR
- 32 flores de acederilla
- sal Maldon

NATA DE CERA DE ABEJAS
Ponga la nata y la cera en una cazuela y lleve a ebullición. Retire del fuego y deje infusionar en el frigorífico toda la noche. Cuando se enfríe, retire la cera y pase la nata por un colador fino.

VINAGRE DE ACEDERA ROMANA
Mezcle la acedera con el vinagre en una bolsa y séllela con una máquina de vacío. Déjela infusionar 12 horas. Pase el vinagre por una muselina. Antes de servir, páselo a un dosificador de salsas y resérvelo en el frigorífico.

PURÉ DE PATATAS Y CERA DE ABEJA
Funda la cera de abejas en una olla de fondo grueso a fuego vivo. Añada las patatas, baje el fuego y cuézalas 5 minutos. Retire la olla del fuego, déjela enfriar y refrigérela durante 12 horas. Caliente de nuevo la olla a fuego medio, llévela a ebullición y cueza las patatas 15 minutos. Retire la olla del fuego y saque las patatas de la cera. Déjelas enfriar ligeramente, pélelas y deseche las pieles. Pase las patatas por un tamiz sobre un bol. Mezcle despacio la mantequilla con 600 ml de nata de cera de abejas y el puré de patatas con una espátula de silicona. No trabaje la mezcla demasiado. Sazónela con miel y sal kosher y pásela por un chino sobre una cazuela. Incorpore la *crème fraîche* y tape la cazuela. Reserve el puré caliente.

TEJA DE «CERA DE ABEJAS»
Forre la mitad de una bandeja de 30 x 43 cm con Silpat. Caliente la glicerina y el aceite en una cazuela hasta que la glicerina se disuelva. Funda la cera de abejas en otra cazuela. Coloque la miel en una batidora y añada despacio la mezcla caliente de glicerina y aceite y la cera fundida. Triture despacio hasta obtener una emulsión y viértala sobre la bandeja. Refrigérela de 10 a 20 minutos hasta que se endurezca. Corte porciones con un cortapastas de 5 cm y divídalas en cuartos desiguales, sin separarlos.

PARA SERVIR
Coloque una cucharada de puré de patata caliente en cada plato. Agregue la teja de cera de abejas, 5 o 6 flores de acederilla y una cucharada de vinagre de acedera romana por encima. Sazone con sal Maldon.

2. BACALAO CON GIRASOLES

Este plato contiene pétalos de girasol disecados en forma de polvo, con los que cocemos el bacalao. Las pipas de girasol frescas se trituran en forma de puré y los brotes de girasol del invernadero decoran el plato.

PARA 8 PERSONAS
POLVO DE GIRASOLES
- 450 g de pétalos frescos de girasol

BACALAO CURADO
- 1 kg de bacalao negro sin piel y deshuesado
- sal kosher, para cubrir
- 300 g de mantequilla clarificada

PURÉ DE PIPAS DE GIRASOL
- 500 g de pepitas de girasol
- 150 g de mascarpone
- sal kosher

CALDO DE BACALAO
- 500 g de espinas de bacalao
- 50 g de colirrábano pelado y cortado por la mitad
- 50 g de cebolla amarilla cortada por la mitad
- 8 g de alga wakame
- 4,5 litros de caldo de pollo

COGOTES DE BACALAO
- cogotes de bacalao negro
- 1 kg de sal
- 100 ml de aceite de oliva suave

NUECES
- 100 g de nueces rojas

ARROZ
- 100 g de arroz Calrose
- 95 ml de Caldo de bacalao (véase arriba)
- 2 g de sal kosher

MANTEQUILLA DE GIRASOL
- 100 g de la mantequilla de cocción del bacalao (véase método Bacalao curado)
- 1 hoja de lima kaffir de 1 g

PARA SERVIR
- 24 brotes de girasol
- 24 hojas de eneldo
- zumo de limón, al gusto

POLVO DE GIRASOLES
Deshidrate los pétalos de girasol en un deshidratador a 51,6 °C durante 12 horas hasta que estén secos. Tritúrelos en una Vitamix hasta obtener un polvo.

BACALAO CURADO
Corte el bacalao en filetes, envuélvalos con sal kosher y déjelos curar de 10 a 15 minutos en el frigorífico. Retírelos de la sal, lávelos, séquelos bien y córtelos en trozos de 55 g.

PURÉ DE PIPAS DE GIRASOL
Coloque las pipas en una olla a presión, cúbralas con agua y cuézalas a fuego vivo durante 40 minutos. Tritúrelas en una batidora a velocidad alta hasta obtener un puré. Páselo a un bol e incorpore el mascarpone. Pase la mezcla por un chino sobre un bol y sálela al gusto.

CALDO DE BACALAO
Ase las espinas de bacalao sobre carbón hasta que estén ligeramente chamuscadas por ambos lados. Páselas a una olla con los ingredientes restantes, llévelos a ebullición, reduzca el fuego y cuézalos 1 hora. Pase el caldo por una muselina.

COGOTES DE BACALAO
Cubra los cogotes con sal y déjelos curar durante 1 hora. Lávelos y séquelos con papel de cocina. Úntelos con aceite y áselos sobre carbón a fuego medio hasta que estén hechos. Retírelos del fuego, déjelos enfriar y separe trozos grandes de carne de las espinas.

NUECES
Con una mandolina, corte las nueces a lo largo en láminas tan finas como sea posible, manteniendo su forma. Resérvelas.

ARROZ
Coloque el arroz en una cazuela con el caldo y la sal, llévelo a ebullición y cuézalo 3 o 4 minutos. Cuando haya absorbido el caldo, tape la cazuela y cuézalo durante 7 minutos. Retire la cazuela del fuego y déjelo reposar 5 minutos.

BACALAO CURADO
Pase los trozos de bacalao por el polvo de girasoles. Úntelos con mantequilla clarificada, colóquelos en una bandeja de horno y gratínelos 3 o 4 minutos. Desmenuce los trozos en trocitos más pequeños. Reserve 100 g de la mantequilla de cocción.

MANTEQUILLA DE GIRASOL
Caliente la mantequilla de cocción del bacalao reservada en una cazuela con la hoja de lima kaffir. Cuando se haya fundido, retire la cazuela del fuego y déjela infusionar unos 10 minutos.

PARA SERVIR
Disponga una quenelle pequeña de puré de pipas de girasol, 3 trozos de bacalao curado, 3 brotes de girasol, 3 hojas de eneldo y 2 o 3 gotas de la mantequilla de cocción del bacalao en cada plato.

Sírvalo acompañado de 2 cucharadas de arroz, 3 trozos de cogote de bacalao, varias láminas de nuez para cubrirlo parcialmente y un chorrito de zumo de limón.

1

Carlo Mirarchi

ROBERTA'S / BLANCA
Brooklyn, Nueva York, Estados Unidos

En 2008, resguardada detrás de un bloque de hormigón, abrió una gastropizzería-huerto. Desde entonces, Roberta's ha obtenido dos estrellas Michelin (por Blanca, la sala de la parte posterior donde sirven el menú degustación) y actualmente es un local legendario del pujante panorama gastronómico de Brooklyn. Los copropietarios, Brandon Hoy y el chef Carlo Mirarchi, transformaron unos contenedores de transporte en invernaderos elevados y llenaron grandes contenedores móviles de hortalizas y hierbas. El restaurante, famoso por la pizza, los platos modernos creativos y las ensaladas recién hechas, cultiva más del 20 % de lo que sirve.

Cuando abrimos Roberta's en Bushwick, Brooklyn, en 2008, el huerto era muy pequeño y estaba dentro de lo que actualmente es The Atrium y el Tiki Bar. Ampliado a medida que creció el restaurante, ahora es un *patchwork* de unos 1000 m², con rincones verdes en el patio trasero del restaurante, un espacio con árboles frutales plantados en contenedores con mesas de pícnic en el centro, una zona *tiki* flanqueada de palmeras y arriates en lo alto de un contenedor de transporte que también alberga la Heritage Radio, la emisora de radio sobre gastronomía líder en el mundo.

Roberta's y Blanca, cuya cocina se basa en los ingredientes de temporada de sus huertos y de proveedores de proximidad, mantienen una perspectiva culinaria minimalista e innovadora. La mayoría de los ingredientes se cultiva en contenedores de plástico de uso alimentario que sirven de arriates elevados, algunos delante del restaurante, y en los invernaderos de techo curvo de la azotea, donde los tubos de plástico arqueados crean una estructura similar a un politúnel para sujetar la malla de sombreo o plástico transparente. Estos invernaderos nos permiten cultivar más diversidad los meses más fríos. También tenemos un invernadero en la azotea, donde sembramos muchas variedades.

Hemos logrado un huerto con 75 tipos de frutales, hortalizas, hierbas y flores comestibles y ornamentales, además de plantas de hoja persistente, perennes y ornamentales. En primavera nos centramos en los brotes de hortalizas, como la mostaza Scarlet Frills, la rúcula Esmee y la kale (*Brassica oleracea*) Lacinato, que servimos como guarnición y en la Pizza blanca y verde. En verano tenemos berenjenas (*Solanum melongena*) Fairy Tale, tomatillos morados, albahaca (tailandesa, de limón, de lima y morada), hisopo de anís (*Agastache foeniculum*), capuchinas e hinojo de bronce. En otoño mantenemos los cultivos de verano y volvemos a plantar brotes y cultivos de invierno, como zanahorias moradas.

Melissa Metrick, nuestra horticultora, siembra la mayoría de las plantas y hace pedagogía con los cocineros, los trabajadores y los comensales para que sepan qué hay en el huerto y los cambios estacionales que experimenta, así como qué y cómo recolectar. En el huerto hay días específicos para tareas específicas, como el día para cosechar, el día para plantar y el día de mantenimiento. A Melissa le gusta recolectar a primera hora, antes de que apriete el calor, y muchos ingredientes (sobre todo verduras) van directamente al agua en la sombra para que se conserven frescas, después de lo cual seca las hojas y las mete en la cámara frigorífica. Nunca refrigeramos los tomates para preservar todo su sabor.

Al comienzo de la estación, Melissa se reúne con los cocineros para hablar de las variedades que han funcionado en el huerto y de otras nuevas que ella o los cocineros tienen interés en cultivar, además de tratar de averiguar por qué algunas no han prosperado. Nos centramos en los ingredientes que utilizan los cocineros, los que ofrecen un buen rendimiento en el huerto, los que se adaptan al entorno y, por supuesto, los que entusiasman a todo el mundo.

Nuestra agricultura es lo más sostenible posible. Controlamos las plagas con métodos naturales: rotamos los cultivos para evitar plagas y enfermedades y usamos compost, fertilizantes naturales y técnicas de plantas complementarias y de control integrado de plagas. Plantamos, por ejemplo, cebollino, caléndulas o manzanilla entre los árboles frutales; todas ellas atraen a los polinizadores, mientras que la manzanilla atrae a las mariquitas, que luego se comen los áfidos que suelen atacar nuestros manzanos en primavera. La sostenibilidad del huerto depende de la capacidad de observación, lo que nos permite crear un ecosistema y trabajar en él en lugar de «controlarlo». Así, podemos identificar un problema y abordarlo enseguida, ver las plantas que dan mejores resultados en cada área y son susceptibles a determinadas plagas y cuáles prosperan juntas.

Como el espacio es limitado, elegimos variedades que cuesta encontrar, que son tan potentes (como las hierbas) que basta una pequeña cantidad para cambiar el plato y que son mejores recién recolectadas y no aguantan el transporte, como las flores.

Nos gusta pensar que el huerto y el menú se influyen mutuamente. El huerto ofrece variedades raras y partes de las plantas a las que normalmente no tendríamos acceso, como el cebollino chino (*Allium tuberosum*) y el cilantro (*Coriandrum sativum*) Delfino, de los que aprovechamos las hojas, los pimpollos y las flores y, en el caso del cilantro, las semillas. Asimismo, los cocineros de Roberta's y Blanca influyen en el huerto al experimentar en la cocina y permitirnos dar prioridad a lo que más les gusta, y aportan ideas nuevas, como un cocinero que pidió que cultiváramos uña de león (*Carpobrotus edulis*), una planta similar a una suculenta que desarrolla cristales en las hojas. No la habíamos cultivado nunca y fue divertido aprender sobre ella, y los cocineros disfrutaron con su cultivo y recolección. Puede que la regáramos demasiado, pero conseguimos salvar una parte para seguir recolectándola durante un tiempo. La utilizamos en un plato con algas y panal de abeja. La estructura de las semillas es similar a un higo. Cuando la planta crece, el interior gelatinoso es herbáceo; cuando ha madurado completamente, tiene un sabor más dulce y algo tropical.

Por más que sea un huerto de trabajo, también forma parte de la experiencia de nuestros comensales. Las personas (y la flora y fauna) se reúnen en este espacio verde en medio de la jungla de asfalto. Como parte del huerto está enfrente del restaurante y alrededor de los asientos del patio trasero, invita a los comensales a observar lo que está de temporada. También pueden ver cómo Melissa y los chefs recolectan ingredientes para los platos. Sin embargo, hay que ser prudentes: la terraza suele estar abarrotada, así que allí cultivamos especies más resistentes (como las hierbas) y reservamos las más delicadas (como los brotes de hortalizas) para la planta de arriba, donde el público no tiene acceso.

Además de ser un lugar donde podemos reconectar con la naturaleza, el huerto es un lugar de reunión íntimo y terapéutico para la plantilla. El trabajo en el sector servicios puede resultar estresante: en el huerto, un oasis verde y tranquilo, es donde nuestros cocineros pueden tomarse un respiro y donde organizamos las comidas familiares.

CÓMO CULTIVAR EN CONTENEDORES

Antiguamente, aquí había un aparcamiento, así que el suelo no nos daba confianza. Un huerto cultivado en contenedores te permite superar las limitaciones del suelo: usamos una mezcla de mantillo, tierra para macetas y compost. La ventaja de estar en un entorno urbano es que el huerto es algo más cálido de lo que es habitual en el nordeste de Estados Unidos por el efecto isla de calor; el inconveniente es que esto, junto con el cultivo en contenedores, hace que las plantas se sequen más deprisa, estén más expuestas a las fluctuaciones de temperatura y pierdan nutrientes más deprisa. Por eso cultivamos las plantas muy juntas, según la técnica biointensiva francesa, para que cuando alcancen tres cuartas partes del crecimiento sus hojas se toquen: esto bloquea la luz, por lo que no crece la maleza y se retiene el agua, creando casi un abono viviente, que preserva el agua y aumenta el rendimiento. En otoño y principios de primavera, cultivamos abono verde para enriquecer el suelo y evitar la erosión y la degradación de nutrientes que se producirían si el suelo se dejara desnudo.

BEER
NO PARKING

PIZZA BLANCA Y VERDE

La parte verde de la pizza de la imagen es mostaza Scarlet Frills, que tenemos en abundancia a principios de la primavera, mezclada con otras hierbas. Tome un puñado de lo que encuentre, por ejemplo, una mezcla de rúcula, varios tipos de mizuna, kale, tatsoi, hojas de mostaza roja, gigante o wasabina y de brócoli.

PARA 2 PIZZAS DE 30 CM

MASA DE PIZZA
- 306 g de una mezcla a partes iguales de harina de tipo «00» y harina común, y un poco más para espolvorear
- 8 g de sal marina fina
- 4 g de levadura fresca o 2 g de levadura seca activa
- 4 g de aceite de oliva virgen extra
- 202 ml de agua templada

HOJAS DE MOSTAZA Y MOZZARELLA
- 2 puñados de mozzarella de búfala fresca
- aceite de oliva, para rociar
- 2 puñados de hojas mezcladas
- sal kosher
- queso parmesano, para rallar

SALSA DE MOSTAZA
- 40 g de mostaza de Dijon
- 100 ml de zumo de limón
- 10 g de sal
- 10 g de azúcar
- 30 ml de agua
- 230 ml de aceite de oliva virgen extra

MASA DE PIZZA

Mezcle en un bol la harina y la sal y forme un volcán. En otro bol, mezcle la levadura, el aceite de oliva y el agua templada. Vierta la mezcla en el interior del volcán y comience a mezclar todo con las manos, incorporando poco a poco los ingredientes secos en los húmedos. Este proceso consiste más en mezclar que en amasar. Después de unos 3 minutos, cuando esté todo bien mezclado, resérvelo y déjelo en reposo, sin cubrir, durante 15 minutos, para que la harina absorba la humedad.

Enharínese las manos y la superficie de trabajo. Con cuidado, pero firmemente, amase la mezcla unos 3 minutos. Vuelva a enharinarse las manos o la superficie de trabajo si fuera necesario. La masa estará húmeda y pegajosa, pero después de amasarla unos minutos, debería estar fina. Divídala en 2 trozos, deles forma de bola y envuélvalas con film transparente. Refrigere la masa de 24 a 48 horas antes de usarla. Este proceso, llamado leudado, permite que fermente y tenga estructura (es decir, una corteza blanda y maleable) y sabor.

Precaliente el horno al máximo (por lo menos a 260 °C) durante 1 hora. Coloque una piedra de hornear o, mejor, 4 baldosas sin esmaltar de 15 x 15 cm, en la rejilla central del horno. La ventaja que tienen las baldosas es que son mucho más baratas que las piedras y, si se rompen, se pueden cambiar con facilidad. Puede encontrarlas en tiendas tipo Home Depot. Deje que el horno se caliente bien.

Saque la masa del frigorífico y deje que alcance la temperatura ambiente. Enharínese ligeramente las manos y la superficie de trabajo. Presione con los dedos las burbujas que tenga la masa. Después, presione la masa en círculos, desde el centro hasta el perímetro, para extenderla. No la estire, si lo hace, se endurecerá. Debe tener cuidado con la masa durante todo el proceso. Si la presiona demasiado o la extiende más de la cuenta, no podrá volver a hacer una bola y empezar de nuevo. Se quedará firme y será difícil trabajarla, así que tendrá que tirarla y utilizar un trozo nuevo de masa. Así que tómese su tiempo. Pase un par de minutos aplanando cuidadosamente la bola de masa para formar un disco antes de pasar al paso siguiente.

Antes de «golpear» la masa, que es el último paso del amasado (y así se conoce, incluso por los napolitanos), tenga cuidado de no dejarla demasiado fina, o la corteza quedará demasiado crujiente ya que se hornea a una temperatura más baja durante más tiempo, haciendo que se seque. En casa, una corteza demasiado fina también es propensa a tener agujeros y a reblandecerse con los ingredientes. Forme un círculo que no supere los 30 cm de diámetro y que no mida más de 3 mm de grosor en el centro; debería ser un poco más grueso por los bordes.

«Golpear» la masa es sinónimo de dejar que la corteza se forme sola. Deje que la gravedad se encargue de estirar y formar la masa. Hay muchas maneras de hacerlo. Lo mejor es probar hasta encontrar cómo se siente más cómodo. Nosotros lo hacemos así: tome el disco de masa y coloque las manos paralelas al suelo. Luego, doble y curve los dedos para que sus manos hagan de palas. Deje caer la masa sobre una mano y dele la vuelta pasándola a la otra con un movimiento suave. Continúe moviendo la masa despacio y girándola 90 grados cada pocos segundos para terminar formando un círculo. Empezará a estirarse. Pasados 1 o 2 minutos, debería tener una masa redonda de unos 30 cm de diámetro. Pásela a una pala de pizza enharinada (de metal, si puede ser) y presione con cuidado los bordes si fuera necesario para que el círculo quede más bonito. Repita la operación con la segunda bola de masa.

No humedezca nunca la masa con aceite antes de añadir los ingredientes o la salsa no se fusionará con la corteza, que es lo que queremos.

Cubra la masa con la mozzarella justo después de pasarla a la pala para que, cuando se derrita, se forme una capa única de queso y añada un chorrito de aceite de oliva. Introdúzcala en el horno en cuanto coloque todos los ingredientes; si no, se quedará gomosa.

Con cuidado, deslice la pizza en la piedra y hornee de 5 a 7 minutos, hasta que la corteza burbujee y se empiece a dorar. El tiempo de cocción variará dependiendo del horno y de otros factores (como, por ejemplo, de cuánto lo abra). Vigílelo. Después, encienda el gratinador y gratine la pizza durante 1-2 minutos, comprobando que el queso no se queme, hasta que la corteza se dore y se empiece a chamuscar. Si su horno no tiene gratinador, hornéela 1 o 2 minutos más hasta que la corteza esté bien hecha. Sirva la pizza caliente.

SALSA DE MOSTAZA

Mezcle los ingredientes en una Vitamix, añadiendo el aceite de oliva poco a poco para crear una emulsión estable.

PARA SERVIR

Pase la salsa a un bol y añada las hojas. Agregue una pizca de sal kosher y vierta la salsa sobre las pizzas. Para terminar, esparza queso parmesano rallado por encima.

1

John Mooney

BELL BOOK & CANDLE
Manhattan, Nueva York, Estados Unidos

El chef John Mooney y su copropietario, Mick O'Sullivan, abrieron Bell Book & Candle en una lavandería reconvertida del West Village de Nueva York en 2010. Fue el primer restaurante de la ciudad que tuvo su propio huerto aeropónico en la azotea, y fue premiado por su planteamiento sostenible. Al menos un 60 % de los ingredientes de los platos informales de temporada proceden del huerto. Desde la inauguración de Bell Book & Candle, el equipo ha lanzado un proyecto similar, Bidwell, en Washington D. C.

La idea de crear un huerto en la azotea se me ocurrió cuando visité un mercado de agricultores locales en Winter Garden, Florida, y conocí a Tim Blank, que había inventado el Tower Garden, un sistema de cultivo sin necesidad de plantar en el suelo. Yo había abierto Highland Manor, un restaurante con una finca no lejos de allí y teníamos muchos problemas con las plagas y las enfermedades, y mucho trabajo para mantener el huerto. En un sistema aeropónico que prescinde de la tierra, las plagas son menos problemáticas y el huerto requiere mucho menos mantenimiento.

Así que cuando abrimos Bell Book & Candle en Nueva York, lo lógico era tratar de obtener los ingredientes lo más cerca posible del restaurante a través de un huerto aeropónico en la azotea. Los 233 m^2 de la azotea, con magníficas vistas del Empire State, se estaban desperdiciando, así que el propietario nos la cedió gratuitamente y ahora alberga 60 columnas de cultivo. Al no haber tierra, el huerto es lo bastante ligero para que las seis plantas del centenario edificio aguanten bien su peso. El restaurante ocupa la misma superficie en el sótano, así que bajamos la cosecha diaria en un cubo mediante un anticuado sistema de poleas.

Las plantas obtienen todo lo que necesitan de la solución nutritiva que tenemos en un depósito elevado; cada 12 minutos, el agua se desliza por las columnas y empapa las raíces. La gravedad del embalse alimenta todo el huerto sin otra energía que la bomba, que utiliza la potencia equivalente a las luces del árbol de Navidad. Además, se requiere menos del 10 % del agua necesaria para cultivar el mismo volumen de manera convencional y las plantas crecen deprisa porque les resulta más fácil obtener los nutrientes (podemos cosechar una lechuga en cuatro semanas y tomates en menos de tres meses). No usamos fertilizantes o pesticidas y controlamos las plagas de forma natural. Si hay una plaga de áfidos, por ejemplo, soltamos ácaros depredadores para que los eliminen.

El huerto es el corazón del restaurante y el sistema «de la azotea a la mesa» nos proporciona muchas ventajas. En primer lugar, la frescura y la calidad de los productos es increíble: cortamos las hierbas a medida que las necesitamos; los tomates se recolectan y no se refrigeran nunca; y las lechugas siguen vivas, unidas a las raíces, cuando las preparamos en la cocina. Nuestras ensaladas «vivas» son uno de los platos más populares del menú. Son mi forma de ver la comida estadounidense: ingredientes caseros, unos más comunes y otros algo más exóticos. La mayoría de los platos principales solo llevan cinco ingredientes. Intento no perder la cordura.

Cultivo una gran variedad de lechugas y otras verduras, como mostaza, berzas, kale y muchos pepinos (suficientes como para no tener que comprarlos encurtidos). Tenemos hasta 20 variedades de tomate, algunas de calabacines y más de una docena de hierbas, incluidas albahaca y menta. También hay calabazas, tomatillos (*Physalis philadelphica*), okras, sandías y melones Cantaloupe, además de cuatro variedades de capuchinas y cuatro de guindillas. Las fresas crecen de maravilla, sin puntos blandos, porque con el sistema vertical nunca están en contacto con el suelo.

Nuestra temporada de cultivo depende del clima. A mediados de la temporada puede ser muy caluroso y húmedo, con temperaturas más frías a principios y finales de los meses de verano. Normalmente plantamos en marzo y terminamos la última cosecha de plantas sin flor en noviembre. Cultivamos más de 50 variedades de hortalizas excepto raíces y tubérculos (inviables en un sistema aeropónico).

El huerto requiere unas cuatro horas de trabajo al día, entre mantener el sistema, sembrar, cosechar y cuidar las plantas, y tengo un horticultor a tiempo completo que también es cocinero, aunque todo el equipo y varios estudiantes ayudan en su mantenimiento. Al cultivar los ingredientes tan cerca, los trabajadores se sienten muy orgullosos de lo que hacemos y esto se refleja en el menú. Todos aportamos ideas nuevas para utilizar nuestros fantásticos productos; las flores comestibles, como las de calabacín, se rellenan de setas y queso de cabra y se asan para mostrar su calidad y delicada belleza. Preparamos ensaladas con nuestros tomates de variedades antiguas y fuentes de hortalizas asadas. Las capuchinas multicolores se colocan encima de las verduras para aportar un color vibrante y un toque sutil de pimienta al sabor de un plato. En la carta enumeramos los ingredientes que cultivamos para que los comensales estén informados, otro rasgo que nos diferencia de los restaurantes de la zona. Mi filosofía es mantener el producto de la forma más natural posible e intentar no manipular ingredientes que ya son perfectos.

El huerto puede producir en torno a un 60 % de los ingredientes que servimos en el restaurante, y no desperdiciamos nada. Si sobran, se encurten, se secan o se envasan. Las plantas que no son comestibles se meten en una bolsa y se llevan al mercado de agricultores para hacer compost. También tenemos un pequeño puesto delante del restaurante donde regalamos hierbas a los inquilinos del edificio y los vecinos. Queríamos crear el ambiente de barrio que nos gusta visitar cuando no estamos trabajando, pero a la vez estamos liderando un movimiento culinario que se está extendiendo por todo el país.

CULTIVO DE HIERBAS

Las hierbas son las plantas más fáciles para empezar a cultivar. Me encanta añadirlas a todo. No hay ninguna que no me guste y, además, la mayoría tiene propiedades medicinales. Pode siempre las plantas de flor, como la albahaca y la menta, cortando los 5 cm superiores con frecuencia para que la planta se extienda; de este modo producirá más hojas y se fortalecerá.

TOMATES

Mi ingrediente clave es el tomate (*Solanum lycopersicum*): me gustan todos. No hay nada que se asocie más al verano que las variedades antiguas de distintos sabores, texturas, colores y usos. Las tomateras también hay que podarlas para aumentar su rendimiento; retire los brotes laterales de la parte central de los tallos en flor para que la planta se concentre en dar fruto. Utilice unas tijeras de podar muy afiladas para no dañar o infectar la planta.

VARIEDADES DE TOMATE FAVORITAS

- Mi variedad preferida es Green Zebra, que tiene la piel verde estriada y la pulpa verde. Es de tamaño mediano y tiene la mejor textura. Para mí es el tomate perfecto.
- La variedad Supersweet 100, también llamada Sunburst, es más pequeña que un tomate cherry, por eso siempre sirvo estos tomates enteros. Son dulces pero ácidos, toda una explosión de sabor.
- Me encanta la variedad Cherokee Purple, de gran tamaño. Aunque son muy grandes, no son demasiado jugosos y tienen una buena consistencia. Son grandes, bonitos y de forma irregular, y están muy ricos en un sándwich o en una ensalada *caprese*.

1. ENSALADA DE TOMATE DE LA AZOTEA Y ALBAHACA

PARA 4 PERSONAS
VINAGRETA:
- aceite de oliva virgen extra de la mejor calidad
- vinagre de Jerez de la mejor calidad

ENSALADA
- 900 g de tomates corazón de buey variados
- cebolla roja rallada, al gusto
- 1 puñado de hojas de albahaca morada
- 1 puñado de hojas de albahaca genovesa
- 50 g de queso azul desmenuzado (Point Reyes o Maytag)
- sal marina y pimienta negra partida

VINAGRETA
Eche el aceite y el vinagre en un dosificador de salsas y agítelo con fuerza.

ENSALADA
Corte por la mitad los tomates pequeños y los grandes en cuñas (retirando los extremos).

PARA SERVIR
Disponga los tomates en 4 platos o en uno grande. Esparza la cebolla. A continuación, eche los dos tipos de albahaca por encima, partiendo las hojas grandes y dejando las pequeñas enteras. Aliñe la ensalada con la vinagreta, salpimiente y esparza el queso azul desmenuzado.

2. FLORES DE CALABACÍN RELLENAS

PARA 10-12 PERSONAS, COMO APERITIVO
SALSA ROMESCO
- aceite de semillas de uva, para untar
- 3 tomates corazón de buey grandes, sin los extremos
- 120 ml de aceite de oliva virgen extra
- 10 dientes de ajo
- 50 g de avellanas enteras
- 50 g de almendras enteras
- 10 guindillas (en conserva)
- sal

RELLENO
- aceite vegetal, para freír y engrasar
- 2 kg de champiñones cremini en rodajas
- 6 chalotas en rodajas
- 3 dientes de ajo en rodajas
- 240 g de queso fresco de cabra
- 20 g de hojas de tomillo
- 50 flores de calabacín, con los estambres retirados con fórceps o pinzas
- sal y pimienta negra recién molida

SALSA ROMESCO
Unte los tomates con aceite y áselos hasta que estén blandos y quemados. Resérvelos. Caliente a fuego medio el aceite de oliva y el ajo en una cazuela. Cuando el ajo se empiece a dorar, añada las avellanas y tuéstelas 3 o 4 minutos, teniendo cuidado de que el ajo no se haga demasiado. Cuando se empiecen a dorar, agregue los tomates asados y las guindillas. Cueza la salsa durante 5 minutos, pásela a una batidora y tritúrela hasta obtener una textura fina. Sale al gusto.

RELLENO
Caliente un poco de aceite en una sartén grande a fuego vivo, añada los champiñones y sofríalos de 8 a 10 minutos. Agregue las chalotas y el ajo y déjelos sudar hasta que se queden sin líquido. Retire la sartén del fuego y deje que la mezcla se enfríe ligeramente antes de pasarla a un robot de cocina o una batidora para triturarla. Vierta la mezcla en un bol e incorpore el queso de cabra y el tomillo. Salpimiente y refrigere.

PARA SERVIR
Introduzca el relleno frío en una manga pastelera y rellene las flores de calabacín. Caliéntelas en una bandeja de horno ligeramente engrasada unos 4 o 5 minutos o hasta que estén calientes. Sirva de 8 a 10 cucharadas de salsa romesco en una fuente y disponga una flor de calabacín encima de cada cucharada.

3. GAZPACHO DE SANDÍA

PARA 6-8 PERSONAS
- 1 sandía entera mediana pelada
- 2 pepinos despepitados
- 500 g de jícama (nabo mexicano, *Pachyrhizus erosus*)
- ½ cebolla roja
- 1 pimiento rojo sin tallo y despepitado
- ½ chile jalapeño despepitado
- 120 g de cilantro
- 200 g de perejil
- 500 g de tomates cherry Supersweet 100
- el zumo de ½ lima o 30 ml de vinagre de Jerez
- 2 dientes de ajo
- comino molido, al gusto
- cilantro molido, al gusto
- sal

ACEITE DE ALBAHACA
- 800 g de albahaca, y un poco más para servir
- 240 ml de aceite de oliva virgen extra

Corte la sandía y las verduras y póngalas en un recipiente grande con las hierbas, los tomates, el zumo de lima o el vinagre, el ajo y las especias. Déjelo marinar toda la noche.

ACEITE DE ALBAHACA
Escalde ligeramente las hojas de albahaca en una olla de agua hirviendo y páselas a un bol de agua con hielo. Tritúrelas con el aceite hasta obtener una mezcla fina e introdúzcala en un dosificador de salsas.

Pique la sandía y las verduras marinadas con una picadora de carne y sazone al gusto. Sirva el gazpacho muy frío, con unas hojas de albahaca por encima y un chorrito del aceite de albahaca.

1

2

Magnus Nilsson

FÄVIKEN MAGASINET
Järpen, Jämtland, Suecia

La sostenibilidad es la esencia de la filosofía del chef Magnus Nilsson. Su restaurante, Fäviken, se rige por las variaciones estacionales y las tradiciones de la comunidad de Jämtland. Recolector, cazador y horticultor, Nilsson cultiva la mitad de los productos que sirve en el restaurante en su huerto. El menú cerrado, para 24 comensales, está hábilmente diseñado para presentar los ingredientes y evocar experiencias de su tierra natal. El huerto proporciona semillas, hierbas y hortalizas; y el resto, se caza, se pesca o se recolecta en los alrededores.

La horticultura es mi pasión, pero se ha convertido también en parte de mi trabajo. En casa, es lo que hago cuando no trabajo: por la mañana, antes de dirigirme al restaurante, las tardes de verano cuando regreso a casa y los días que libro. Paso la mayor parte del tiempo pensando en el huerto, además de cocinando.

En Fäviken, un equipo de horticultores se encarga de los huertos, pero la planificación la hacemos entre todos: los que cocinan lo que se cultiva y los que saben cómo cultivarlo. Yo sobre todo trabajo en el huerto que tengo en casa, donde cultivo hortalizas para mí y para mi familia. No es pequeño, pero tampoco muy grande. Consta de un invernadero de 30 m^2 y unos centenares de metros cuadrados de arriates permanentes, algunos en el suelo y otros elevados con unos bordes de madera. En casa cultivo unos 1500 kg de hortalizas cada verano. En Fäviken cultivamos muchas más, un tercio de las cuales utilizamos a lo largo del año en nuestra cocina. La cantidad depende del tipo de hortalizas que decidimos cultivar ese año, que a su vez depende de lo que queremos cocinar.

Para mí, el placer por la horticultura abarca diferentes esferas: desde cuidar mis plantas hasta cocinar y comer lo que he cultivado y he visto crecer a lo largo de tantos meses.

Aun así, la razón principal por la que me gusta la horticultura es la fascinación que siento por el proceso, aparentemente mágico, de cultivar algo a partir de una semilla. No deja de sorprenderme. Todo empieza con un grano minúsculo, a veces no más grande que una mota de polvo, una cosa marrón que nadie diría que contiene algo de interés. Cuando pones esa semilla en la tierra, la humedad de la marga oscura penetra en la capa externa de la semilla y se adentra aún más, ablandando la piel protectora que cubre el interior. El embrión empieza a crecer, rompe la barrera protectora y aparece el brote. Sintiendo, empujando y abriéndose camino a través de las capas del suelo, guiado por la gravedad y la promesa de la luz del sol. El primer par de hojas no tarda en aparecer cuando la planta consume la última energía proporcionada por sus padres. La fotosíntesis está a punto de empezar. Asistimos a una explosión de crecimiento, un periodo en el que las hojas, el tallo y la raíz se desarrollan a un ritmo vertiginoso para crear la estructura que permita que la planta respire y se alimente: agua, sol, dióxido de carbono y minerales de la tierra. Surgen las flores. Todas y cada una de ellas singularmente adecuadas para llenar el espacio de su particular nicho biológico. Unas llamativas, coloridas y visualmente atractivas; otras, dotadas del aroma más maravilloso o del néctar más dulce posible. Muchas están concebidas para atraer a algún pájaro o insecto que ayude a la planta a dejar su huella genética para las generaciones futuras; otras, confían en el viento o el agua para realizar esa misma tarea. Los granos de polen se posan en el estigma y la herencia de la madre y el padre se fusionan. Empieza la formación de una nueva semilla, que terminará más adelante con el declive del verano.

La posibilidad de seguir este proceso natural y formar parte de él me proporciona un placer casi indescriptible y es algo que está siempre presente cuando estoy en el huerto. Creo que un horticultor alcanza un nuevo nivel en el oficio el día que comprende que lo único que quiere una planta es crecer y echar semillas. Si tenemos esto presente, nos resultará más fácil entender por qué pasan muchas de las cosas que suceden en el huerto, tanto buenas como malas. No creo (como algunos) que las plantas tengan consciencia, pero tampoco pienso que sean objetos inanimados. Se nos permite formar parte de su ciclo vital porque esto las beneficia, lo que a la larga también nos beneficia a nosotros.

LAS ESTACIONES EN JÄMTLAND

En Fäviken, la temporada de cultivo empieza a principios de mayo, cuando se acaban las reservas de hortalizas del año anterior. A partir de ese momento, los menús incorporan hierbas y hortalizas silvestres un mes o dos, hasta que el huerto empieza a dar los primeros frutos a finales de junio o principios de julio. Empieza con verduras, lechugas, rábanos y los deliciosos brotes de las raíces y continúa hasta pleno verano con hortalizas verdes, hojas de ensalada, coles de verano e hinojo. A medida que avanza el verano, el huerto da otros frutos, como patatas nuevas, remolachas y coles. Las hortalizas frescas relegan momentáneamente a un segundo plano la carne y el pescado. En otoño se pone en marcha la planificación para garantizar el almacenamiento de productos para el riguroso invierno.

Las únicas hortalizas que son casi constantes son los tubérculos y las raíces, que cultivamos en abundancia y servimos todo el año, desde las hojas arrancadas de los primeros brotes de principios de la primavera y las raíces tiernas del verano hasta las últimas zanahorias guardadas en cajas con arena en la bodega, casi un año después de cosecharlas. En verano, solemos cosechar los tubérculos y las raíces, dejando las hojas en la planta y cocinándolas prácticamente igual que como han crecido. En invierno, estas hortalizas son menos tiernas, su sabor menos sutil y su dulzor más pronunciado. Siguen siendo deliciosas crudas, ralladas o en rodajas finas, o encurtidas, y también están indicadas para cocciones lentas.

ALMACENAMIENTO DE TUBÉRCULOS Y RAÍCES

Una bodega fría y oscura con una temperatura del aire estable, buena ventilación y mucho espacio es una forma excelente de hacer que los tubérculos y las raíces duren hasta un año. Las hortalizas deben cosecharse cuando hayan percibido el comienzo del otoño y hayan empezado a prepararse para el invierno latente. Nosotros las recolectamos y cortamos las hojas, pero no las lavamos para evitar que se pudran.

Para almacenar los tubérculos y las raíces, extienda una capa de unos 5 cm de grosor de arena en una caja y dispóngalos encima, con una separación de 2 cm como mínimo. Cúbralos con más arena y repita la operación hasta que la caja esté llena. Se conservarán hasta un año en perfectas condiciones.

1. VERDURAS COCIDAS CON HOJAS DE OTOÑO

Este plato nació con la intención de recrear lo que se siente cuando se cultivan y cocinan patatas nuevas, trasladando a la mesa el placer del chef que las prepara o del horticultor que las recolecta. La idea consiste en tomar del huerto una pequeña patata perfecta y cocerla un par de minutos más tarde para disfrutar del delicioso sabor a tierra que solo tienen las patatas cerosas y frescas. Cocemos las patatas con abundantes hojas de otoño, que han estado en el suelo casi un año, desde el otoño anterior, y que ya empiezan a convertirse en humus. Esto todavía potencia más su delicioso aroma.

Las hojas se pueden recoger del suelo de un bosque en el que haya árboles tipo el abedul. Cuando las recoja, asegúrese de examinarlas con mucho cuidado antes de cocinarlas, porque es muy posible que encuentre algún insecto. Aunque eso no tiene por qué suponer ningún peligro, no tendrá el mismo efecto para el comensal ni para la reputación del chef.

Una vez cocidas, las patatas se sirven con las hojas calientes por encima. El camarero pedirá al comensal que las saque de ese montículo oscuro con olor a tierra, las trocee con los dedos y las unte en mantequilla antes de comerlas directamente con las manos. Al comprobar el éxito de esta receta, aplicamos el mismo método a otras muchas hortalizas: zanahorias, remolachas, nabos, rábanos o lo que tuviéramos.

PARA 6 PERSONAS
- 18 patatas nuevas de calidad óptima, recogidas y lavadas no más de 15 minutos antes de cocerlas
- 6 puñados de hojas de otoño del año pasado
- 100 g de mantequilla

Coloque las patatas y las hojas en una cazuela, cúbralas con agua y tápelas. Llévelas a ebullición y cuézalas hasta que estén hechas, pero sin hacerlas demasiado.

Pase las patatas a una piedra caliente y cúbralas por completo con las hojas. Sirva un poco de mantequilla al lado y explique a sus comensales cómo desenterrar las patatas del montón de hojas con las manos, trocearlas y mojarlas en mantequilla para disfrutar de una experiencia única.

2. MOLLEJAS DE CORDERO CON ACELGA

Estas mollejas, muy tiernas y frescas, las freímos ligeramente en una sartén antiadherente, les aplicamos un toque de mantequilla de tomillo como único condimento y las colocamos sobre una hoja de acelga cruda recién cortada que servirá para llevarlas a la boca, como si se tratase de una salchicha con una envoltura comestible. Para terminar, se untan en un zumo muy ligero o una salsa de la misma planta, un poco más densa que el zumo y con un sabor muy sutil.

PARA 6 PERSONAS
- 6 mollejas de cordero muy frescas
- 1 manojo de acelgas de excelente calidad, con los tallos unidos a las hojas
- 200 g de aceite de cocina sin sabor
- mantequilla derretida, para untar
- mantequilla de tomillo
- 250 ml de agua
- sal

Saque las mollejas del frigorífico al menos 1 hora antes de cocinarlas y retire cualquier membrana o rastro de sangre. Sálelas ligeramente, dejando que la sal se disuelva en la superficie.

Separe 6 hojas de acelga perfectas y resérvelas a temperatura ambiente debajo de un paño húmedo.

Prepare un aceite aromático con unos 3 puñados de hojas de acelga.

Humedezca ligeramente con mantequilla una sartén antiadherente, añada las mollejas y fríalas a fuego vivo. Cuando estén de color ambarino, deles la vuelta y fríalas por el otro lado. Úntelas con abundante mantequilla de tomillo y páselas a un lugar templado (pero no caliente) para que reposen.

Lleve el agua a ebullición. Mientras, llene de acelgas la Thermomix con la que ha hecho el aceite hasta el borde. Añada 2 cucharadas del aceite de acelgas, agregue un poco de sal, vierta el agua hirviendo y triture a velocidad máxima durante 1 minuto. Durante ese tiempo, el aceite emulsionará, lo que hará que la mezcla adquiera un color pastel y le aporte una sensación en boca más completa. Las hojas de acelga sobre las que hemos vertido el agua hirviendo estarán hechas, mientras que las que estén más abajo seguirán crudas.

Pase la mezcla de acelgas por un colador de malla fina. La pulpa permanecerá en el colador y obtendrá un líquido verde esmeralda un poco más denso que el agua. Vierta parte de ese líquido en un bol, añada una cucharada de aceite de acelgas, coloque una hoja de acelga apoyada en el borde del bol y disponga una molleja encima. Repita la operación con el resto de los ingredientes.

2

Nicolai Nørregaard

KADEAU
Vester Sømarken, Bornholm, Dinamarca

Bornholm, una pequeña isla del mar Báltico, frente a la costa de Dinamarca, es la fuente de inspiración culinaria de Kadeau. El menú del copropietario y jefe de cocina, Nicolai Nørregaard, para quien sus únicos vecinos son el bosque, la playa y el mar, habla de su amor por la isla donde nació. Los ingredientes proceden del huerto de hierbas y hortalizas y los alimentos silvestres se recolectan en los alrededores. Según Nørregaard, la naturaleza de Bornholm es la columna vertebral del restaurante.

Nací y me crié en Bornholm. Lo considero mi casa y lo conozco como la palma de mi mano. La comida del restaurante es lo que yo llamo «cocina del *terroir* de Bornholm». Todo se basa en lo que recolectamos y cultivamos. Si no encuentro algo en la isla, procuro que proceda de Dinamarca, aunque trabajo con algunos ingredientes de Suecia y Noruega. También intento que mis platos tengan un origen lo más vegetal posible en detrimento de las proteínas. Estos límites me han obligado a centrarme y me han ayudado mucho a formarme como cocinero. Lo que cocinamos no es solo cocina nórdica, sino cocina de Bornholm.

El restaurante abrió en 2007 y, al principio, los rincones agrestes de la isla eran mi «coto de caza». Todo lo que recolectaba era el punto de partida de mi cocina y siguió siéndolo varios años, pero me apetecía tener un huerto. Me di cuenta de que también podría inspirarme en un entorno que me permitiera ejercer más control sobre la cosecha. De modo que, en 2014, creamos el huerto en un campo de 50 m^2 a 1,5 km del restaurante.

Inicialmente lo llenamos de bayas, kales y coles, hierbas, calabazas, patatas, raíces y tubérculos y espárragos. A lo largo de los tres años siguientes, ampliamos la parcela a 1 ha aproximadamente y añadimos más cultivos, como tomates, mostaza, rábano picante, apionabo, aliáceas, salsifí, ruibarbo, lechuga, lúpulos y hierbas, como capuchinas y levístico. También aumentamos la cantidad de variedades. Actualmente, por ejemplo, cultivamos de 10 a 12 coles y kales distintas. El huerto cuenta asimismo con una docena de árboles frutales (entre manzanos, perales, ciruelos y membrillos) y cuatro colmenas con unas 150 000 abejas. La recogida de la miel de las abejas que han recolectado el néctar de nuestras flores es lo más bonito y satisfactorio del mundo. En otoño, las abejas también hurgan en las frutas fermentadas que han caído de los árboles y producen una miel ambarina oscura deliciosa y aromática. Solo por esto merece la pena tener árboles frutales, aunque naturalmente también nos proporcionan la fruta que utilizamos en la cocina del restaurante.

Bornholm posee un clima único por su situación en medio del Báltico. Un lado de la isla es montañoso y rocoso, con cuevas y un paisaje espectacular; el otro, es mucho más llano, con prados, playas de arena blanca y bosques profundos. La fría roca y la proximidad del mar provocan que la primavera llegue tarde pero, cuando calienta el sol, el suelo rocoso entra en calor y, de hecho, los veranos son más cálidos en la isla que en el resto del sur de Escandinavia. Esto nos permite cultivar ingredientes bastante tiernos, como los higos, y algunas frutas como las manzanas y las ciruelas maduran muy bien y tienen mucho sabor.

También tenemos una pequeña parcela justo al lado del restaurante con seis arriates elevados donde crecen hierbas y flores comestibles para preparar zumos e infusiones. Cultivamos 10 variedades de tomillo, 20 tipos de menta y muchas hierbas con aroma a limón, como la hierba gatera (*Nepeta cataria, Lemony*), además de otras plantas aromáticas como la aspérula. Aquí también experimentamos con variedades de hierbas y flores antes de decidir si las cultivamos a gran escala en el huerto principal.

El restaurante abre de principios de mayo a finales de septiembre, pero dependemos del huerto y de las zonas agrestes de la isla durante todo el año. Dos veces por semana enviamos un palé a nuestro restaurante de Copenhague (también llamado Kadeau), cargado de hortalizas, conservas y hierbas, además de carne y lácteos de la isla. La palabra danesa *cadeau* significa «tributo». En ambos restaurantes rendimos tributo a Bornholm, al mar, a los agricultores y al bosque, y les presentamos nuestros respetos.

La comida de Kadeau es polifacética, delicada y compleja, repleta de productos frescos y aderezada con ingredientes insólitos como hojas de pícea y hierba azul de la playa, líquen y hormigas rojas. Nuestra cocina está arraigada en esta tierra y lo que nos da. No tener formación académica como cocinero es una ventaja porque no me veo limitado por ideas preconcebidas.

La conservación es esencial en nuestro trabajo. Durante los meses de mayor abundancia encurtimos, curamos, fermentamos, secamos y ahumamos como locos, además de hacer licores, jarabes, aceites y vinagres. Infusionamos, por ejemplo, aceites con raíz de ruibarbo y ramitas de grosellero negro; fermentamos escaramujos, vainas de semillas de capuchina, guisantes y manzanas silvestres verdes; encurtimos conos de abeto noble (*Abies procera*), polen de pino silvestre y semillas de olmo. Transformamos fresas verdes y grosellas blancas en vino y elaboramos vinagres caseros con membrillos, peras, grosellas silvestres o píceas. La miel pura de nuestros panales se vierte sobre hierbas, hojas o flores y se diluye con agua (lo que permite que las levaduras naturales de la miel fermenten), creando jarabes sabrosos y aromáticos. El año pasado encurtimos y conservamos unas nueve o diez toneladas de ingredientes silvestres y cultivados. El invierno es mi estación preferida porque es cuando puedo disfrutar al máximo de esta colección de conservas.

En mi mente, la historia de Kadeau acaba de empezar. Mi sueño es que el huerto de Bornholm sea una unidad independiente y autosuficiente para los dos restaurantes, nuestra cocina de conservas e incluso nuestra carnicería. Habrá ovejas, cerdos y pollos y cultivaremos muchas bayas y frutas. Todo a su debido tiempo. Como decimos en Bornholm, «el mar no se hizo en un día».

EL CULTIVO EN SUELOS ARENOSOS

Al estar cerca de la playa, el suelo de nuestro huerto es muy arenoso. A los agricultores expertos que lo han visto no les ha dado confianza. Pero, en realidad, la arena ofrece un drenaje óptimo, dejando que el agua se hunda a la siguiente capa, que es densa y pesada y la retiene muy bien. Esto crea unas buenas condiciones de cultivo. Como sucede con todos los suelos arenosos, tenemos que enriquecerlo con estiércol y compost, además de añadir caliza para reducir la acidez natural. Las plantas tienen que atravesar los 10 cm de la superficie para obtener los nutrientes, y no todas están dispuestas a hacerlo. Cuanto más esfuerzo hace la planta, más intensidad de sabor tiene el fruto. No sabemos por qué, pero el suelo tiene algo especial: da ingredientes fantásticos.

VARIEDADES FAVORITAS

- Familia de las grosellas—Es una de mis favoritas. El grosellero de flor (*Ribes sanguineum*) es una maravilla. No da bayas, pero las hojas y las flores poseen un aroma increíble y las utilizamos en nuestras conservas. Es una de las primeras plantas que brota cada año y para mí supone el comienzo de la primavera. El grosellero negro es otro de mis preferidos, con su aroma complejo y profundo. Encurtimos y fermentamos las flores, las hojas y las bayas (maduras y verdes), e infusionamos las ramas en aceite. El zumo de las grosellas espinosas es uno de los ingredientes clave para nosotros y lo utilizamos mucho para aportar acidez a platos dulces y salados.
- Familia de los pinos—Hace años que estudio esta magnífica familia de árboles en mi búsqueda de nuevos ingredientes. Utilizamos los conos, los brotes, el polen y las agujas del pino silvestre, además de los conos y las agujas del abeto común, que tienen un sabor acre no muy distinto del yuzu. El abeto de Douglas y la pícea de Sitka aportan otras notas cítricas, mientras que los conos y los brotes de la pícea de Noruega me recuerdan a las gominolas y la limonada.
- Los higos no son habituales en la cocina nórdica porque el fruto no suele madurar bien en Escandinavia. Pero los veranos largos y cálidos de Bornholm permiten que haya higueras en toda la isla. Utilizamos las hojas en infusiones, licores y aceites. Los higos verdes se sirven crudos, y los semimaduros y maduros, encurtidos, semideshidratados o lactofermentados.

1. PALTHÄSTA (PIZZAS DE BORNHOLM)

PARA 6-8 PERSONAS

ACEITE DE CÁÑAMO
- 500 g de hojas de cáñamo frescas (*Cannabis sativa*)
- 500 g de aceite de colza

ACEITE DE HOJAS DE HIGO
- 250 g de hojas de higo
- 400 g de aceite de colza

SAL DE CÁÑAMO
- 200 g de hojas de cáñamo frescas
- 350 g de sal gruesa
- 1 paquete de gel de sílice de grado alimenticio

MASA PARA PALTHÄSTA
- 200 g de koji de cebada
- 50 g de masa madre muy activa
- 1 huevo grande
- 150 ml de leche entera
- 100 g de harina de Øland
- 2 g de sal

HIGOS MACERADOS
- 3 higos medio maduros en tiras finas a lo largo
- 50 ml de Aceite de hojas de higo (véase arriba)

CÁÑAMO A LA PARRILLA
- 4 hojas de cáñamo y las ramas de 50 cm de largo
- 50 ml de Aceite de cáñamo (véase arriba)

PARA SERVIR
- grasa de ternera añeja, para freír
- mantequilla dorada, para untar
- queso añejo Havgus, madurado 3 años, rallado fino
- 20 g de flores silvestres picadas (como aciano, chamerion o tupinambo)
- sal de cáñamo, al gusto

ACEITE DE CÁÑAMO

Introduzca las hojas de cáñamo y el aceite en una bolsa de vacío y séllela. Cuézala al vapor toda la noche a 70 °C. Cuélela.

ACEITE DE HOJAS DE HIGO

Triture las hojas de higo y el aceite en la Thermomix 6 minutos. Cuélelo.

SAL DE CÁÑAMO

Triture las hojas de cáñamo y la sal en la Thermomix. Cuele la mezcla sobre un recipiente y déjela secar junto a un ventilador 20 minutos. Remueva y resérvela en un tarro hermético de cristal con el gel de sílice.

MASA PARA PALTHÄSTA

Mezcle los ingredientes en un bol. Tape y deje reposar a temperatura ambiente 3 horas.

HIGOS MACERADOS

Macere los higos en el aceite de hojas de higo durante 1 hora a temperatura ambiente.

CÁÑAMO A LA PARRILLA

Caliente una parrilla. Unte las hojas de cáñamo y las ramas con un poco del aceite de cáñamo y áselas hasta que estén ligeramente chamuscadas y crujientes.

PARA PREPARAR LAS PIZZAS

Unte una sartén de hierro fundido de 16 cm con la grasa de ternera añeja. Fría 200 ml de masa por pizza 3 minutos, dele la vuelta y fríala 2 minutos más hasta que esté crujiente por ambos lados y blanda en el centro.

PARA SERVIR

Unte la *palthästa* con un poco de mantequilla y añada el queso, el cáñamo, el higo y las flores silvestres. Sazone con sal de cáñamo.

2. TOMATES DEL HUERTO CON PINO NOBLE, AVELLANAS Y GROSELLAS BLANCAS

PARA 6-8 PERSONAS

ACEITE DE ALGA KOMBU DESHIDRATADA Y ASADA
- 200 g de alga kombu fresca
- 400 g de aceite de colza

TOMATES
- 1 kg de tomates cherry pequeños del huerto
- 50 ml de Aceite de alga kombu deshidratada y asada (véase arriba), y un poco más para servir
- 1 diente de ajo German Red chamuscado y rallado

SALSA DE GROSELLAS BLANCAS
- 500 g de grosellas blancas
- 100 g de grosellas espinosas, en zumo (50 ml)
- 50 g de aceite de madera de grosella negra

PARA SERVIR
- piñas encurtidas
- unas avellanas verdes frescas en láminas

ACEITE DE ALGA KOMBU DESHIDRATADA Y ASADA

Seque el alga kombu fresca a 1 m del fuego en una zona con un poco de humo 24 horas.

Introduzca el alga komku deshidratada y ahumada en una bolsa de vacío y cuézala al vapor toda la noche a 75 °C en un horno mixto. Cuele y reserve el aceite.

TOMATES

Corte los tomates, escáldelos en una olla de agua hirviendo, sáquelos con una espumadera y retire las pieles. Páselos a un bol con el aceite de alga kombu y déjelos marinar durante 1 hora a temperatura ambiente.

Precaliente el horno a 50 °C. Coloque los tomates en una bandeja de horno y hornee 4 horas, untándolos con el aceite cada 30 minutos hasta que estén semisecos.

SALSA DE GROSELLAS BLANCAS

Enfríe las grosellas en un abatidor de temperatura. Páselas por una licuadora cuando estén medio congeladas. Mézclelas con el zumo de grosellas espinosas y el aceite de madera de grosella negra y refrigérelo.

PARA SERVIR

Marine los tomates y el ajo en 75 ml de aceite de alga kombu fresca durante 30 minutos.

Coloque los tomates en los platos con la piña, 3 o 4 láminas de avellana por plato y 3 cucharadas de salsa de grosellas blancas.

3. PATATAS NUEVAS CON KOMBUCHA DE ARÁNDANOS, LEVÍSTICO FRITO Y SALSA DE QUESO DE SUERO DE LECHE

PARA 6-8 PERSONAS

KOMBUCHA DE ARÁNDANOS (PARA 1 LITRO)
- 10 g de hojas de té negro
- 50 g de hojas de arándano seco
- 500 g de zumo de arándanos silvestres
- 100 g de azúcar blanco
- 500 g de agua
- 100 g de kombucha de la tanda anterior
- 1 hongo scoby

SALSA DE QUESO DE SUERO DE LECHE
- 5 litros de suero de mantequilla
- 500 g de mantequilla sin sal fría en dados de 2 cm
- 250 g de queso Havgus rallado fino
- sal
- vinagre de sidra, al gusto

GLASEADO DE KOMBUCHA Y BAYAS
- 1 litro de Kombucha de arándanos (véase arriba)
- 600 g de moras, en zumo (300 ml)
- 750 g de zarzamoras, en zumo (300 ml)
- 500 g de grosellas negras, en zumo (200 ml)

LEVÍSTICO FRITO
- 200 g de hojas de levístico
- 800 g de aceite de semillas de uva

PATATAS
- 1 kg de patatas nuevas recién recolectadas
- sal marina gruesa
- 1 puñado grande de levístico (con tallos y hojas)
- 50 g de mantequilla con sal fundida, para untar

PARA SERVIR
- 20 g de pimpollos de flor de saúco encurtidos
- 20 g de bayas de saúco encurtidas
- glaseado de kombucha y bayas reducido
- aceite de aspérula, para rociar

KOMBUCHA DE ARÁNDANOS

Infusione las hojas de té y de arándano en agua fría 24 horas. Cuélelas, añada el zumo de arándanos, el azúcar, el agua y la kombucha. Remueva. Agregue el scoby, pase a un tarro de cristal y cúbralo con una muselina bien ajustada. Déjelo a 20 °C unos 10-14 días.

SALSA DE QUESO DE SUERO DE LECHE

Reduzca el suero de mantequilla en una olla a fuego medio-bajo hasta que tenga 500 ml. Retírelo del fuego y, en caliente, vaya añadiendo la mantequilla mientras tritura con una batidora. Agregue el queso, la sal y el vinagre de sidra.

GLASEADO DE KOMBUCHA Y BAYAS

Ponga la kombucha en un deshidratador a 50 °C hasta que se haya reducido un octavo. Mezcle los zumos en una olla y redúzcalos a fuego muy bajo hasta que alcancen los 34 grados Brix. Mézclelos con la kombucha para obtener un glaseado. Déjelo enfriar y guárdelo en un recipiente hermético.

LEVÍSTICO FRITO

Caliente el aceite en una olla a 140 °C. Forre una bandeja de horno con papel de cocina. Fría las hojas de levístico en el aceite 2 o 3 minutos. Páselas a la bandeja y déjelas enfriar. Guárdelas en un recipiente hermético forrado con papel de cocina.

PATATAS

Frote ligeramente las patatas con la sal. Colóquelas en una olla con agua fría y el levístico. Cuézalas al dente. Cuélelas, retire la piel mientras estén calientes, córtelas por la mitad y unte con un poco de mantequilla.

PARA SERVIR

Cubra las patatas con el glaseado de kombucha. Decore con el levístico frito, los pimpollos de flor de saúco y las bayas de saúco. Rocíe con el aceite de aspérula.

Para terminar, triture la salsa de queso con una batidora y coloque 2 cucharadas de la espuma obtenida en cada plato.

1

2

3

Matt Orlando

AMASS
Refshaleøen, Copenhague, Dinamarca

Situado a las afueras de Copenhague, el entorno de Amass es un fiel reflejo del planteamiento holístico de la comida y las iniciativas agrícolas del restaurante. Todas las mesas dan al huerto y los comensales y los vecinos están invitados a disfrutar del espacio como un oasis urbano. Con más de 80 variedades de verduras, frutos rojos, hierbas y flores, el huerto no es solo una fuente de ingredientes para el chef californiano Matt Orlando, sino el alma del restaurante y su fuente de inspiración para futuros platos.

Decidimos que Amass estuviera a las afueras de Copenhague porque queríamos disponer de un espacio para cultivar nuestros propios ingredientes, para tener la libertad de hacer lo que queríamos hacer. Encontramos lo que estábamos buscando en Refshaleøen, una parte por entonces menos conocida de la zona del puerto, donde hicimos productivo un trozo de tierra que llevaba mucho tiempo desatendido.

Creamos un huerto de arriates elevados cuadrados a la altura de la rodilla delante del restaurante en 2013. De los 54 arriates originales hemos pasado a los 137 actuales, además de añadir un politúnel de 18 m que alberga un sistema de acuaponía para cultivar en minihuertos colgantes. Dentro y fuera, apostamos más por el sabor que por el rendimiento: quiero que la cosecha esté rica, no que sea productiva. La diversidad de sabores es primordial. Cultivamos 80 plantas comestibles: cultivos de varias cosechas, como kales y acelgas, así como mostaza, frutos rojos, cebollino, rábanos y una amplia gama de cilantro y albahaca, además de unos higos magníficos. La hierba callera (*Sedum telephium*), una planta septentrional ligeramente amarga, es otra de mis favoritas. Va muy bien con los platos de carne, a los que aporta un ligero toque «veraniego».

Aunque el huerto tiene unos 4000 m^2, no somos autosuficientes (provee entre el 5 y el 10 % de nuestros ingredientes). El resto lo recolectamos o lo compramos a los productores locales. Las raíces como la chirivía, por ejemplo, que acaparan espacio mucho tiempo, nos las suministran productores excelentes, incluida una granja biodinámica del sudoeste de Selandia.

Las flores comestibles son uno de nuestros ingredientes clave (aciano, violetas y flores de borraja). Para mí es muy emocionante ver florecer las caléndulas cada año. Además de ser una estupenda planta complementaria, me encanta el suave sabor medicinal de sus hojas y flores. Seco las hojas, las mezclo con aceite y liberan su increíble sabor a piel de mandarina. Principalmente utilizo las flores en salsas (dulces y saladas) porque les confiere color y sabor a azafrán.

El politúnel es otra historia. Nada más entrar hay un puente, debajo del cual nadan las carpas: con los sólidos que generan alimentamos los 80 Zipgrows, un sistema vertical de «huertos colgantes», del túnel. Sé por experiencia que los cultivos acuapónicos pueden tener sabor a pescado, así que hemos ideado un sistema para evitarlo: en lugar de alimentar las plantas directamente con los sólidos, añadimos lombrices a las bolsas para que los sólidos se deshagan, puesto que el humus de lombriz aporta una gama de nutrientes más biodisponibles. Este método ha dado muy buenos resultados. A menudo la comida de los peces lleva ingredientes alucinantes (¡cerdo nada menos!), así que la hacemos nosotros con los desperdicios de la cocina y restos de la molienda del aceite de colza, todo triturado, así podemos alimentar a los peces y, a su vez, a las plantas. Probamos distintos «piensos» para garantizar que los peces tienen lo que necesitan, pero también que las plantas (tomates, mostaza, coles de Bruselas y berros) reciben los nutrientes que precisan para prosperar, unas necesidades distintas para el tomate que para la kale, por poner un ejemplo. Es una manera fantástica de cerrar el único círculo abierto de nuestro sistema: aprovechando los «desperdicios» para dar sabor.

Nuestra horticultora, Jacquie, y yo creamos el huerto. Nos conocimos en Noma. Ella es cocinera de formación, así que entiende la parte de la cocina a la perfección, pero al haber trabajado en granjas orgánicas de todo el mundo aporta una perspectiva global al huerto. Los tres primeros años, éramos los únicos que lo cuidábamos, por lo que teníamos una conexión especial con él. Fue una época de experimentación, de averiguar qué crece aquí, a qué plantas les gusta nuestro suelo arenoso y salado, y qué ha funcionado bien en el restaurante. Las fluctuaciones de temperatura pueden ser considerables (27 °C de día y 9 °C de noche), de ahí que tuviéramos que descubrir cómo hacerles frente. Al hinojo, la acelga, la col y la acedera les gusta, pero a algunas calabazas y hierbas autóctonas de climas más cálidos, no.

Además de ser un espacio agradable y productivo, el huerto se ha convertido en el eje alrededor del cual giran el restaurante y los que formamos parte de él. Los camareros hacen un turno allí cada semana, y los cocineros pueden pasar una hora cada mañana recolectando, regando, quitando las malas hierbas y removiendo el compost. Lógicamente, Jacquie gestiona el huerto y cuenta con la ayuda de becarios que trabajan con nosotros cuatro meses, en la cocina y el huerto.

Cuando termina la jornada laboral, solemos reunirnos en el huerto. Nos juntamos el sábado por la noche, después de limpiar. Salimos con unas bebidas y encendemos una hoguera. Esto añade otra dimensión tanto al huerto como a la sensación de que sigue siendo un lugar de reunión cuando el trabajo acaba. Los domingos, cuando el restaurante está cerrado, nos juntamos en el huerto para cocinar y relajarnos. La gente trae a sus amigos, por lo que nuestra comunidad no para de crecer. El huerto también es la sede del Amass Green Kids Program, nuestra iniciativa «del campo a la mesa» para niños en edad escolar.

El huerto es una parte crucial de la experiencia de los comensales: no solo pueden visitarlo, sino que les invitamos a que lo hagan. Lo primero que les decimos es que pueden dar una vuelta con una bebida. Quiero que todo el mundo que venga aquí disfrute al máximo de la experiencia completa (¡es muy probable que nos vean recolectando algo para el plato que acaban de pedir!).

No solo suministra los ingredientes de la cocina, el huerto también influye en qué y cómo cocinamos. Nos obliga a ser hipersensibles a las estaciones, a cambiar con frecuencia y a adaptarnos al clima. Lo que hacemos suele calificarse como «nueva cocina nórdica», pero no se trata de dejar atrás la cocina «nórdica», sino de evolucionar. El auge del panorama gastronómico danés, liderado en buena medida por Noma (donde solía cocinar), ha atraído un montón de foráneos con sus experiencias e influencias. Yo soy de California y he pasado por las cocinas de Le Bernardin, Aureole y Per Se, en Nueva York, y de The Fat Duck y Le Manoir aux Quat'Saisons en Inglaterra, así que aquí en Amass podemos abordar la cocina nórdica de un modo distinto. Para ello tenemos la ayuda del huerto. Cultivamos lo que queremos y nuestro menú responde a lo que está listo, cuando está listo.

De alguna manera, sin planteárnoslo, nuestro huerto se ha convertido en algo que nos nutre de muchas maneras. Es un lujo que jamás habríamos imaginado.

FLORES COMESTIBLES FAVORITAS

- Flores de borraja—Saben a pepino.
- Caléndulas—Aportan un dulzor sutil.
- Aciano—Por su dulzor.
- Caléndulas—Saben a piel de mandarina.
- Capuchinas—Son picantes.
- Violetas—Son jugosas y dulces.

PLANTAS COMPLEMENTARIAS

Estamos muy sensibilizados con la horticultura, en la que intervenimos mínimamente. No usamos productos químicos: el agua con limón y guindilla, y las tiras de cobre alrededor de los contenedores, son muy efectivos para evitar babosas y caracoles. Las plantas complementarias (un sistema de intercultivo beneficioso al menos para una de las plantas) es un elemento clave de nuestra filosofía. Juntamos plantas para repeler plagas, atraer polinizadores, proporcionar apoyo o sombra, enfriar las raíces, retener el agua o alimentar el suelo y, a su vez, las plantas vecinas. Nos funciona bien. Por ejemplo, si plantamos caléndulas con frambuesos se atraen polinizadores, lo que garantiza un mayor rendimiento de los frambuesos; si plantamos aciano e hinojo, se apoyan mutuamente mientras crecen.

W. Winter 22

1. CABALLA SALADA, COL ORNAMENTAL MARINADA Y ACEITE DE MADERA QUEMADA

PARA 4 PERSONAS
ACEITE DE MADERA QUEMADA
- 100 g de aceite de girasol
- 10 g de astillas de madera quemadas

CABALLA
- 1 caballa fresca de 500 g
- 1 litro de agua
- 100 g de sal marina
- 40 g de astillas de madera quemadas

COL ORNAMENTAL MARINADA
- 75 g de zanahorias en rodajas finas
- 25 g de chalotas en rodajas finas
- 250 g de aceite de colza prensado en frío
- 125 ml de vino blanco
- 125 ml de vinagre de sidra
- 8 pepinos limón
- 240 coles ornamentales
- 24 hojas de albahaca violeta pequeñas, para servir

ACEITE DE MADERA QUEMADA
Nosotros utilizamos astillas de madera de pino. Coloque las astillas en un recipiente de metal, encienda un soplete de cocina y deje que se quemen durante 30 segundos. Tápelas para apagar el fuego.

Ponga el aceite y las astillas en un recipiente pequeño y caliéntelo hasta que alcance los 90 °C. Retírelo del fuego y déjelo reposar toda la noche a temperatura ambiente.

Al día siguiente, páselo por un colador de malla fina y resérvelo a temperatura ambiente. Se conserva hasta 6 meses.

CABALLA
Corte la caballa en 2 filetes y refrigérelos.

Mezcle el agua, la sal y las astillas de madera en una cazuela mediana y caliéntelo hasta que alcance los 90 °C. Retírelo del fuego, deje que se enfríe y resérvelo en el frigorífico. Cuando la salmuera esté fría, pásela por un colador de malla fina para eliminar las astillas.

Introduzca los filetes en la salmuera 6 minutos, retírelos y séquelos con papel de cocina. Refrigérelos, con la piel hacia abajo, durante toda la noche para que la carne se seque ligeramente y la sal penetre bien.

Corte los filetes de caballa a lo largo por el medio (la línea de sangre), cortando a lo largo de ambos lados de la línea de sangre en el extremo más grueso de cada filete. De esta forma, además de eliminar la línea de sangre, eliminará las espinas de la parte superior del filete. Coloque los 4 medios filetes con la piel hacia arriba. Marque suavemente la piel con un cuchillo afilado, con cuidado de no cortar la carne. Resérvelos a temperatura ambiente.

COL ORNAMENTAL MARINADA
Ponga las zanahorias y las chalotas en una cazuela a fuego lento con 25 ml del aceite de colza. Cuézalas hasta que estén tiernas. Vierta el vino blanco, suba a fuego medio y cuézalas otros 2 minutos. Retire la cazuela del fuego y agregue el resto del aceite de colza y el vinagre de sidra. Deje reposar la mezcla hasta que esté a temperatura ambiente.

Mientras se enfría, pele los pepinos y córtelos en dados de 1 cm. Resérvelos a temperatura ambiente.

Cuando esté listo para emplatar, pase la mezcla de zanahorias y chalotas fría por un colador de malla fina, añada la col y el pepino y sale al gusto. Déjelo marinar 5 minutos como máximo.

PARA SERVIR
Coloque los 4 filetes, con el lado de la carne hacia abajo, y pase un soplete de cocina a fuego medio por la piel durante 10 segundos. Disponga un filete con la carne hacia abajo en el centro del plato. Ponga una cucharada de col junto a la caballa, a lo largo de todo el filete. Añada 1 cucharadita del aceite de madera en cada trozo y decore con 6 hojas de albahaca por plato.

2. BROTES DEL HUERTO, PIEL DE LIMÓN, LEVADURA ALE Y FRUTAS DEL BOSQUE DESHIDRATADAS

La levadura ale es un producto derivado de la producción de cerveza. Pregunte si tienen en su cervecería local.

PARA 4 PERSONAS
ACEITE DE TALLOS DE KALE SALADA
- 200 g de tallos de kale
- 4 g de sal
- 175 ml de aceite de girasol

PURÉ DE PIEL DE LIMÓN Y LEVADURA ALE
- 50 g de piel de limón
- 37,5 g de cerveza con levadura ale
- 5 g de sal
- 3 g de pimientos shisito
- 10 g de ciruelas deshidratadas

EMULSIÓN DE LIMÓN Y LEVADURA ALE
- 63 g de Puré de piel de limón y levadura ale (véase arriba)
- 1 yema de huevo
- 250 ml de aceite de girasol

FRUTAS DEL BOSQUE DESHIDRATADAS EN POLVO
- 10 g de frambuesas liofilizadas
- 10 g de fresas liofilizadas
- 10 g de grosellas liofilizadas

HIERBAS Y BROTES
- 32 hojas de acelga pequeñas
- 16 hojas de mizuna medianas
- 32 brotes de berros silvestres
- 32 hojas de mostaza
- 32 hojas de mostaza rizada
- 32 flores de borraja
- 32 flores de kale
- 32 flores de clavel
- los pétalos de 2 caléndulas
- sal

ACEITE DE TALLOS DE KALE SALADA
Introduzca los tallos de kale con sal en una bolsa de vacío, séllela y déjela reposar durante 4 días a temperatura ambiente.

Pasados los 4 días, precaliente el horno a 60 °C. Saque los tallos de la bolsa y séquelos hasta que estén crujientes. Colóquelos en una cazuela y cúbralos con el aceite de girasol. Caliente el aceite hasta que alcance los 85 °C, retírelo del fuego y déjelo reposar toda la noche a temperatura ambiente. Cuélelo y guárdelo en una botella esterilizada a temperatura ambiente. Se conservará hasta 3 meses.

PURÉ DE PIEL DE LIMÓN Y LEVADURA ALE
Triture todos los ingredientes en una batidora hasta obtener una pasta espesa. Pásela a un bol, tápela y reserve en el frigorífico por lo menos 3 días (hasta 1 mes) antes de usarla.

EMULSIÓN DE LIMÓN Y LEVADURA ALE
Mezcle el puré de piel de limón y levadura ale con la yema de huevo y tritúrelo en una batidora a velocidad media hasta obtener una mezcla fina. Vierta despacio el aceite (con la batidora en marcha) hasta formar una emulsión espesa. Sale al gusto. Refrigérela, tapada, hasta que la vaya a utilizar.

FRUTAS DEL BOSQUE DESHIDRATADAS EN POLVO
Triture las frutas del bosque liofilizadas en una batidora a velocidad alta hasta que se pulvericen por completo. Páselas por un colador fino sobre un recipiente limpio, tápelo y resérvelo a temperatura ambiente hasta que lo vaya a utilizar.

PARA SERVIR
Extienda la emulsión de limón y levadura ale entre 2 platos llanos formando una capa uniforme que ocupe todo el plato. Divida las hierbas y las flores a partes iguales entre los 2 platos, repartiéndolas por todo el plato para que no queden en un montón. Vierta 2 cucharadas del aceite de tallos de kale salada de manera uniforme en cada plato. Tamice el polvo de frutas del bosque sobre cada plato de manera uniforme. Sale al gusto. Cada plato se debe compartir entre 2 personas y se come con los dedos. No tenga miedo de mancharse.

1

Matthew e Iain Pennington

THE ETHICUREAN
Wrington, Somerset, Reino Unido

Situado en un recinto impresionante, The Ethicurean se basa en el sentido de lugar. El menú de Matthew e Iain Pennington se actualiza dos veces al día, en función de lo que los horticultores llevan a la cocina. Con una pasión por las recetas tradicionales y la exploración de nuevas combinaciones de sabores armoniosos, la motivación de los cocineros es lo que ellos denominan «el sabor de la naturaleza». Su pasión por el producto se extiende a los comensales, que quieren llevarse a casa un trocito de The Ethicurean en forma de encurtidos, fermentados y cajas de hortalizas que pueden comprar ahí.

En muchos sentidos, entramos en un sueño cuando llegamos al Barley Wood Walled Garden, donde abrimos The Ethicurean el frío invierno de 2010. Yo vendía productos que hacía con ingredientes locales en el mercado de agricultores y ni se me había pasado por la cabeza abrir un restaurante cuando otro productor me habló del huerto cercado, así que fui a verlo. Y ahora, aquí estamos: en un invernadero victoriano reconvertido en restaurante que espero que no solo sepa aprovechar al máximo los mejores productos que cultivamos nosotros mismos sino que contribuya a que nuestra cultura gastronómica se expanda aún más.

El huerto es espectacular, inclinado suavemente al sur con vistas del valle de Wrington y las colinas de Mendip. En los arriates dominan las hortalizas de variedades antiguas, las hierbas y las flores que atraen polinizadores y árboles frutales, como perales y ciruelos, guiados en abanico y en espaldera contra las paredes. Los productos amantes del sol, incluidos los tomates, se cultivan en politúneles, que además proporcionan calidez y protección a las plántulas. Como sería de esperar en un recinto victoriano, todo está planificado y construido al milímetro, sobre todo el drenaje, que lleva el exceso de agua pendiente abajo para rellenar un pozo de perforación del que a su vez bombeamos agua para los cultivos cuando es necesario.

Mark Cox trabaja en el huerto desde 2003. Es un horticultor autodidacta e inquisitivo que equipara nuestra filosofía gastronómica a su forma de cultivar. Imagino que cuando un restaurante y un huerto cohabitan en la misma parcela no es habitual que el huerto y el horticultor vayan en primer lugar, pero aquí es así.

Hace un par de años, Mark adoptó la política de no cavar, con resultados notables. En lugar de perturbar una ecología del suelo saludable mediante el cavado y el volteo de la tierra, se añaden capas de compost a la superficie (a imitación del proceso natural de acumulación de suelo por la caída de las hojas). Esto nutre el suelo, crea un mantillo más profundo y retiene la humedad. Incluso en los años más calurosos y secos, las plantas prosperan. De una forma muy tangible y real, nuestro interés y pasión por los fermentados y, a un nivel más amplio, por la flora intestinal, se ven reflejados perfectamente en el desarrollo del microbioma del suelo de Mark; ambas partes hacemos lo posible para potenciar nuestra salud bacteriana y la de nuestros clientes, que es la de la tierra, y a su vez las plantas se nutren de ella.

La relación del huerto con la cocina va más allá de la oferta y la demanda. Iain y yo vamos muchos días al huerto y hablamos con Mark de qué cultivos prosperan en la parcela, qué ingredientes funcionan en la cocina y qué podemos cultivar en el futuro. No nos ceñimos a lo que tradicionalmente se considera el punto óptimo de maduración de hortalizas, hierbas y frutas: al tener el huerto al lado del restaurante, podemos recolectar en cualquier momento del ciclo vital de una planta. Ahora, por ejemplo, tenemos flores de rúcula de color crema claro (preciosas y con un sabor tan intenso como las hojas) y semillas de nabo crujientes, picantes y con sabor a mostaza y las añadimos a nuestros platos. Nuestra relación es colaborativa, creativa.

Naturalmente, no nos abastecemos solo del huerto (necesitaríamos una extensión considerable solo para las patatas), así que nos concentramos en cultivos de varias cosechas de alto valor, como las hojas de ensalada, con los que el impacto ambiental derivado del transporte, el plástico o el procesamiento es nulo. En el huerto podemos recolectar 40 kg de hojas de ensalada en una semana. Además de las variedades de lechuga y rúcula habituales, Mark cultiva mostaza roja y verde picantes, tatsoi y endibias amargas, muchas en invierno y los meses más cálidos. A Mark y a mí nos encantan las variedades antiguas: lo que las nuevas aportan en cuanto a resistencia a las enfermedades, uniformidad y rendimiento lo pierden en sabor, aroma y textura. Hay híbridos que son la excepción, como el tomate (*Solanum lycopersicum*) Gardener's Delight, aunque lo cultivamos por separado por si tenemos que guardar las semillas.

También nos gustan mucho los ingredientes que se sirven recién recolectados: la barrilla (*Salsola soda*) es una hortaliza salada con muchas aplicaciones en la cocina. Además de tener un fantástico sabor «verde» y salado, es un ingrediente que se presta a la cocción a la brasa o en agua, es sorprendentemente sustanciosa, casi carnosa, y se parece a los fideos cuando se cocina en su lugar. También tenemos debilidad por las verduras de invierno, como el *cavolo nero* y la kale Red Russian, robustas y adaptables. En verano, diría que un 80 % de los ingredientes proceden del huerto.

Para nosotros, tener un restaurante nunca fue un objetivo. Y sigue sin serlo. Queremos formar parte de algo más amplio, llevar en otra dirección el concepto de la gastronomía y de lo que puede ser. Que la gente se implique con la naturaleza, que recolecte y desarrolle un conocimiento de los procesos del mundo natural más amplio. Mark está en sintonía con todo esto. Él nos permite incorporar esta esencia en nuestras recetas, no solo con el cultivo de ingredientes que encajen, sino como un reflejo de nuestra ética. El huerto y el restaurante son solo parte de nuestra filosofía de incitar a la gente a interactuar con la comida, sobre todo la forma en que los jóvenes la prueban, la experimentan y la disfrutan. Forma parte de una mentalidad inquisitiva que esperamos que se refleje en nuestros platos. Al estar en el mismo recinto, el huerto es una parte esencial de la experiencia de los comensales.

La fermentación es clave en nuestro trabajo. Alarga la vida de los alimentos, permite aprovechar los excedentes y enriquece los ingredientes crudos y, a su vez, a quienes los consumen. Hay sabores (ácidos y/o salados/umami) fruto de la fermentación que ofrecen una nueva perspectiva. Tenemos muchos clientes de Japón, una cultura rica en conservas y fermentados, y suelen decirnos que el sabor de nuestras elaboraciones está «vivo». Para mí, esta es la combinación perfecta del trabajo de Mark en el huerto y el nuestro en la cocina.

CULTIVO DE SETAS

A Mark y a mí nos fascinan las setas. Estamos trabajando con el micólogo de Kew Gardens y Forever Fungi para ver si podemos cultivar variedades comestibles: hay especies que crecen en astillas de madera, paja o troncos. Queremos cultivar shiitake, *Stropharia rugosoannulata* y setas de ostra. Todas tienen un sabor y una textura excelentes, pero también son importantes en nuestros platos fermentados, como la salsa «de soja» casera que hacemos con posos de café. El uso de los materiales es muy eficiente: con 1 kg de astillas de madera o troncos se obtienen 1,5 kg de setas. El cultivo de setas también nos permite evitar polémicas o consideraciones sobre la recolección de setas silvestres y podemos tener un plato en el menú durante días y semanas y no solo excepcionalmente.

También tenemos ganas de analizar cómo enriquecen las setas los procedimientos del huerto, por eso estamos introduciendo hongos micorrizas. Estos hongos crean una red subterránea que actúa como un sistema radicular secundario para las plantas con las que están en contacto, tomando algunos hidratos de carbono a cambio de una mayor riqueza de nutrientes para la planta. En combinación con la política de no cavar, el huerto ha ganado resiliencia e integridad.

VARIEDADES DE HORTALIZAS FAVORITAS

- Barrilla (*Salsola soda*)—Esta planta es única y muy productiva cuando llega el verano. Se parece al espárrago de mar, es salada y crujiente, con un sabor que recuerda a un *chop suey* con fideos. En julio asamos a la plancha, fermentamos y escaldamos kilos de barilla.
- Levístico (*Levisticum officinale*)—Una hierba increíble. Con sabor a curry, de crecimiento prolífico y perfecta para muchos platos y bebidas.
- Lechuga de minero (*Claytonia perfoliata*)—Crece bien a cubierto y es la razón principal de que seamos 100 % autosuficientes en hojas de ensalada desde que empezamos con el huerto.

PICKLED MUSHROOMS
HABANERO
LOVAGE FERMENT
BORN MAY 17
BEETROOT KVASS
BORN JANUARY 17
LACTO
STRAWBERRIES
AND THYME
BORN MAY 17
SAUERKRAUT
JANETS JUNGLE JUICE
CIDER VINEGAR
BORN OCT 2016
FERMENTED
GINGER
BROAD BEANS
IN KIMCHI
BROAD BEANS
IN KIMCHI
PEAKLES
LIVE STOUT VINEGAR
BARLEY WOOD
CIDER VINEGAR
BORN 02 2017
SAUERKRAUT
KIMCHI
CARROT CELERY

1. MERLUZA ASADA, PURÉ DE HINOJO Y PINO, COL DE MILÁN ASADA, TIERRA DE SHIITAKE, ALMEJAS Y AVELLANAS

La tierra comestible de este plato siempre sorprende a los comensales. Es verdad que parece tierra de verdad, pero tiene unas notas dulces a umami que resultan deliciosos cuando se toma con el mejor pescado del día. Los pinos silvestres, que abundan cerca de las colinas de Mendip, también son una fuente de sabor poco habitual, pero le dan un toque delicado, parecido al de la cream soda. Somos afortunados de vivir cerca de estos majestuosos árboles.

PARA 2 PERSONAS
MERLUZA
- 30 g de sal marina
- 500 ml de agua con hielo
- 240 g de merluza, con la piel y en 2 trozos
- un poco de aceite de colza
- aceite neutro, para freír
- mantequilla con sal
- 100 g de brotes de brócoli morado fresco
- sal marina fina

TIERRA DE SHIITAKE
- 40 g de pasas
- 10 g de nueces
- 15 g de shiitakes deshidratados
- sal

PURÉ DE HINOJO Y PINO
- 50 g de mantequilla con sal
- 1 bulbo de hinojo en rodajas finas
- 30 g de agujas de pino silvestre
- 100 ml de nata espesa
- sal y pimienta blanca

COL DE MILÁN ASADA
- col de Milán en 2-4 trozos (cortados por el centro manteniendo el tronco)
- 1 cda. de azúcar moreno mascabado
- 1 cdta. de aceite de trufa

ALIÑO
- 40 g de avellanas tostadas
- 20 g de alcaparras
- 25 ml de vinagre de sidra

ALMEJAS
- 10 almejas
- 100 ml de sidra
- 1 cda. de miel

PARA SERVIR
- una pequeña selección de flores comestibles: rábano, mizuna, rúcula o flores de mostaza

MERLUZA

En una jarra refractaria, disuelva la sal marina en el agua con hielo para hacer una salmuera al 6 % aproximadamente. Sumerja la merluza y refrigérela 1 hora como máximo.

TIERRA DE SHIITAKE

Precaliente el horno a 180 °C. Coloque las pasas en una fuente refractaria y áselas 30 minutos, sáquelas y deje que se enfríen. Ase las nueces 6 minutos o hasta que se empiecen a dorar.

Triture las pasas frías en una batidora con las nueces asadas y el shiitake deshidratado hasta que tenga la consistencia de la tierra. Sale y reserve fuera del frigorífico.

PURÉ DE HINOJO Y PINO

Caliente la mantequilla en una cazuela hasta que suba toda la espuma y deje que las partículas sólidas de la leche se empiecen a dorar; retírela del fuego.

Añada el hinojo, las agujas de pino y la nata y cuézalo todo hasta que el higo esté muy tierno. Retire la cazuela del fuego, saque y deseche las agujas de pino y triture con una batidora de mano hasta obtener un puré suave y fino. Sazone al gusto, páselo por un colador de malla fina y resérvelo caliente.

COL DE MILÁN ASADA

Precaliente el horno a 210 °C.

Cubra la col con el azúcar mascabado y el aceite de trufa. Ásela hasta que el azúcar se caramelice por completo, baje el horno a 160 °C y ásela hasta que esté tierna. Retírela del horno y resérvela caliente.

ALIÑO

Mezcle en un bol las avellanas, las alcaparras y el vinagre de sidra.

PARA ASAR LA MERLUZA

Precaliente el horno a 200 °C.

Transcurrida 1 hora, saque la merluza de la salmuera y séquela bien con un trapo de cocina limpio. Asegúrese de secar la piel completamente y sazónela con un poco de sal marina y aceite de colza. Unte una sartén refractaria con un poco de aceite y caliéntela a fuego medio. Fría la merluza, con la piel hacia abajo, 2 minutos. Suba el fuego y fríala otro minuto antes de introducirla en el horno, con la mantequilla y los brotes. Ásela 3 minutos hasta que adquiera un bonito tono dorado. Retírela del horno, dele la vuelta y déjela reposar en la mantequilla durante 2 minutos.

ALMEJAS

Mientras el pescado reposa, coloque las almejas, la sidra y la miel en una cazuela a fuego vivo para que hierva con fuerza. Las almejas estarán hechas cuando se abran. Retírelas del fuego. Reserve las almejas en el líquido hasta que las sirva.

PARA SERVIR

Ponga una base de puré de hinojo en cada plato y agregue la col asada y coloque los brotes con la merluza encima. Cuele las almejas y dispóngalos alrededor del plato, con las valvas. Decórelo con el aliño, la tierra de shiitake y las flores comestibles.

2. PASTEL DE ESPINO AMARILLO, PAN MOLIDO, MIEL Y TOMILLO

Este pastel es poco habitual. El espino amarillo, que es silvestre y es una alternativa baja en carbono a los cítricos habituales, le da un toque delicioso y sirve de complemento para el dulzor de la miel de nuestras abejas. El tomillo limonero le añade todavía más complejidad floral. Utilizar pan molido en lugar de harina es otra forma de darle uso a las sobras de pan y reducir el desperdicio de alimentos.

PARA 12 PERSONAS
PASTEL
- 400 g de sobras de pan blanco sin corteza, en rebanadas
- 275 g de mantequilla con sal (ecológica, si es posible), y un poco más para untar
- 200 g de azúcar superfino
- 6 cdas. de miel (local, si es posible)
- 4 huevos de corral a temperatura ambiente
- 100 g de avellanas tostadas molidas
- 2 cdtas. de levadura en polvo
- 4 cdtas. de tomillo limonero picado
- 2 cdas. de zumo de espino amarillo

JARABE
- 6 cdas. de miel
- 6 cdas. de zumo de espino amarillo
- 3 ramas de tomillo limonero

PARA SERVIR
- *clotted cream* orgánica
- unas hojas de milenrama, para decorar

PASTEL

Coloque el pan en un deshidratador a 40 °C o en un horno al mínimo durante toda la noche. Al día siguiente debería estar completamente seco. Tritúrelo muy fino en un robot de cocina. Pese 200 g.

Precaliente el horno a 180 °C. Engrase un molde redondo desmontable de 18 cm y fórrelo con papel vegetal.

Bata la mantequilla en un bol grande con una batidora eléctrica hasta que esté cremosa. Añada el azúcar y la miel y bata hasta que esté ligera y esponjosa. Agregue un huevo y una cucharada de pan y bata. Repita la operación con el resto de los huevos y del pan.

Mezcle en un bol el resto del pan molido con las avellanas y la levadura e incorpórelo con cuidado a la mezcla de mantequilla, azúcar y huevo. Eche el tomillo limonero y el zumo de espino amarillo.

Vierta la mezcla en el molde con cuidado y distribúyala de manera uniforme con el dorso de una cuchara. Hornee el pastel 45-50 minutos hasta que se dore y vuelva a su forma tras ejercer un poco de presión. Retírelo del horno y resérvelo en el molde.

JARABE

Cueza la miel y el zumo de espino amarillo en un cazo hasta que se reduzca a la mitad. Retire el jarabe del fuego y añada el tomillo limonero. Resérvelo caliente.

Todavía en el molde, pinche la superficie del pastel con un palillo, hasta unos tres cuartos de profundidad. Vierta el jarabe caliente y deje que el pastel se enfríe antes de desmoldarlo.

PARA SERVIR

El pastel está delicioso con *clotted cream* orgánica y decorado con hojas de milenrama.

1

Simon Rogan

L'ENCLUME
Cartmel, Cumbria, Reino Unido

Simon Rogan es conocido por su estilo innovador y su pasión por las hortalizas, las frutas, las hierbas «olvidadas» y la recolección de ingredientes silvestres. Esta filosofía le ha ayudado a ganar dos estrellas Michelin para L'Enclume, su restaurante del Distrito de los Lagos, al noroeste de Inglaterra. Después de trabajar con un agricultor de la zona para producir las variedades que quería para su menú, en 2011 creó Our Farm, una parcela en la que actualmente cultiva más de 200 tipos de plantas comestibles. La finca aprovecha los desperdicios, por lo que todo el proyecto resulta lo más sostenible posible.

La parcela que ahora ocupa Our Farm, no lejos de L'Enclume, en el valle de Cartmel, era un campo enorme con rocas que afloraban a la superficie, pero tenía características naturales prometedoras al estar flanqueado de bosques y seto. En el Distrito de los Lagos, los inviernos son largos y fríos, hace mucho viento y llueve en abundancia, por lo que la protección natural es muy valiosa.

Construí la granja desde cero con Dan Cox, un cocinero y agricultor solvente y mi mano derecha por entonces. Nuestra intención era crear una relación armoniosa entre la cocina y el huerto.

El suelo autóctono es una marga arcillosa ligeramente ácida. Es magnífico para la agricultura, pero cuando llueve, es muy difícil de trabajar, por eso optamos por un sistema de arriates elevados en los que pudiéramos acumular suelo con residuos biológicos y así mejorar la estructura y reducir el contenido de arcilla. Los arriates aún están en la tierra desnuda, por lo que mantienen el contacto con el suelo y estimulan la actividad microbiana. También tenemos seis politúneles: dos más pequeños para propagar plantas y cuatro más grandes para cultivar tomates, pepinos, guisantes y flores comestibles y evitar que reciban demasiada agua del clima de Cumbria.

Dan y yo queríamos tener un sistema de cultivo lo más sostenible posible. Nuestros referentes eran el experto en agricultura orgánica estadounidense Eliot Coleman y el agricultor quebequés Jean-Martin Fortier. De ellos aprendimos que la mejor manera de obtener ingredientes con un sabor increíble es nutrir y respetar el suelo.

Alimentamos el suelo con compost, estiércol, ortigas y preparados de consuelda y fertilizante líquido de algas. También preservamos su estructura. El cavado intensivo y los motocultores pueden alterar el delicado ecosistema del suelo, además de sacar semillas de malas hierbas a la superficie, donde pueden germinar; por eso utilizamos una horca aireadora, una herramienta sencilla para remover el suelo sin mezclar las capas, lo que mejora la aireación y el drenaje. Atacamos las malas hierbas a nivel superficial, cuando son muy pequeñas, con la azada y herbicidas térmicos. ¡De momento funciona! Desde que empezamos, la granja ha triplicado su tamaño, que ahora cubre 5 ha, y abastece a nuestros restaurantes de todos los productos frescos, además de mantener a las aves y el ganado. Los comensales que quieren verla, pueden visitarla (previa reserva).

La granja es una extensión de nuestras cocinas. Nuestro menú y nuestra forma de cocinar serían muy distintas sin ella. Nos permite estudiar cada variedad en cada etapa de su crecimiento y descubrir nuevos sabores. En el caso de la kale (*Brassica napus*) Red Russian, por ejemplo, al principio solo utilizábamos los brotes tiernos a principios del verano, pero luego decidimos utilizar toda la planta joven, seguida de las hojas y los tallos más grandes de la planta madura. A medida que madura, produce flores amarillas picantes y, finalmente, vainas de semillas dulces y tiernas.

Aquí también pueden cultivarse hierbas u hortalizas raras de cualquier parte del mundo. La menta negra (*Tagetes minuta*) es un buen ejemplo. Nativa de Sudamérica, tiene delicadas hojas en forma de pluma con un intenso sabor a manzana y a mentol. La sembramos desde principios de la primavera hasta finales del verano, y utilizamos las hojas pequeñas y tiernas crudas. Después de la última helada, la dejamos crecer mucho (unos 20 cm) y recolectamos las hojas más grandes para dar sabor a aceites, jarabes y sorbetes. Nuestro objetivo es cultivar ingredientes casi perfectos, en los que apenas tengamos que intervenir. Nuestro plato Ofrendas de Aynesome, por ejemplo, incluye 15 hortalizas y hierbas, pero se preparan de forma sencilla, o incluso se dejan crudas, para no alterar su personalidad.

Aplicamos varios métodos orgánicos para mantener la productividad durante los meses más fríos. Los túneles de doble revestimiento protegen las plantas de exterior y utilizamos telas de protección en todos los cultivos del interior de los politúneles. También aprovechamos el calor que genera el compost: se amontona contra los politúneles, que se recubren, y se deja que realice su trabajo. Cuando se calienta, no solo aísla sino que irradia calor al interior del túnel. Los «arriates calientes» nos permiten cultivar también en invierno; para construirlos, echamos tierra encima de una capa de estiércol fresco que genera calor al descomponerse.

Para ampliar la temporada de raíces y tubérculos, recurrimos a un antiguo método que consiste en guardarlos una vez cosechados en cajas de compost y arena para que se mantengan frescos y firmes. Y cuando las hortalizas aún están creciendo en los arriates, las cubrimos totalmente con heno y telas protectoras para que sobrevivan al frío. Luego llevamos las zanahorias, las remolachas, las chirivías y las raíces de acelga al interior y las dejamos en un lugar oscuro. De esta manera salen nuevas hojas tiernas de amarillos y rosas llamativos.

En L'Enclume, nos abastecemos de nuestro entorno y no importamos ingredientes, ¡ni siquiera limones! Estamos comprometidos con la sostenibilidad y aspiramos al residuo cero. Tenemos un sistema de compost caliente para los residuos de carne y pescado, que produce un compost grueso lleno de bacterias y hongos beneficiosos. Las valvas de los moluscos se machacan y se utilizan como grava. Incluso rociamos las bandejas de poliestireno con óxido metálico y las reutilizamos como macetas; son magníficas para cultivar zanahorias, ya que es fácil ponerlas a una altura de 60 cm para que la temida mosca de la zanahoria no las alcance.

Un equipo de cuatro agricultores se encarga a diario de Our Farm, pero también mis cocineros trabajan de vez en cuando la tierra. Es fundamental que se impliquen en el cultivo de los ingredientes. La jornada empieza cuando el equipo cosecha los productos del día para llevarlos a L'Enclume y Rogan & Co., nuestro segundo restaurante, situado también en el pueblo de Cartmel. Los ingredientes van del huerto a la mesa en menos de una hora. Nuestros brotes y plantas jóvenes se entregan en las cocinas «vivos», en bandejas llenas de tierra, para que estén lo más frescos posible y conserven el vínculo con la tierra.

VARIEDADES DE HORTALIZAS FAVORITAS

- Guisante (*Pisum sativum*) Cereza—Esta variedad enana es prácticamente autosuficiente y magnífica para campo abierto. La recolectamos muy tierna para obtener guisantes muy dulces que servimos crudos.
- Col (*Brassica oleracea*) Kalibos—Una magnífica col roja puntiaguda cuyo sabor dulce la hace perfecta para comer cruda. La cosechamos en otoño.
- Kale (*Brassica napus*) Red Ruble—Muy sabrosa, con hojas dentadas rojo sangre. La sembramos sucesivamente para cosechar las hojas tiernas y comerlas crudas de junio a febrero. El contenido de hierro es diez veces mayor que en otras variedades de kale.
- Alcachofa china (*Stachys affinis*)—Miembro de la familia de la menta que da tubérculos pequeños en forma de larva con sabor a frutos secos y textura firme.
- Morera negra (*Morus nigra*)—Un buen ejemplo de un fruto «olvidado» que no se comercializa porque su transporte es demasiado delicado. Su intenso sabor a vino es excepcional.
- Shiso (*Perilla frutescens*)—Hierba habitual en la cocina china y japonesa, nosotros utilizamos la variedad bicolor, que tiene un sabor floral característico que recuerda al chicle.

1. NABOS CON CREMA DE TOCINO Y CIRUELAS SALADAS

PARA 4 PERSONAS
CIRUELAS SALADAS
- 2 kg de ciruelas rojas cortadas por la mitad y deshuesadas
- 20 g de sal marina

CREMA DE TOCINO
- 200 ml de caldo de jamón
- 170 g de guanciale picado y sin corteza
- 1 g de goma xantana
- sal

SALSA DE CIRUELAS SALADAS
- 300 ml de zumo de nabo
- 50 g de tallos de hisopo de anís (*Agastache foeniculum*)
- 5 g de pasta de miso blanco
- 150 g de mantequilla sin sal
- 20 ml de zumo de Ciruelas saladas (véase arriba)
- 60 g de pulpa de Ciruelas saladas (véase arriba)
- 100 ml de nata líquida
- sal

NABOS
- 200 g de hojas de nabo blanco baby
- 200 g de suero de leche
- 20 g de mantequilla sin sal
- 24 nabos blancos baby lavados y con piel
- sal

PARA SERVIR
- 30 g de panceta crujiente
- 10 hojas de hisopo de anís pequeñas
- 5 flores de rábano

CIRUELAS SALADAS
Sale las ciruelas. Introdúzcalas en una bolsa de vacío, séllela y déjela a temperatura ambiente. Fermentarán después de 1 mes, más o menos. Cuando las ciruelas hayan fermentado (tendrán un sabor fuerte), cuélelas y reserve el zumo para la salsa de ciruelas saladas. Triture las ciruelas en un robot de cocina y páselas por un colador de malla fina.

CREMA DE TOCINO
Introduzca todos los ingredientes en una batidora y tritúrelos hasta obtener una crema fina. Sazónela. Refrigérela hasta el momento de servir y pásela a un dosificador de salsas.

SALSA DE CIRUELAS SALADAS
Lleve el zumo de nabo a ebullición en una cazuela y espume el caldo. Retire la cazuela del fuego, añada los tallos de hisopo de anís y déjelos infusionar unos 30 minutos.

Pase el zumo de nabo infusionado por una muselina sobre una cazuela limpia y llévelo a ebullición. Añada la pasta de miso, la mantequilla y el zumo y la pulpa de ciruelas. Tritúrelo todo con una batidora hasta obtener una salsa fina. Pásela por un colador de malla fina, sale e incorpore la nata. Triture la salsa con una batidora para que esté espumosa justo antes de servir.

NABOS
Ponga las hojas de nabo y el suero de leche en una Thermomix y triture a 60 °C durante 4 minutos. Pase la mezcla por un colador de malla fina sobre una olla y añada la mantequilla y un poco de sal. Llévela a ebullición, agregue los nabos y cuézalos 30 segundos. Escúrralos y resérvelos calientes.

PARA SERVIR
Divida los nabos entre 4 boles y añada unos puntos de la crema de tocino. Decore con la panceta crujiente, las hojas de anís de hisopo y las flores de rábano. Vierta un poco de la salsa de ciruelas saladas caliente en el último momento y sirva.

2. OFRENDAS DE AYNESOME

Para esta receta, escoja remolachas pequeñas, jugosas y firmes. Utilizamos cebollas tiernas (la variedad White Lisbon está muy bien). Los chiles rocoto tienen semillas negras y son dulces y jugosos.

PARA 4 PERSONAS
HILOS DE CERDO CRUJIENTES
- 1 panceta de cerdo
- aceite vegetal, para freír
- sal

REMOLACHAS
- 200 g de harina
- 100 ml de agua
- 100 g de sal
- 4 remolachas rojas sin pelar
- 4 remolachas doradas sin pelar

EMULSIÓN DE COLZA
- 3 huevos pasados por agua fríos y pelados
- un chorrito de vinagre de sidra
- 150 ml de aceite de colza
- sal

ACEITE AROMATIZADO
- 50 g de ajo picado
- 1 rocoto pequeño y picado, reserve la mitad de las semillas
- 215 ml de aceite de semillas de uva, y un poco más si es necesario
- 40 g de hojas de perejil
- 3 g de sal

DEL HUERTO
- 4 lechugas de hoja roja enteras
- 8 cebollas tiernas por la mitad y a la parrilla
- 8 rábanos Cherry Belle
- 8 manojos de habas
- 4 manojos de brassica
- 8 vainas de guisante pequeñas
- 8 hojas de hinojo de bronce
- 8 puntas de armuelle rojo
- 4 brotes de perifollo, con las flores
- 4 hojas de rábano picante, con las flores
- 8 flores de aliácea
- las flores de 3 ramas de tomillo
- 32 habas pequeñas

PARA SERVIR
- 1 cola de langosta de Cumbria, cocida y en trozos de 10 g
- Hilos de cerdo crujientes (véase arriba)

HILOS DE CERDO CRUJIENTES
Introduzca la panceta en una bolsa de vacío y cuézala despacio. Retírela y déjela enfriar. Saque la carne, parecerán hilos.

Precaliente el horno a 65 °C. Coloque los hilos de cerdo en una bandeja e introdúzcala en el horno. Una vez secos, fríalos en un poco de aceite vegetal y sale al gusto. Resérvelos en un recipiente hermético.

REMOLACHAS
Precaliente el horno a 175 °C.

En un bol grande, mezcle la harina, el agua y la sal para formar una masa. Pase la masa a una superficie de trabajo y aplánela para que tenga el tamaño de una fuente refractaria.

Coloque las remolachas sin pelar en la fuente y cúbralas con la masa. Hágalas con la sal en el horno 30-45 minutos, retírelas, deje que se enfríen un poco y pélelas.

EMULSIÓN DE COLZA
Coloque los huevos pasados por agua en una batidora con el vinagre y tritúrelos, añadiendo gradualmente el aceite de colza, para crear una emulsión. Sale al gusto y pase la mezcla a un dosificador de salsas.

ACEITE AROMATIZADO
Ponga el ajo, el rocoto y el aceite de semillas de uva en una cazuela y fríalos hasta que el ajo se dore. Pase la mezcla por un colador de malla fina y añada más aceite de semillas de uva para que vuelva a haber 200 g.

Escalde el perejil en una olla de agua hirviendo, refrésquelo en un bol de agua con hielo y escúrralo. Coloque el aceite de rocoto, el perejil y la sal en una batidora y tritúrelo hasta que obtenga un aceite de un color verde intenso. Ponga un bol dentro de otro más grande con hielo, pase el aceite por un colador de malla fina sobre el bol y bátalo con unas varillas hasta que esté ligeramente espeso.

PARA SERVIR
Divida los ingredientes del huerto, las remolachas y los trozos de langosta entre 4 boles, de forma atractiva. Escudille unos puntos de emulsión de colza y esparza varios hilos de cerdo crujientes por encima. Sirva el aceite aromatizado al lado y vierta un poco en el último momento.

1

2

Niko Romito

REALE
Castel di Sangro, los Abruzos, Italia

En 2011 el chef Niko Romito restauró Casadonna, un monasterio del siglo XVI en los Abruzos, Italia, y lo convirtió en la nueva ubicación de su restaurante Reale, con tres estrellas Michelin. Además de abrir su propia escuela de cocina y un pequeño hotel con encanto, en los últimos años se ha dedicado a cultivar los huertos abancalados y los árboles frutales autóctonos que constituyen la base de buena parte de su cocina, experimental y sumamente compleja.

Reale está en los Abruzos, en el centro de Italia, a un par de horas al este de Roma. Nos encontramos en las colinas del valle del Sangro, a unos 800 m sobre el nivel del mar, en un parque nacional impresionante. Es la región más verde de Italia.

El restaurante forma parte de la finca Casadonna, que tiene una superficie de 6 ha. Los huertos, situados justo delante de la cocina, ocupan unos 1300 m^2 dispuestos en grandes bancales con terraplenes de hierba y paredes de piedra seca que atraviesan la pendiente para controlar la escorrentía de agua y minimizar la erosión del suelo. Los huertos están rodeados de árboles frutales, como manzanos, perales, cerezos, ciruelos y melocotoneros, además de nogales, avellanos y almendros, y un colmenar para producir miel. También tenemos un viñedo experimental donde cultivamos uvas autóctonas como pecorino, riesling y pinot noir. En el huerto de hierbas cultivamos plantas aromáticas como romero, salvia, tomillo, melisa y citronela, además de diente de león, pimpinela, hinojo silvestre, cincoenrama y zanahoria silvestre.

Empezamos a cultivar el huerto en 2012 y, desde entonces, no hemos dejado de mejorarlo y perfeccionarlo. Tenemos una temperatura anual media de 11 °C y muchas lluvias, de modo que con nuestro ingeniero agrónomo, Maurizio Facchini, elegimos variedades que se beneficien de nuestro microclima. Desde el principio, el objetivo principal ha sido cultivar variedades autóctonas antiguas (características del lugar, con una larga relación con el *terroir*), como peras (*Pyrus*) San Giovanni, ajo rojo (*Allium sativum*) de la cercana Sulmona, tomates (*Solanum lycopersicum*) Pera D'Abruzzo y Saraceno, y plantas como el majuelo y el ciruelo, típicos de la zona.

El huerto garantiza una frescura absoluta y es una parte central de Reale. Describimos nuestra cocina como «aparentemente sencilla», aunque oculta una complejidad significativa: es el resultado de una investigación incesante sobre materias primas en la que nos centramos en unos cuantos ingredientes que expresan todo su poder en cada uno de los platos que preparamos.

Debido a esta sencillez, las plantas que se recolectan en el momento perfecto son la inspiración principal para la cocina. Por ejemplo, uno de nuestros platos insignia, Ensalada alcohólica de hierbas silvestres con crema de almendras, lleva 20 especies distintas de plantas comestibles que crecen en los alrededores de Casadonna; y la mermelada de fruta, que forman parte del desayuno de nuestros huéspedes, la hacemos con los zumos de frutas y hortalizas prensados en frío, sin azúcares añadidos.

Cultivamos ajo, apio, cebolla, berenjenas, calabacines, tomates, pimientos, coliflores, rábanos, remolachas, espinacas y hojas de ensalada. Trabajamos con muchas legumbres y verduras, con las que obtenemos resultados gastronómicos sorprendentes gracias a técnicas de cocción y procedimientos aplicados a su transformación, como nuestra Col de Milán asada, donde la col se asa, se sazona, se deja madurar y se cuece al vapor antes de servirse con una salsa elaborada con las hojas externas sobre una emulsión cremosa de patata.

La investigación que llevamos a cabo para muchos de los platos ha nacido de la fermentación, la extracción, la infusión y la contaminación en frío. Los platos del menú que realmente encarnan estos procesos son Espaguetis y tomate, Berenjena, tomate y caramelo de melocotón y Coliflor gratinada. En este último, la coliflor se cuece al vapor y la parte inferior se tritura en una crema que luego se destila y se reduce hasta obtener un glaseado. Después, se corta col cruda en juliana fina, se tuesta en una sartén y se tritura hasta que adquiere la textura del pan rallado. Por último, la parte superior de la coliflor cocida se asa hasta que queda ligeramente dorada. Para servir, ponemos el «pan rallado» en el plato, la coliflor encima cubierta con el glaseado y, por último, añadimos aceite infusionado con ajo.

Nos apasiona el mundo de las plantas y la increíble versatilidad de las materias primas. No quiero que el ingrediente se pierda en el plato, sino que explote en el paladar con toda su vitalidad. Nuestro objetivo es sacar el máximo partido de la calidad y la vitalidad de cada planta. No utilizamos ningún sistema mecánico o de protección en el huerto (como mallas de sombreo o invernaderos); cada día realizamos una comprobación manual de todas las plantas y hortalizas de los huertos y eliminamos uno a uno los insectos de las plantas y las hojas o las plantas afectadas por hongos u otra serie de patógenos.

Incidimos en la prevención y la puntualidad, así como en la observación constante, para limitar enfermedades. La rotación de cultivos es la base de nuestra rutina y los procedimientos como el cavado, que altera la estructura del suelo y saca a la superficie las capas profundas asfixiadas y estériles, se evitan por completo. Invertimos espacio, tiempo y recursos en hacer compost. Y evitamos utilizar productos sintéticos.

El huerto es una parte integral de la experiencia gastronómica y despierta profundas emociones en nuestros comensales y huéspedes. El gran encanto paisajístico y estético del lugar, la vegetación y sus aromas, los platos creados con las frutas y las hortalizas frescas que cultivamos aquí mismo y el proyecto arquitectónico hacen de Casadonna un sistema único donde la belleza y el sabor van unidos al bienestar y la salud, ofreciendo a nuestros clientes una experiencia excepcional.

UNA FILOSOFÍA ORGÁNICA

Interferimos lo menos posible en la naturaleza. Evitamos cavar hondo para no alterar la fertilidad del suelo y, por el contrario, utilizamos abonos biológicos en los periodos en que la tierra está en reposo. Cuando las plantas herbáceas han madurado, las troceamos y las dejamos en la tierra para que refuercen la salud del suelo, con lo que mejora la estructura y la fertilidad y también se evita la aparición de malas hierbas.

MERMELADAS SALUDABLES

Experimentamos continuamente con las opciones más saludables, tanto a la hora de cultivar como de cocinar. Cultivamos manzanas, peras, cerezas y ciruelas, además de variedades autóctonas de melocotones y nísperos, y las mermeladas de los desayunos llevan un porcentaje muy pequeño de azúcar (hasta el 7 %, según el dulzor de la fruta) y zumo de limón para cuajarlas. No usamos aditivos ni conservantes, por lo que deben consumirse en seis meses como máximo.

1. COL DE MILÁN ASADA

En este plato, la col, un ingrediente muy común y sencillo, adquiere una gran importancia gastronómica y una identidad propia. Tanto la col como el romero se cultivan en los huertos de Casadonna. La preparación se centra en respetar la textura y las fibras de la col. Primero, la col se ahúma sobre carbón, luego se marina con sal, vino y vinagre, se envuelve con papel de aluminio y se deja reposar durante 30 días. Después, el tronco se cuece al vapor y, finalmente, se asa en el horno. Las hojas de col exteriores se emulsionan con aceite de oliva y se extienden por los trozos del tronco cocido al vapor. El anís estrellado destilado aporta elegancia al plato, mientras que el extracto de romero potencia el sabor de la col y complementa perfectamente con la emulsión de patata.

PARA 4 PERSONAS
COL ASADA
- 1 col de Milán entera
- aceite de oliva virgen extra, para asar
- vino blanco
- vinagre de vino blanco
- sal

ANÍS ESTRELLADO DESTILADO
- 30 g de anís estrellado
- 200 ml de alcohol etílico
- 200 ml de agua

EXTRACTO DE ROMERO
- 200 g de hojas de romero

EMULSIÓN DE PATATA
- 200 g de patatas Ágata peladas
- 130 ml de aceite de oliva virgen extra
- 200 ml de agua

PARA SERVIR
- 16 gotas de Extracto de romero (véase arriba)
- unas gotas de aceite de oliva virgen extra
- unas gotas de Anís estrellado destilado (véase arriba)

COL ASADA
Lave la col y ásela entera en una barbacoa de carbón 10 minutos. Pésela, colóquela en una hoja de papel vegetal y úntela con abundante aceite de oliva. Sazone con sal, vino blanco (10 % del peso de la col) y vinagre de vino blanco (2 % del peso de la col). Envuélvala firmemente con papel vegetal y papel de aluminio y déjela en el frigorífico a 4 °C durante 30 días.

Pasados los 30 días, desenvuelva la col, retire las hojas exteriores y resérvelas. Corte el tronco por la mitad, envuélvalo firmemente con más papel vegetal y papel de aluminio y cuézalo en un horno de vapor a 110 °C durante 2 horas.

Vierta varias gotas de aceite en una sartén antiadherente y fría las hojas exteriores durante 20 minutos. Retírelas del fuego, déjelas enfriar y congélelas en una bolsa de plástico. Una vez congeladas, tritúrelas en una batidora hasta que tenga la textura de una emulsión espesa.

ANÍS ESTRELLADO DESTILADO
Coloque el anís estrellado y el alcohol en un destilador, vierta el agua y destile al vacío a 25 °C. Le costará unas 2 horas. Retírelo, páselo a una bolsa de plástico y guárdela en el frigorífico.

EXTRACTO DE ROMERO
Lave las hojas de romero y páselas por la licuadora. Introduzca el zumo en una bolsa de plástico y resérvelo en el frigorífico.

EMULSIÓN DE PATATA
Cueza las patatas en una olla de agua hirviendo. Cuando estén cocidas, déjelas enfriar, agregue el aceite y el agua y bátalas hasta obtener una mezcla fina. Pásela por un colador de malla fina, presionando, para crear una emulsión de una consistencia muy fina.

PARA SERVIR
Precaliente el horno a 160 °C y forre una bandeja de horno con papel vegetal.

Corte el tronco de la col en rodajas de 2 cm de grosor y colóquelas en la bandeja. Hornee durante 6 minutos. Reparta la emulsión de patata entre 4 platos y añada 4 gotas del extracto de romero en cada uno. Sale cada «filete» de tronco de col y colóquelo sobre la emulsión de patata. Añada unos 10 g de la emulsión de hojas de col, agregue una gotas del anís estrellado destilado y del aceite de oliva virgen extra.

2. ENSALADA ALCOHÓLICA DE HIERBAS SILVESTRES CON CREMA DE ALMENDRAS

En los alrededores de Casadonna se cultivan veinte tipos distintos de hierbas silvestres, que representan la identidad propia del lugar. Entre ellas, se encuentran: verdolaga, miscanto, cenizo, pamplina, cerraja, *picris echioides*, cardo, tusílago, escabiosa, pimpinela, amaranto, llantén menor, zanahoria silvestre, cincoenrama, alfalfa, heracleum, acedera, diente de león y rábano silvestre. La base está hecha solo de almendras, que se trituran en frío para hacer una crema fina. Por encima lleva hierbas silvestres locales rociadas con ginebra Monkey 47, lo que potencia la frescura y refuerza los aromas naturales de las hojas. Así el sabor tiene un toque de hierbas duradero y un golpe notable a alcohol. El extracto de salvia complementa todos los sabores, dando fuerza al conjunto, pero también a cada tipo de hoja. Probablemente, este es el plato que más representa al ecosistema natural de Casadonna, una auténtica «huella herbácea».

PARA 4 PERSONAS
CREMA DE ALMENDRAS
- 1 kg de almendras enteras peladas
- agua, para cubrir

EXTRACTO DE SALVIA
- 200 g de hojas de salvia

HIERBAS SILVESTRES
- 200 g de hierbas silvestres (véase introducción, arriba)
- 20 ml de Extracto de salvia (véase arriba)
- 30 g de aceite de oliva virgen extra
- 8 ml de vinagre de vino blanco (envejecido 7 años)
- unas gotas de ginebra Monkey 47

CREMA DE ALMENDRAS
Ponga las almendras en una batidora con agua suficiente para cubrirlas y tritúrelas hasta formar una crema. Pásela por un colador de malla fina sobre un bol para que quede suave y homogénea.

EXTRACTO DE SALVIA
Lave las hojas de salvia y páselas por la licuadora. Introduzca el zumo en una bolsa de plástico y resérvelo en el frigorífico.

HIERBAS SILVESTRES
Mezcle en un bol las hierbas silvestres con el extracto de salvia, el aceite de oliva, el vinagre de vino blanco y la ginebra.

PARA SERVIR
Reparta la crema de almendras entre 4 platos y corónela con las hierbas silvestres.

2

Ana Roš

HIŠA FRANKO
Kobarid, litoral esloveno, Eslovenia

En una casa de campo y una finca maravillosas de Eslovenia, tres generaciones viven y dirigen el restaurante de fama internacional Hiša Franko. Inspirada en el fértil valle de Soča, la chef Ana Roš crea un menú degustación nuevo cada noche con lo que recoge de los alrededores y compra a los productores de la zona ese mismo día. Los platos son estacionales. Detrás de la casa hay un riachuelo lleno de truchas y un huerto grande con hortalizas, hierbas y flores.

Mi suegra vivía en un pueblo de montaña y provenía de una gran familia y de un entorno muy humilde: la supervivencia con lo que la naturaleza proporcionaba en cada momento y lugar forma parte de ella. Se alimentaba a diario con los ingredientes que había en el huerto o que recolectaba en el campo, y con lácteos. Ella y mi suegro soñaban con comprar la antigua casa de campo que hoy es Hiša Franko, pero para ellos era importante que hubiera una parcela de tierra adyacente. En el lado izquierdo de la casa crearon estanques con truchas, alimentadas con agua de manantial; en la parte posterior está el huerto, distribuido en bancales puesto que el terreno hace pendiente. Puede que fueran soñadores, pero la única forma de vida que conocían era la que iba unida a la tierra. Aunque el huerto no era lo bastante grande para cubrir todas las necesidades del restaurante, nunca compraron una sola hortaliza para su uso personal. Mi marido se ha criado con esta filosofía, que respalda todo lo que hacemos en la actualidad.

Cuando mi marido Walter y yo nos quedamos a cargo de Hiša Franko en 2000, yo quería mantener la conexión íntima con la tierra que habían creado mis suegros Joži y Franko. Compraron la casa en 1970 y abrieron el restaurante tres años después, habiendo creado un huerto junto al restaurante para proveerse de algunos productos. También nos inspiramos en un amigo de mi marido, que tenía un huerto en su restaurante. Al principio nos suministraba sus productos, pero poco a poco empezamos a cultivar los nuestros.

Hiša Franko es una preciosa casa de campo donde tres generaciones viven en plantas distintas. Detrás de la casa hay un huerto de hierbas, flores y hortalizas, desde donde se escucha el animado riachuelo, donde viven las truchas de nuestro menú.

Construimos una bodega de vinos y quesos y, en lugar de añadir un sencillo tejado, la cubrimos con el huerto de hierbas: cuando sales del bancal vas a parar directamente a la bodega. Aquí cultivamos muchas plantas aromáticas, como manzanilla y estragón. Me encanta el estragón, pero no el estragón francés (*Artemisia dracunculus*) que todo el mundo conoce, sino una variedad de Centroeuropa que posee un intenso sabor balsámico. Es un ingrediente básico de la cocina eslovena y yo lo utilizo en muchos platos, sobre todo con carnes de caza. De entre los platos en los que lo utilizo, quizá mi favorito sea el postre Potita, donde se infusiona en crema agria, que luego se cuece en el horno para obtener una pasta parecida al brioche.

También cultivamos una gran variedad de judías, guisantes, endibias, patatas, pepinos y calabacines, además de diez tipos diferentes de tomates, berenjenas y pimientos. La fruta es otra de mis pasiones: tenemos muchos frutos rojos, así como ruibarbo y manzanos, ciruelos y perales que ya estaban aquí cuando llegaron mis suegros. Tenemos el privilegio de recolectar la fruta justo antes del servicio para presentarla en su momento óptimo. Estoy especialmente enamorada de las grosellas negras. Hace poco las utilicé en una receta que lleva carne de oso y trucha. Preparamos una ensalada de grosellas negras y rojas aliñada con enebro verde en polvo, aceite de enebro verde, miel y huevas de trucha, que añadieron al plato las notas agridulces tan características de la cocina vienesa y centroeuropea.

Somos conscientes de que no podemos ser autosuficientes, pero en Eslovenia, todo el mundo tiene un huerto, todo el mundo es recolector. No es una cuestión de modas: somos campesinos por una cuestión cultural. La gente siempre ha vivido muy cerca de la naturaleza. Incluso en las ciudades hay muchas zonas verdes donde la gente cultiva sus propias hojas de ensalada y hortalizas. Es de lo más habitual adquirir productos en el vecindario a lo largo del año; el otro día, sin ir más lejos, le compré cuatro variedades de melocotones y endibias a un vecino.

En Eslovenia trabajamos el huerto de forma distinta a muchas otras culturas. Es una horticultura menos formal, más agreste que la mayoría. Las plantas espontáneas (malas hierbas y otras rarezas) son bienvenidas, pues forman parte de lo que hacemos. En mis ensaladas no puede faltar la verdolaga, por ejemplo, pero no es algo que cultive intencionadamente.

Los huertos y el campo no solo sirven para comer, sino también por sus propiedades curativas. Algunos de los huéspedes que se alojan en nuestras habitaciones pueden asomarse al huerto: forma parte de qué y quiénes somos e invitamos a todo el mundo a dar un paseo por él. Si tenemos tiempo, les hacemos una visita guiada, así les explicamos qué cultivamos y cómo nos gusta utilizarlo.

Nuestro clima es puro *rock and roll*: mitad alpino y mitad mediterráneo, con lluvias abundantes, mucha humedad y grandes fluctuaciones de temperatura. Nuestros vientos pueden congelar el suelo profundamente y durante largo tiempo; hasta el ruibarbo se rinde a veces. Pero también hay inviernos suaves y fáciles en los que nos quitamos las chaquetas en febrero y marzo. Incluso en este clima tan impredecible podemos averiguar qué funciona bien y qué no tanto. Por desgracia, el romero, que crece tan a gusto cerca del Mediterráneo, funciona bastante bien aquí, pero su sabor y su aroma carecen de intensidad, así que cultivamos otras plantas que se adaptan mejor al clima, como nuestro estragón autóctono.

El huerto lo siguen llevando principalmente mis suegros, aunque yo también colaboro, mi hijo ayuda a regar en verano y todo el equipo de la cocina echa una mano una o dos veces por semana. No me crié en las montañas y no dependía de la naturaleza para comer, pero he aprendido pequeños trucos de cómo nuestro huerto puede estar aún más arraigado en las tradiciones y en la naturaleza.

USO DE MÉTODOS TRADICIONALES

Para plantar los huertos, mis suegros siguieron normas y creencias de otros tiempos. Mi suegra tiene muchos conocimientos sobre el uso de plantas, flores y malas hierbas que hace mucho que quedaron en el olvido. Cuando plantan, miran al cielo, siguen el calendario lunar y plantan flores y hortalizas juntos, como especies complementarias, para que se ayuden mutuamente. Hay una zona de compost enorme; los posos de café se aprovechan como fertilizante, las cáscaras de huevo para evitar los caracoles y las pieles de cebolla y ajo cubren todo el huerto (todavía no he averiguado exactamente cómo funciona todo esto, pero funciona). A mí me apasionan estos conocimientos, transmitidos de generación en generación, y quienes los siguen. Un huerto es una simbiosis entre lo antiguo y lo nuevo. Tenemos que aprender a escuchar antes de plantearnos tener uno propio.

KOM·POST-NOVI
NEW
COMPOST

1. EL CONEJO QUE QUIERE SER UN POLLO MEXICANO

PARA 8 PERSONAS
ROLLITOS DE CONEJO
- 2 pieles de un pollo entero (pídaselas a su carnicero)
- 1 conejo entero de 2 kg (incluido el hígado, si es posible, o cómprelo aparte)
- 1 clara de huevo
- 100 ml de nata espesa
- 2 ramas de estragón
- 2 hojas de alga nori
- aceite de cacahuete

SALSA DE CONEJO
- aceite neutro, para freír
- 3 zanahorias grandes, con los tallos
- 2 cebollas amarillas grandes picadas gruesas
- 4 ramas de apio picadas gruesas
- 200 ml de vino tinto
- 2 anises estrellados
- 3 clavos
- 1 pimienta larga
- 1 guindilla pequeña deshidratada
- 1 rama de canela
- 50 g de chocolate negro (70 % de cacao)

ZANAHORIAS ASADAS
- 1 zanahoria grande, con los tallos
- 1 zanahoria morada grande, con los tallos
- 1 zanahoria blanca grande, con los tallos
- 1 zanahoria amarilla grande, con los tallos
- 100 g de aceite de oliva
- 30 g de salvia
- 100 g de mantequilla

GEL DE ALBARICOQUE
- 4 hojas de gelatina
- 500 ml de zumo de albaricoque fresco
- 3 g de agar-agar

PESTO DE TALLOS DE ZANAHORIA
- 4 tallos de zanahoria (véase arriba)
- 300 g de almendras saladas peladas

PARA SERVIR
- sal Maldón
- flores de hibisco, para servir (opcional)

ROLLITOS DE CONEJO

Coloque las pieles de pollo planas sobre una tabla de cortar con el lado de las plumas hacia abajo. Raspe el exceso de grasa de la piel. Con cuidado, estire las pieles y resérvelas.

Retire el hígado con cuidado (si no lo ha quitado ya) y los lomos del conejo y resérvelos para el relleno. Separe la carne del vientre de las costillas, procurando que sean lo más grandes posible. Ponga las dos piezas obtenidas entre hojas de papel transparente y golpéelas con un ablandador de carne hasta que queden finas.

Corte los lomos y el hígado y congélelos hasta que estén duros por fuera pero sin que se lleguen a congelar del todo. Tritúrelos en un robot de cocina con la clara de huevo, la nata, las ramas de estragón y la sal hasta obtener una pasta. Divida la pasta del relleno entre las piezas aplastadas y enróllelas para formar dos rollitos. Enrolle a su vez cada rollito con una hoja de alga nori y después con la piel de pollo. Envuelva cada rollito firmemente con film transparente y dos capas de papel de aluminio. Resérvelos.

SALSA DE CONEJO

Caliente un poco de aceite neutro en una fuente refractaria, añada el resto del conejo y fríalo a fuego medio hasta que empiece a tomar color.

Mientras, lave y parta 2 de las zanahorias grandes (reservando los tallos). Agréguelas a la bandeja junto con la cebolla y el apio y áselas 5 minutos más con los huesos. Desglase la bandeja con el vino tinto, despegando los rastros adheridos al fondo. Cúbrala con agua, llévela a ebullición, baje el fuego y cueza durante 6-8 horas.

Cuele el caldo resultante sobre una cazuela, añada el anís, los clavos, la pimienta larga, la guindilla y la canela. Redúzcalo a la mitad y vuelva a colarlo. Añada el chocolate negro y triture con una batidora. Deje que la salsa se enfríe y resérvela.

ZANAHORIAS ASADAS

Precaliente el horno a 170 °C. Lave las zanahorias. Quite los tallos y resérvelos para el pesto. En una fuente refractaria, cubra ligeramente las zanahorias con aceite de oliva y agregue la salvia. Hornéelas 15-20 minutos o hasta que estén tiernas. Retírelas del horno y córtelas en cuartos a lo largo. Resérvelas.

GEL DE ALBARICOQUE

En un bol con agua fría, ponga en remojo la gelatina hasta que esté blanda.

Lleve el zumo de albaricoque a ebullición en una cazuela. Añada el agar-agar y cuézalo 30 segundos, retírelo del fuego y agregue la gelatina. Vierta la mezcla en bandejas y resérvela para que se enfríe y se solidifique. Tome un cortador redondo pequeño y corte círculos del gel. Resérvelos.

PESTO DE TALLOS DE ZANAHORIA

Triture los tallos de las zanahorias asadas en una batidora con las almendras hasta que obtenga un pesto desmenuzado.

PARA SERVIR

Cueza los rollitos, envueltos, en una olla de agua hirviendo 10 minutos. Mientras, caliente las zanahorias asadas en una sartén con la mantequilla. Caliente la salsa de conejo en otra sartén, con cuidado de no quemarla (es más difícil calentarla si lleva el chocolate). Saque los rollitos del agua y retire los envoltorios. Páselos a una sartén antiadherente caliente con un poco de aceite y fríalos, dándoles la vuelta de vez en cuando para asegurarse de que la piel de pollo queda crujiente. Retire los rollitos y córtelos por la mitad. Sale con sal Maldón.

Ponga los círculos de gel de albaricoque en platos y cúbralos con el pesto de tallos de zanahoria. Coloque cada tipo de zanahoria y un rollito encima y nápelos con la salsa de conejo. Nosotros añadimos unas cuantas flores de hibisco de nuestro jardín (son comestibles) porque creemos que eso es lo que llevaría un conejo que quiere ser un pollo mexicano.

2. PLANTAS SILVESTRES

PARA 8 PERSONAS
CREMA DE ESPÁRRAGOS TRIGUEROS
- 30 g de aceite de oliva
- 60 g de mantequilla
- 40 g de chalotas picadas
- 500 g de espárragos trigueros, con las puntas cortadas y reservadas y los tallos en trozos pequeños
- 20 g de vino blanco
- 50 g de clorofila de espinacas
- 45 g de aceite de pipas de calabaza
- sal

CREMA DE SALCHICHAS DE CERDO
- 1 kg de salchichas de cerdo locales (sin ahumar y semisecas)
- 300 g de leche entera
- 300 g de nata espesa
- 150 g de queso crema casero

CHICHARRÓN
- 250 g de salchichas de cerdo locales, sin ahumar, semisecas y en trozos pequeños

PLANTAS SILVESTRES
- 100 g de espárragos trigueros en puntas de 5 cm
- 50 g de puntas de espárragos (véase arriba)
- 200 g de plantas silvestres y del huerto, como milenrama, flor de ajo silvestre, endibias del huerto, hojas de borraja, hojas de rábano del huerto, acedera silvestre y del huerto, hojas frescas de tilo, violetas silvestres y del huerto

CREMA DE ESPÁRRAGOS TRIGUEROS

Caliente el aceite y la mantequilla en una sartén, añada las chalotas y saltéelas hasta que estén transparentes. Agregue los espárragos y saltéelos hasta que estén tiernos. Vierta el vino blanco, llévelo a ebullición y cueza hasta que se reduzca. Pase la mezcla en un bol y realice un baño maría inverso.

Triture la mezcla en la Thermomix hasta obtener un puré fino. Añada la clorofila de espinacas para mantener el color del puré. Agregue el aceite de pipas de calabaza y emulsione. Pase a un recipiente y sale.

CREMA DE SALCHICHAS DE CERDO

Triture en la Thermomix a 50 °C 10 minutos.

CHICHARRÓN

Fría la salchicha en una sartén a fuego medio hasta que la grasa se derrita, removiendo para que no se pegue. Baje el fuego al mínimo y cueza la salchicha hasta que esté crujiente. Cuele la grasa y resérvela para saltear las plantas silvestres.

PLANTAS SILVESTRES

Escalde los espárragos en agua 3 minutos y páselos a un bol de agua con hielo. Escúrralos y séquelos. Ponga 1 cucharada de la grasa de cerdo en una sartén caliente y, cuando salga humo, añada los espárragos. Saltéelos, agregue las puntas de los espárragos y las plantas. Saltéelos 5 segundos. Retírelos del fuego y sálelos.

PARA SERVIR

Escudille la crema de espárragos y la de salchichas en platos. Con un plato llano pequeño, presiónelas con cuidado para darles un efecto artístico. Añada las plantas silvestres salteadas y el chicharrón.

1

Ben Shewry

ATTICA
Ripponlea, Victoria, Australia

El chef Ben Shewry se crió en la Nueva Zelanda rural, rodeado de naturaleza, influido por las tradiciones maoríes e inspirado en la autosuficiencia bucólica de su familia. En su prestigioso restaurante Attica de Melbourne, Shewry ha escrito un nuevo capítulo sobre los productos autóctonos de su país y se ha convertido en un auténtico defensor de la cocina australiana de vanguardia. En 2011, creó su propio huerto junto al restaurante para profundizar todavía más en el conocimiento de los productos de su tierra y ahora cultiva también en varias parcelas de Rippon Lea Estate.

Attica se encuentra en Ripponlea, un pequeño barrio periférico del sudeste de Melbourne, en Australia. El restaurante depende de un pequeño huerto de hierbas que tiene al lado y una serie de parcelas en Rippon Lea Estate, Elsternwick, una mansión cercana declarada patrimonio nacional, que fue construida en 1868 y ocupa aproximadamente 5,5 hectáreas.

Creamos nuestro primer huerto en Attica en 2008, en la parte de atrás del restaurante, donde antes había un aparcamiento. Construimos cuatro grandes arriates elevados cuadrados, echamos la tierra y probamos suerte como horticultores. La idea del huerto surgió a raíz de mi frustración con la calidad variable que tenían las hierbas, las verduras y las flores comestibles y la falta de variedad de los proveedores. Empezamos con unas tomateras y fue un desastre. Ahora tenemos dos huertos independientes (en Attica y Rippon Lea Estate), con una superficie total de 2500 m^2.

Mi relación con la horticultura comenzó en la infancia. Mi madre, Kaye, tenía un gran huerto en la granja donde me crie, en Awakino, una zona rural de Nueva Zelanda. Nos proporcionaba casi todo lo que necesitábamos para comer. Cuando empecé a trabajar en el huerto de Attica, me di cuenta de lo mucho que había aprendido, y todavía hoy sigo aprendiendo, de mi madre.

Un año después de poner en marcha nuestro huerto en Attica, conocí a Justin Buckley, el jefe de horticultura del National Trust. Casualmente le pregunté si había alguna posibilidad de que pudiéramos tener un huerto en Rippon Lea Estate (declarada patrimonio nacional por el National Trust y a dos minutos a pie de la parte de atrás del restaurante). Me contestó enseguida diciendo: «Siempre quisimos que tuvieras un huerto en Rippon Lea, pero no sabíamos cómo planteártelo». Fue extraño que los dos pensáramos lo mismo al mismo tiempo pero fuéramos tan reacios a comunicarnos.

En los últimos años, nos hemos hecho cargo progresivamente de varias parcelas en Rippon Lea, donde cultivamos gran parte de nuestros ingredientes. También tenemos acceso al huerto de árboles frutales, con unas cien variedades antiguas de manzanas y peras. En 2010, nos encargamos de una superficie de 400 m^2. No era el arriate elevado perfecto, sino solo una extensión de césped que desenterramos. Rippon Lea Estate está a menos de 2 km de la bahía de Port Phillip, por lo que el suelo tiende a ser arenoso. Supuso mucho esfuerzo dejarlo en condiciones (con compost, mantillo y estiércol), pero mereció la pena. En el suelo pobre cultivamos plantas resistentes, como ajo, tomillo, ajenjo y salvia piña (*Salvia elegans*) y, en el más productivo, especies exigentes como habas y mostaza.

Diez años después de la experiencia fallida con las tomateras, puedo decir que ahora las cultivamos con total confianza. La primera vez fracasamos a causa del suelo. Por entonces no sabíamos nada: no puedes echar tierra en un arriate, plantar tomateras y esperar que crezcan. Son plantas muy exigentes que requieren mucha más atención de la que les presté. Desde entonces hemos tenido dos temporadas muy buenas y hace poco el restaurante se abasteció durante tres meses solo con tomates de nuestros arriates.

Los primeros nueve años, nuestros cocineros y otros miembros de la plantilla nos echaron una mano en el huerto. Ahora es demasiado extenso, así que tenemos dos horticultores a tiempo completo que se encargan de compostar, cultivar y mantener el huerto. El equipo de cocina lo visita a diario para cosechar los ingredientes.

Lo que más me interesa son las plantas comestibles autóctonas de Australia, muchas de las cuales —como la nuez de macadamia (*Macadamia integrifolia*), el pino ciruelo (*Podocarpus elatus*) y la cereza (*Syzygium paniculatum*)— llevan creciendo en el huerto de Rippon Lea desde hace más de cien años. Mi interés por estas plantas viene marcado por la infancia: crecer con la cultura maorí y la comida maorí, las costumbres maoríes y toda la historia que nos inculcaron de niños. Justin sabía mucho de las plantas nativas de Rippon Lea, así que fue de gran ayuda. Después indagué en sus usos originarios antes de utilizarlas en la cocina de Attica.

Bruce Pascoe, un escritor australiano del pueblo bunurong, ha inspirado mi investigación de estas plantas. Bruce me dio las primeras semillas de ñame margarita (*Microceris lanceolata*) que había visto en mi vida. El murnong fue un alimento básico para los bunurong en esta zona y, antes de la colonización, su cultivo era muy abundante en los alrededores. Cuando sembramos nuestras propias semillas de murnong hace unos años, era la primera vez que se hacía en estos suelos desde que se fundó la finca hace 140 años. Cultivar esta planta con una impronta cultural tan definida y servirla a nuestros comensales es algo realmente especial. Es deliciosa, con pequeños tubérculos parecidos al ñame, y los tallos, las hojas y las flores también se comen. Servimos el murnong completo para poder apreciar la planta en todo su esplendor.

Hemos hecho el huerto de Attica mucho más pequeño porque ahora damos de cenar todas las noches. Se ha convertido en una especie de huerto de exposición, con solo unos cuantos arriates elevados y algunas hierbas. Puedes decir a los comensales que cultivas productos y los recolectas a diario, pero, si no lo ven, no siempre establecen mentalmente esta conexión. Cuando los llevamos fuera, se dan cuenta de que realmente es verdad.

Es muy saludable pasar un tiempo al aire libre cada día, haga sol o llueva. También es vital que los cocineros entiendan lo difícil que es cultivar la tierra. Si has participado en el cultivo de algún producto, lo valoras de otra manera. Para un chef puede ser difícil enseñar a los cocineros jóvenes, pero, cuando se implican en el proceso, tienen una perspectiva mucho más amplia.

CALIDAD DEL SUELO

Uno de los factores fundamentales de la horticultura es garantizar la calidad del suelo. No basta con sembrar algo y esperar que crezca; las condiciones del suelo determinarán el éxito de todo lo que se plante. Llevará tiempo y trabajo conseguir un suelo con buenas condiciones, pero, con la ayuda de un buen compost, mantillo y estiércol, el resultado compensará con creces el esfuerzo.

Si se ocupa del suelo, la consecuencia primera y más importante es que las plantas crecerán. No trate de cuidar la planta, atienda el suelo. Prepare compost, añádalo y rote los cultivos. Si planta lo mismo repetidamente en el mismo lugar, los resultados serán desastrosos, sobre todo la segunda o tercera vez. Las plantas se debilitarán, rendirán poco y serán más vulnerables a las enfermedades.

VARIEDADES DE PLANTAS AUTÓCTONAS COMESTIBLES FAVORITAS

Hierbas:

- Orégano autóctono—Muy aromático, con un sabor potente y ligeramente medicinal, pero una textura suave. Lo servimos con otros ingredientes autóctonos, como canguro y semillas de acacia. Es una planta perenne, por lo que se puede utilizar todo el año.
- Mirto limón (*Backhousia citriodora*)—Con un refrescante aroma cítrico, funciona bien como condimento, pero su uso depende de la creatividad de cada uno. Delicioso con marisco y en elaboraciones dulces.
- Menta australiana (*Mentha australis*)—Con aroma y sabor parecidos a la hierbabuena, crece en verano y prospera en suelos húmedos. Puede usarla siempre que necesite aportar un toque picante.

Frutas y frutos rojos:

- Cereza magenta (*Syzygium paniculatum*)—Baya rosa de pulpa consistente cuyo sabor recuerda a la manzana o la pera.
- Pimienta de Tasmania (*Tasmannia lanceolata*)—Bayas negras pequeñas con un sabor a pimienta intenso y picante con matices herbáceos. Se utilizan las hojas, los tallos y las bayas. Se adapta a climas fríos y alpinos.
- Pino ciruelo (*Podocarpus elatus*)—Da frutos carnosos púrpura oscuro con una textura similar a la uva y un sabor semidulce suavemente resinoso.

1. ZANAHORIAS TIERNAS

PARA 6 PERSONAS
ZANAHORIAS TIERNAS
- 2 litros de agua
- 40 g de sal fina, y un poco más para espolvorear
- 40 g de azúcar superfino, y un poco más para espolvorear
- 3 zanahorias
- aceite de colza
- hojas de pimiento frescas

ACEITE DE ZANAHORIA
- 20 zanahorias
- 40 g de aceite de semillas de uva
- una pizca de sal fina

PASTA DE HUEVO AHUMADO
- 3 huevos grandes
- 6 g de aceite de colza
- 15 g de ajo en rodajas finas
- 15 g de chalotas en rodajas finas
- 4,5 g de azúcar de coco
- 5,5 g de pasta de tamarindo
- 2½ cdtas. de vinagre de sidra dulce
- ½ manojo de estragón
- zumo de limón, al gusto
- 1-2 cdas. de salsa de pescado
- sal fina

PARA SERVIR
- vinagre de Chardonnay
- sal marina en escamas
- hojas de pimiento frescas

ZANAHORIAS TIERNAS
En una olla grande, lleve el agua a ebullición con la sal y el azúcar. Añada las zanahorias y cuézalas hasta que estén tiernas, pero con textura. Escúrralas y póngalas en una bandeja grande. Úntelas con una cantidad generosa de aceite de colza y espolvoree por encima un poco más de sal y azúcar.

Llene un ahumador con pellets de madera y caliéntelo a 129 °C. Cubra la rejilla con hojas de pimiento, coloque las zanahorias encima y déjelas de 17 a 20 horas. Deles la vuelta cada hora para que se caramelicen por todas partes.

ACEITE DE ZANAHORIA
Corte las zanahorias en rodajas finas con una mandolina y deshidrátelas toda la noche en un deshidratador o en un horno a 70 °C. En una Thermomix, triture 30 g de las zanahorias deshidratadas hasta conseguir un polvo fino. Añada el aceite de semillas de uva al polvo de zanahoria y tritúrelo a velocidad 2 durante 25 minutos. Para terminar, agregue la sal. Resérvelo a temperatura ambiente hasta el momento de servir. Para esta receta, solo se necesita el 10 % de la cantidad preparada; reserve el resto para otra preparación.

PASTA DE HUEVO AHUMADO
Cueza los huevos en una olla de agua hirviendo durante 8 minutos y páselos inmediatamente a un bol de agua con hielo. Golpee suavemente los huevos por los lados, pero sin llegar a romper totalmente la cáscara. Colóquelos en una bandeja para ahumar y ahúmelos sobre astillas de madera durante 16 minutos (8 minutos por cada lado). Pélelos cuando todavía estén calientes y resérvelos.

Caliente el aceite de colza en una sartén, añada las rodajas de ajo y chalota y sofríalas hasta que estén muy blandas pero sin llegar a dorarse. Agregue el azúcar de coco y sofría un par de minutos, añada después la pasta de tamarindo y mezcle bien antes de desglasar la sartén con el vinagre de sidra dulce. Sofríalo todo otros dos minutos, retírelo del fuego y resérvelo.

Ponga los huevos ahumados en una batidora con la pasta de chalota y ajo y triture hasta obtener una textura homogénea. Pase la mezcla por un chino y déjela enfriar.

Separe las hojas de estragón del tallo y tritúrelas con la pasta de huevo fría en una Thermomix a máxima velocidad hasta que la mezcla esté de un color verde claro. Sazone con sal, una cantidad generosa de zumo de limón y la salsa de pescado.

PARA SERVIR
Coloque la pasta de huevo ahumado en un ramequín y dibuje una espiral con el aceite de zanahoria. Corte las zanahorias por la mitad a lo largo. Alíñelas con el vinagre de Chardonnay y la sal en escamas. Ponga las zanahorias en un plato sobre las hojas de pimiento frescas y levante algunas para dar sensación de volumen.

1

Takayoshi Shiozawa

CAINOYA 1931
Kagoshima, Kyushu, Japón

Ubicado en Kagoshima, Japón, cainoya 1931 es uno de los restaurantes italianos más reputados del país. Los productos orgánicos del restaurante, que solo tiene ocho mesas, proceden del huerto, situado en las montañas a las afueras de la ciudad y del que se encarga el padre del chef, Takayoshi Shiozawa. La cocina contemporánea de Shiozawa trabaja con ingredientes tradicionales italianos y evoluciona a tenor de los cambios estacionales del huerto. El menú se renueva a diario y el chef decide personalmente los platos que sirve a los comensales.

El huerto y el restaurante han pertenecido a mi familia desde hace tres generaciones. Mis abuelos se trasladaron aquí, a Kagoshima, en 1931 y abrieron un restaurante llamado Kai no ya Shokudo. Dos generaciones después, cuando quise abrir mi restaurante de cocina con influencias italianas, decidí respetar el nombre, pero cambié la «K» de Kainoya por una «C» (porque la letra «K» no forma parte del alfabeto tradicional italiano). El restaurante se trasladó a su ubicación actual en 2005. Es un lugar pequeño (de solo unos 100 m^2) y normalmente tenemos solo seis mesas para comer y ocho para cenar. Soy el único cocinero, pero mi hija trabaja conmigo como asistente.

El huerto, situado en las montañas a las afueras de la ciudad, a unos 20 minutos por carretera del restaurante, pertenece a mi familia desde la época de mis abuelos. Ahora es mi padre quien se encarga de él con la ayuda de mi madre. Es muy importante para mi familia y para mí como cocinero. Toda la identidad de mi restaurante está arraigada en las hortalizas frescas que cultivamos allí.

Esta estrecha relación entre el restaurante y el huerto surgió por necesidad. Hace mucho que soy un apasionado de la cocina italiana y abrí cainoya 1931 en 2005 como un restaurante esencialmente italiano. Aunque, por entonces, todavía no tenía un estilo definido. Aprendí cocina italiana de manera autodidacta con libros de cocineros italianos e importé muchos ingredientes foráneos, como rúcula, perejil de hoja rizada, hinojo, endibia, achicoria roja, romanesco, *puntarelle* (un tipo de achicoria) y *cime di rapa* (grelos). Pero era costoso y las hortalizas no llegaban en perfecto estado. Además, pasaba por apuros económicos: cuesta ganar dinero con un restaurante de alta cocina en la Kagoshima rural. Trabajé mucho para desarrollar mi talento culinario, pero, incluso así, llegué a un punto en que el flujo de efectivo era tan malo que no podía comprar los ingredientes que quería. Así que empecé a pensar en las hortalizas del huerto de mi padre. Me pregunté qué tipo de platos podía preparar con los ingredientes que tenía a mano. Eso cambió mi filosofía de la cocina.

Empecé a buscar un modo de reinterpretar las recetas italianas que más me gustaban con nuestros ingredientes frescos de cosecha propia. Había hortalizas tradicionales japonesas como el nabo y el rábano, pero también empecé a plantar mis variedades europeas preferidas. Algunas, como la rúcula y el calabacín, fueron todo un éxito. Ahora hago un tipo de cocina italiana interpretada y adaptada desde un punto de vista japonés. Por ejemplo, preparo una *panna cotta* salada condimentada con cebolla tierna del huerto y la masa de mi *focaccia* incorpora boniato. Preparo con frecuencia dashi, un caldo tradicional japonés aderezado con bonito deshidratado y alga kelp, pero además le añado grasa de panceta. Otro plato fundamental del menú es mi *vichyssoise*, elaborada con nuestras patatas nuevas. También tenemos cuatro tipos de pasta fresca, dos de los cuales varían según la estación. El menú va cambiando en función del huerto.

Mi padre está convencido de que tenemos que apostar por la agricultura orgánica. Una vez le sugerí que utilizáramos una pequeña cantidad de agroquímicos, pero él me preguntó: «¿Tú te beberías un producto químico?». Así que no los utilizamos. ¡Pero ojalá encontráramos otro método válido para mantener a los insectos alejados de las hortalizas! La horticultura orgánica es exigente. Mi padre dedica buena parte de la jornada a deshierbar. En una ocasión intentamos aplicar capas de mantillo en primavera, para evitar la proliferación de malas hierbas, pero el suelo se calentaba demasiado y las plantas crecían muy deprisa.

Dejamos que la naturaleza siga su curso en la medida de lo posible. En lugar de regar, por ejemplo, dependemos de la lluvia. El clima en Kagoshima es muy extremo. Es muy caluroso y húmedo y suele haber tifones. Además, la ceniza volcánica lo invade todo porque tenemos cerca el volcán Sakurajima, que sigue activo. Este entorno no es apto para todos los cultivos, estamos inmersos en un proceso constante de ensayo y error en el que probamos plantas nuevas y vemos cuáles dan buenos resultados. Uno de los cultivos que funcionan mejor es la rúcula, que dejamos florecer para que eche semillas. La cosecha es muy abundante entre otoño y principios de verano. La remolacha también es un cultivo fijo, igual que la berenjena en verano y el boniato en otoño. Me encantan las alcachofas de Jerusalén y los sabrosos nabos dulces que cosechamos en invierno. Cultivamos también varios tipos de coles y tenemos hierbas en abundancia, como albahaca, citronela y distintas variedades de menta, con las que preparo infusiones para nuestros comensales.

Hay muchas variedades que no se adaptan al entorno, algunas semillas que hemos probado a lo largo de los años ni siquiera han brotado. El apionabo, por ejemplo, fue un desastre absoluto. Una vez conseguí que una plántula de vid italiana saliera adelante, pero no pude recolectar ni un solo fruto y tuve que abandonar la idea. En cierto modo, todavía somos unos aficionados, pero aprendemos continuamente. Mi padre trabaja mucho. Está en el huerto casi a diario, a menudo de la mañana a la noche, e investiga constantemente acerca de los métodos de cultivo. Al contrario que muchas granjas, donde los agricultores no saben quién se come sus hortalizas, mi padre sabe que va a utilizarlas su hijo. Creo que por eso se esmera tanto.

A pesar del esfuerzo y la incertidumbre, para mí el huerto no es solo un lugar de inspiración, sino también de rejuvenecimiento. Cuando voy a visitarlo, pongo en el coche mi música *rock* favorita a todo volumen. En cambio, a la vuelta, no pongo música... Estoy tranquilo. El huerto me relaja y me ayuda a hacer *reset*. Es una de sus muchas cualidades maravillosas.

UNA NUEVA FORMA DE COCINAR HORTALIZAS

Técnicamente, mi comida fusiona modernidad y tradición. Uno de mis artilugios favoritos es la Gastrovac, porque me permite cocinar al vacío a temperaturas muy inferiores a las habituales. Es una manera fantástica de mantener la estructura delicada de los productos frescos; incluso la de ingredientes muy frágiles como la lechuga. Otra característica fundamental es que la expulsión de vapor crea una presión que obliga al líquido de cocción a penetrar en los alimentos, con lo que ganan en humedad y sabor. Este efecto de «impregnación» está detrás de uno de mis platos insignia, la Ensalada de cristal. Cuezo verduras en la Gastrovac y luego, con la expulsión del vapor, el líquido de cocción (agua mineral) penetra en los ingredientes. Las hortalizas cocinadas de esta forma quedan brillantes y translúcidas, como bonitas joyas, con un sabor muy intenso y una textura crujiente y jugosa a la vez. Con la Gastrovac también cocino nuestros nabos de invierno, que se impregnan de un caldo que hago con las hojas y la piel.

1. SOPA DE MAÍZ

PARA 10 PERSONAS

- 10 mazorcas de maíz recolectadas por la mañana, con las hojas intactas y reservadas en agua helada
- leche (4-5 % de materia grasa), para cubrir
- aceite de oliva virgen extra, para rociar
- sal

Sumerja las mazorcas de maíz, con las hojas intactas, en agua electrolizada ligeramente ácida para esterilizarlas.

Hornee la mitad de las mazorcas, con las hojas, en un horno de vapor combi a 170 °C y una humedad del 15 %.

Cueza al vapor el resto de mazorcas a 85 °C y enfríe todas de inmediato (cocidas y horneadas) en un abatidor. Deseche las hojas y raspe los granos.

Después, cueza las mazorcas, con leche suficiente hasta cubrirlas, en el horno de vapor combi para extraer su sabor. (Hacerlo en el horno evita que se exponga la leche al fuego directo e impide que se queme). Retire las mazorcas de la leche y desgránelas. Añada los granos a la leche, cuézalos a fuego lento 30 minutos y enfríe la sopa inmediatamente en el abatidor.

Tritúrela en un robot de cocina y pásela, primero, por un colador y, después, por otro de malla más fina.

PARA SERVIR

Vierta la sopa en boles, sale al gusto y rocíela con unas gotas de aceite de oliva.

2. VICHYSSOISE

Cocer las patatas sin pelar es importante para potenciar su sabor. Este plato acompaña nuestra receta Maewari shoch, creada en colaboración con una destilería local de Kagoshima llamada Komasa Jyozo. El Maewari es una bebida espirituosa destilada que se sirve mezclada con agua.

PARA 10 PERSONAS

VICHYSSOISE

- 1 kg de patatas lavadas
- aceite de oliva virgen extra, para saltear
- 1 diente de ajo cortado por la mitad
- 1 cebolla picada
- 1 rama de apio picada
- 350 ml de caldo de pollo
- 100 ml de leche (4-5 % de materia grasa)
- sal y pimienta negra recién molida

HELADO DE MANTEQUILLA

- 440 ml de leche entera
- 150 g de mantequilla sin sal
- 100 g de azúcar extrafino
- 15 g de glucosa
- 30 ml de leche desnatada
- 15 g de jarabe de malta
- 15 g de queso parmesano
- 7 g de pectina

ESPUMA DE PIMIENTA

- 3 granos de pimienta
- 100 ml de leche entera
- 2 g de lecitina de soja

VICHYSSOISE

Sumerja las patatas sin pelar en agua electrolizada ligeramente ácida de 30 a 60 minutos para esterilizarlas.

En un horno de vapor combi, hornee la mitad de las patatas y cueza al vapor las restantes. Enfríelas enseguida en el abatidor y pélelas todas.

En una olla, ponga un poco de aceite de oliva, el ajo, las cebollas y el apio y saltéelo todo en el horno de vapor combi hasta que esté blando pero sin dorarse. Añada las patatas peladas, un poco de sal y pimienta y caldo de pollo hasta cubrirlas. Cuézalas hasta que estén blandas.

Póngalas en un robot de cocina cuando todavía estén calientes y tritúrelas hasta obtener una mezcla homogénea. Pásela por un colador sobre una cazuela. Añada un poco más de caldo de pollo y la leche y caliente la mezcla hasta que alcance los 85 °C. Enfríela rápidamente en el abatidor.

HELADO DE MANTEQUILLA

Ponga todos los ingredientes en una heladera y siga las instrucciones del fabricante.

ESPUMA DE PIMIENTA

Mezcle los granos de pimienta con la leche, ponga la mezcla en una Gastrovac durante 15 minutos y caliéntela a 85 °C. Retírela, pase la leche por un colador de malla fina y deseche los granos de pimienta.

Añada la lecitina de soja, remueva bien y caliente la mezcla a 70 °C. Conviértala en espuma con una batidora.

PARA SERVIR

Vierta la vichyssoise bien fría en boles helados. Añada una quenelle de helado de mantequilla y decórela con espuma de pimienta por encima.

3. ENSALADA DE CRISTAL

La Gastrovac es una olla de cocción al vacío que permite realzar con umami de productos de origen animal el sabor de las verduras en un plato en el que estas son el único ingrediente. Acompañamos esta ensalada con vino espumoso y la servimos justo antes del plato de carne. Según la tradición de cainoya, este es el momento adecuado para servir el primer vino espumoso.

PARA 5 PERSONAS

- ensalada variada: 5 hojas limpias de lechuga roja, lechuga rizada, achicoria, endibias, mostaza, wasabi y col morada
- 5 rodajas de remolacha

DASHI DE BONITO

- 500 ml de agua
- 1 hoja de 10 cm de alga kombu
- 50 g de bonito seco

TUBÉRCULOS DE TEMPORADA

- tubérculos variados: 5 trozos del tamaño de un bocado de calabaza china, calabaza común, nabo y taro
- 1,5 litros de caldo de pollo
- salsa de pescado Ayu, al gusto
- 30 g de trehalosa
- 70 g de sal
- 50 g de beicon gratinado
- aceite neutro, para freír (opcional)
- 30 g de harina
- 2 g de sal
- 2 g de azúcar
- 50 ml de agua carbonatada

PARA SERVIR

- aliño para ensalada de su elección

Ponga las hojas de ensalada variada, las rodajas de remolacha y un poco de agua en la Gastrovac 20 minutos. Repita la operación 3 veces, sumerja las hojas en agua y resérvelas en el frigorífico.

DASHI DE BONITO

Ponga el alga kombu con el agua en una cazuela y déjela en remojo durante 20 minutos. Caliente la cazuela, retire el alga kombu antes de que el agua rompa a hervir y añada el bonito seco. Espere 3 minutos y pase el dashi de bonito por un colador forrado con muselina. Resérvelo.

TUBÉRCULOS DE TEMPORADA

Sumerja los tubérculos en agua electrolizada ligeramente ácida para esterilizarlos. Mezcle el caldo de pollo con la salsa de pescado, la trehalosa, la sal, el beicon y el dashi en una cazuela y llévelo a ebullición. Añada los tubérculos, excepto el taro, cuézalo todo 5 minutos y enfríelo en un abatidor.

Una vez frío, pase los tubérculos junto con el líquido de cocción a la Gastrovac y cuézalos 15 minutos. Retire los tubérculos y áselos sobre brasas. Enfríelos de nuevo en un abatidor.

Ase los trozos de taro en un horno combi a 85 °C durante 20 minutos y enfríelos en un abatidor.

Pele los trozos de taro, cuézalos en el caldo de cocción anterior 8 minutos y enfríelos de nuevo en un abatidor. Coloque el taro y el líquido de cocción en la Gastrovac y cuézalo 5 minutos. Retire el taro y séquelo.

Mezcle la harina con la sal, el azúcar y el agua carbonatada en un bol. Pase los trozos de taro por el rebozado y fríalos en aceite neutro a 180 °C hasta que se doren.

PARA SERVIR

Disponga los tubérculos en los platos, coloque las verduras de hoja por encima y alíñelas ligeramente. El aliño debe ser mínimo para que los comensales disfruten del sabor de las verduras.

1

2

César Troisgros

TROISGROS
Ouches, Loira, Francia

Gestionado por tres generaciones de chefs excepcionales y con tres estrellas Michelin mantenidas durante 30 años, el restaurante Troisgros del valle del Loira es uno de los más prestigiosos de Francia. Los chefs Michel y César (padre e hijo, respectivamente) siempre han estado muy pendientes de unos cuantos productos de temporada con el objetivo de transformar lo sencillo en extraordinario. El comedor del restaurante, que se ha trasladado a una casa de campo remodelada de Ouches, está construido alrededor de un roble grandioso y el amplio huerto es la fuente de inspiración cotidiana de los cocineros.

En 2015 compramos un palacete en Ouches, un pueblecito a 10 km de Roanne, donde abrimos el primer restaurante. Nuestro nuevo hotel-restaurante, Le Bois Sans Feuilles, está en medio del campo, entre pastos, estanques y bosques. El huerto es una extensión natural del paisaje que nos rodea: no está muy lejos del restaurante, en el corazón de una zona boscosa de 17 hectáreas, con vistas de las colinas de Roanne al fondo. Es un huerto cercado de 300 m^2. Cuando llegamos a la propiedad mantuvimos el diseño original creado por el horticultor anterior, que lo había dividido en arriates elevados, en los que todavía quedaban las raíces de algunas hierbas aromáticas. Enseguida nos dimos cuenta de que lo más sensato era dejar el huerto en el mismo lugar. Está en el sitio ideal: orientado al sur, cercado por un muro en el lado norte y, por tanto, resguardado del viento. También tenemos una franja de terreno cercana donde cultivamos plantas ornamentales, que atraen insectos polinizadores a nuestras hileras de hortalizas, además de un antiguo huerto de árboles frutales donde hemos replantado la mayoría de ejemplares.

Un horticultor nos ayuda a gestionar toda la zona de cultivo. El suelo es nuestra preocupación principal: tenemos un suelo arcilloso muy pesado y llevará tiempo aligerarlo. En lugar de traer arena para solucionarlo, hemos optado por los arriates elevados, ya que así podemos enriquecer el suelo y a la vez aprovechar al máximo el espacio. Los arriates están formados por varias capas de materia orgánica, a la que hemos añadido compost y mantillo. No utilizamos ningún otro abono y nuestra filosofía se basa en técnicas inspiradas en la agroecología, la permacultura y la fertilización natural del suelo. Diseñamos un plan de cultivo en invierno y empezamos a plantar las primeras plántulas en febrero. Sembramos de manera escalonada a lo largo del año en distintos periodos, según el tipo de variedad: la mayoría de lo que cultivamos procede de variedades antiguas de la región, cuyas semillas guardamos con mucho mimo para garantizar su supervivencia. Así, tenemos una gran variedad de tomates, además de tirabeques, aloe candelabro, alubias de Auvernia y pepino de encurtir Vert Petit de Paris (*Cucumis sativus*) y también hemos traído semillas de otras partes del mundo para cultivar plantas como el shiso (*Perilla frutescens*), que es un tipo de albahaca japonesa, y el chile habanero. El cielo es nuestro límite y, cuando viajamos, no solo ampliamos nuestros horizontes en términos de conocimientos y cocina, sino que la experiencia también deja huella en nuestro huerto.

Tenemos un clima continental, es decir, frío en invierno y cálido en verano. Por eso nuestro objetivo es cultivar hortalizas que prosperen en estas condiciones, ya sean variedades locales o exóticas. Hemos decidido ceñirnos a las variedades raras y en pequeñas cantidades, puesto que estamos condicionados por las dimensiones del huerto. No produce lo suficiente para satisfacer todas las necesidades del restaurante, pero no estamos obsesionados con la productividad. Cuando diriges un restaurante para 65 comensales y un hotel con 15 habitaciones y lo multiplicas por 10 servicios semanales, significa que por nuestras cocinas pasa un volumen de platos considerable. Es una alegría inmensa plantar tus propias hortalizas, dejar que crezcan, recolectarlas y degustarlas, pero, al mismo tiempo y desde hace años, trabajamos estrechamente con horticultores de la zona especializados en agricultura orgánica y biodinámica que venden sus productos y siempre nos mantendremos leales a ellos.

La economía local necesita nuestra colaboración, por eso intentamos cultivar variedades raras y antiguas que no encuentras en el mercado o no tienen los productores, que ofrecen variedades más comunes. Queremos que sigan trabajando, así que sembramos las hortalizas que ellos no cultivan. Por eso nos negamos a utilizar plantas de semillero híbridas que producen semillas estériles. Todas las plantas que cultivamos proceden de variedades de semillas antiguas, lo que denominamos variedades «de población». Apenas se cultivan y muchas son especies amenazadas. Intentamos multiplicarlas, por lo que reservamos una parte de lo que cultivamos cada año para replantar las semillas al siguiente.

El huerto es nuestra fuente de inspiración a diario, no solo porque está en la puerta de la cocina, sino también porque sentimos un deseo irrefrenable de cocinar con ingredientes cultivados por nosotros. Los cocineros entran y salen del huerto cada día para recolectar sus ingredientes y las estaciones intervienen en los cambios del menú. Los colores y la luz también influyen, a veces incluso inconscientemente: en primavera tendemos a poner más verdor en el plato, mientras que en otoño, cuando el paisaje se tiñe de ocre, amarillo y rojo, la calidez entra en la cocina. Naturalmente, los primeros pimpollos de primavera despiertan más entusiasmo que los tubérculos y las raíces de invierno, pero la vida en el huerto siempre reserva sorpresas. Este año, por ejemplo, las babosas fueron nuestro mayor calvario. Destruyeron buena parte de las plántulas en primavera, pero este episodio desafortunado nos llevó a crear un plato de col y caracoles; porque a los caracoles, como a las babosas, les atraen las coles. Solemos preparar esta receta con ostras y, cuando regresamos a la cocina, no entendíamos cómo no se nos había ocurrido antes hacerla con caracoles.

Cuando tienes un huerto, debes seguir el ejemplo de la naturaleza y diseñar tu menú en función de lo que te ofrece. En Le Bois Sans Feuilles todavía estamos en fase de aprendizaje. En cuanto a nuestras hortalizas, a largo plazo nos gustaría traspasar los muros del huerto y cultivarlas también en los alrededores, mezcladas con otras plantas ornamentales y zonas boscosas. Sería maravilloso tener un bosque comestible donde pudiéramos recolectar bayas de saúco, frambuesas y grosellas negras.

VARIEDADES FAVORITAS

- Alubias de Auvernia (*Phaseolus vulgaris*)—Una variedad muy antigua autóctona de la región, especialmente robusta. Hace dos años solo quedaban 10 kg en todo el planeta. Tenemos algunas semillas y hemos preparado pocas recetas de alubias hasta ahora para poder multiplicarlas. Tienen un sutil sabor floral que recuerda al azahar.
- Acedera—Una planta imprescindible en el huerto porque es fácil de cultivar. Tiene un sabor herbáceo ácido que produce un cosquilleo en el paladar. Es una manera ingeniosa, aunque de entrada no resulte obvia, de aportar un toque ácido a los platos.
- Chile habanero—Es la guindilla más picante que existe y, aunque necesita mucha luz del sol, prospera bien en nuestro suelo. Lo que nos gusta es su carácter único y su sabor ligeramente ahumado. Úselo para condimentar pasta y purés de hortalizas, pero no se exceda en las cantidades.

CONSEJOS PARA CULTIVAR EN ARRIATES ELEVADOS

- Cultive hortalizas que estén adaptadas al suelo y el clima de su zona y evite semillas híbridas estériles.
- Cubra el suelo con mantillo para preservar la vida microbiológica del sustrato y riegue lo mínimo.
- No utilice nunca fertilizantes químicos y evite labrar el suelo.

1. CUCÚ-TRAS, ESTOY DEBAJO DEL REPOLLO

PARA 4 PERSONAS
- 16 caracoles vivos, si es posible comunes y del huerto
- 1 litro de caldo de pollo
- 1 repollo verde
- 2 nabos violetas
- 250 ml de vinagre de vino blanco de Orleans
- 30 g de sal fina
- 150 g de azúcar extrafino
- 100 g de mantequilla fresca
- 1 manojo de hojas de cilantro
- 100 g de pasta de tamarindo

Prepare los caracoles: púrguelos en el frigorífico durante 1 semana. Espolvoree harina cada mañana y enjuáguelos con agua cada noche. La última mañana, eche sal, déjelos durante 1 hora, vuelva a enjuagarlos y póngalos en una cazuela con el caldo de pollo. Cuézalos hasta que estén tiernos. Sáquelos de las conchas y lávelos. Deseche las conchas y reserve los caracoles.

Separe las hojas del repollo y reserve las exteriores para compost. Cueza las hojas interiores en agua hirviendo con sal hasta que estén tiernas y déjelas escurrir sobre papel de cocina. Vuelva a darles forma.

Corte los nabos en tiras finas y déjelas macerar en vinagre, sal y azúcar durante 1 hora.

Tueste las hojas de repollo en una sartén antiadherente a fuego medio hasta que se doren.

En otra sartén, saltee los caracoles con la mantequilla a fuego medio hasta que estén calientes.

Escurra las tiras de nabo y emplátelas. Disponga los caracoles por encima. Añada un punto de pasta de tamarindo en cada caracol, agregue unas pocas hojas de cilantro y termine con la hoja de repollo. Rocíe por encima la mantequilla utilizada para saltear los caracoles.

2. FLOR DE CIGALAS CON FRAMBUESAS Y PIMIENTOS DULCES

PARA 4 PERSONAS
- 12 cigalas grandes
- 2 pimientos dulces italianos
- aceite de oliva, para rociar
- 100 g de frambuesas
- 10 ml de vinagre de Jerez
- 5 g de chile habanero en polvo
- 2 lonchas de panceta en tiras muy finas
- 5 g de granos de pimienta roja de Phu Quoc
- sal

Dependiendo del tamaño, cueza las cigalas en agua hirviendo de 5 a 8 minutos, escúrralas (no deseche el agua) y resérvelas.

Precaliente el horno a 180 °C.

Coloque los pimientos en una bandeja de horno con un chorro de aceite de oliva y áselos. Cuando estén hechos, retírelos del horno, déjelos enfriar un poco y pélelos. Retire las semillas y córtelos en tiras gruesas.

En un bol, aplaste las frambuesas con un tenedor y sazone con sal, vinagre de Jerez y chile en polvo.

Caliente las cigalas de nuevo en el agua de cocción reservada. Ponga unas pocas frambuesas machacadas en cada plato, disponga las cigalas en forma de flor (3 por plato) y coloque unas tiras de panceta encima de cada una. Para terminar, añada los pimientos, un chorrito de aceite de oliva y esparza unos pocos granos de pimienta roja molida de Phu Quoc.

2

Jorge Vallejo

QUINTONIL
Polanco, Ciudad de México, México

Jorge Vallejo está considerado uno de los chefs más innovadores de México, con su apuesta por el redescubrimiento de la gastronomía local y la exploración de nuevas vías de sostenibilidad. En 2012, Vallejo abrió su restaurante Quintonil, en el arbolado barrio de Polanco, junto a su mujer, Alejandra Flores, a quien conoció cuando trabajaba en Pujol, en Ciudad de México. El menú de Quintonil está plenamente comprometido con la estacionalidad y el huerto de la azotea funciona como territorio experimental para descubrir todo el potencial de los productos.

Las hortalizas han sido siempre una parte fundamental de la oferta de Quintonil. Además del nombre del restaurante (evocación de una de las plantas comestibles que ha sido sustento del pueblo mexicano desde la época prehispánica), muchas de nuestras recetas giran en torno a las hortalizas. Los nopales (*Opuntia*), los huauzontles (*Chenopodium nuttalliae*), los quelites (verduras autóctonas) y la cidra (*Cucurbita ficifolia*) figuran en nuestro menú desde hace tiempo y son algunos de los productos preferidos de los comensales.

Dos años después de abrir el restaurante, el planteamiento de tener un huerto propio parecía de lo más razonable. Pensamos dónde lo pondríamos y decidimos que la azotea era el lugar ideal. Pedimos asesoramiento, conseguimos las macetas, la tierra adecuada y las semillas y —con gran entusiasmo y no poca ingenuidad— nos lanzamos a la aventura de la agricultura urbana.

Pero no tardamos en darnos un baño de realidad. Un huerto de 12 m^2 no es suficiente para cubrir las necesidades de un restaurante como Quintonil. Con el tiempo empezamos a fijarnos en las variedades de plantas que cultivábamos y los usos que les dábamos. Solíamos cultivar frutas y hortalizas, pero requerían mucho mantenimiento. Ahora el huerto está especializado en flores comestibles y plantas aromáticas, con las que hacemos tisanas y potenciamos el sabor de las recetas. Por ejemplo, la *pitiona* (de la familia de la verbena, *Lippia alba*) se utiliza en platos de pescado y con las hojas se elabora *cuitlacoche* (una especie de pasta negra que se obtiene del maíz infectado por el hongo del mismo nombre). En el huerto damos prioridad a las plantas perennes porque conseguimos cosechas intensivas y proporcionan más rendimiento en el poco espacio del que disponemos.

En general, hierbas como los quelites aportan identidad a la cocina mexicana. Aplicamos peculiaridades aromáticas a nuestros platos en función de las hojas disponibles, ya sea hoja santa (*Piper auritum*), orégano o epazote (una hierba picante, *Dysphania ambrosioides*). Dos de los platos que elaboramos con estas hierbas son Tártara de aguacate tatemado, escamoles y chips de quelites y Barbacoa de pescado en adobo de chapulín y frijoles ayocote y vaquita nixtamalizados. El huerto también proporciona semillas de cultivos que nos interesan especialmente y que enviamos a haciendas y granjas o compartimos con otros cocineros. A veces, destinamos unos metros del terreno para nuestros experimentos. Tuvimos éxito con los chiles chilhuacle (*Capsicum annuum*) de Cañada Chica, en Oaxaca, que cultivamos. Y también con el colirrábano, la acedera, las ortigas y la lengua de tigre (*Sanseviera trifasciata*, usada tradicionalmente para curar las picaduras de serpiente).

Pero quizá lo más importante sea el valor simbólico que el huerto tiene para nosotros.

Cocineros y horticultores cuidan del huerto, pero como chef, yo soy el que está más implicado. Desde el principio, el intenso trabajo que conlleva sembrar y mantener el huerto ha hecho que aprendamos a apreciar en su justa medida las labores del campo y lo que significan para nuestra alimentación. El proceso completo, desde la siembra hasta la maduración, ha cambiado nuestra relación con los productos que utilizamos y nos ha ayudado a comprender su auténtico valor. Nos ha llevado a reconsiderar lo que significa adquirir ciertos alimentos en lugares como Ciudad de México.

Según el Instituto Nacional de Estadística y Geografía de México, la ciudad contaba con 8 918 654 habitantes en 2015, lo que la convierte en uno de los lugares más poblados del planeta. Un dato poco conocido es que más de la mitad de su territorio está protegido del desarrollo urbanístico. Estas zonas incluyen humedales, bosques y praderas, así como 300 km^2 de terreno agrícola. Aquí es donde se cultivan los nopales (Ciudad de México es el principal productor del país), además de amaranto y otros cultivos, hierbas y plantas ornamentales.

La antigua conexión de Ciudad de México con los lagos de los alrededores —lamentablemente, la gran mayoría inexistentes hoy día—, tiene un último baluarte en la demarcación de Xochimilco. Allí, los agricultores todavía cultivan las plantas en *chinampas*, huertos flotantes construidos con antiguas técnicas prehispánicas. Actualmente se llevan a cabo proyectos de regeneración para restablecer su valor como un método agrícola viable y sostenible. Y se analizan técnicas de producción nuevas y antiguas en la búsqueda de mejores soluciones paran garantizar nuestra propia supervivencia, así como la de los ecosistemas que conforman nuestro planeta.

Nos sorprende que Ciudad de México pueda aportar tanto a estas iniciativas, siempre y cuando entendamos, respetemos y rehabilitemos los terrenos de la ciudad y los numerosos sustentos que proporciona. Xochimilco y sus *chinampas* son un ejemplo, como las cosechas de nopales de Milpa Alta y otras tradiciones agrícolas de Tláhuac y Cuajimalpa, por no mencionar la preservación de bosques y praderas en el sur de la ciudad. Gracias a nuestros 12 m^2 de azotea, nos hemos dado cuenta de que todavía queda mucho por hacer en Ciudad de México en apoyo de los alimentos locales de alta calidad para disfrute de sus habitantes. Hemos llegado a la conclusión de que nuestra relación con la tierra puede mejorar, pese a vivir en una de las ciudades más complejas del mundo. Y nuestro deseo más sincero es poder formar parte de este cambio.

UN HUERTO ORGÁNICO EN LA AZOTEA

Aplicamos principios orgánicos y hacemos compost con sobras, mondaduras y hojas de hortalizas. Usamos sobre todo material blando para acelerar el proceso de compostaje, ya que disponemos de poco espacio.

El mantenimiento de un huerto urbano según los principios de la agricultura orgánica es todo un reto. Los pájaros y las ardillas del bosque cercano lo visitan: se comen los cultivos, también los insectos. Dependemos de la naturaleza y necesitamos cuidarla, pero también tenemos que proteger el huerto. Intentamos utilizar métodos que no afecten a la fauna del entorno y hemos aprendido a hacerlo siguiendo los consejos de otros horticultores. Para las hormigas, utilizamos trampas de azúcar; para los caracoles, recipientes enterrados en los arriates elevados que llenamos con cerveza. Para eliminar las plagas de pulgones, lavamos las hojas y los tallos con jabón neutro. Siempre buscamos alternativas a los insecticidas para no perjudicar a la fauna que nos rodea y, por tanto, a la salud del huerto.

1. ENSALADA DE LA COSECHA DEL DÍA DE LAS CHINAMPAS CON QUESO COTIJA

La *chinampa* es un método de agricultura azteca que utiliza campos artificiales (islas) que flotan en lagos. Se encuentran en Xochimilco, Ciudad de México, y nos sirvieron de inspiración para esta ensalada.

PARA 8 PERSONAS
PURÉ DE ALMEJA
- 500 g de carne de almejas
- 500 ml de leche entera
- 2 yemas de huevo
- 1 huevo
- 20 g de azúcar
- 8 g de sal gruesa
- 5 hojas de gelatina de 20 g

VINAGRETA DE HIERBAS
- 150 g de tallos de cilantro
- 190 ml de aceite vegetal
- 120 ml de aceite de oliva
- 35 ml de aceite de pipas de calabaza
- 35 g de queso cotija
- 40 ml de vinagre de champán
- 225 ml de agua
- 3 g de goma xantana

PURÉ DE COLIRRÁBANO
- 4 kg de colirrábanos limpios
- 4 g de sal gruesa
- 1,2 kg de mantequilla sin sal

PURÉ DE RÚCULA
- 200 g de rúcula
- 100 g de espinacas
- 5 g de sal gruesa
- 320 g de Puré de colirrábano (véase arriba)
- 80 ml de agua

ENSALADA
- 96 g de remolacha en dados
- 96 g de brócoli en dados
- 50 g de mantequilla con sal
- 80 g de varios tipos de zanahoria mezclados
- 120 g de varios tipos de lechuga mezclados
- 120 g de Vinagreta de hierbas (véase arriba)
- 16 g de cebolla blanca en rodajas
- 8 g de alga kombu
- 96 g de mizuna

PARA SERVIR
- 120 g de Puré de almeja (véase arriba)
- 80 g de Puré de rúcula (véase arriba)
- 160 g de queso cotija
- 15 g de sal
- pétalos de rosa ecológicos y comestibles
- pétalos de flores comestibles, como prímula
- rábano en rodajas finas
- rábano morado en rodajas finas

PURÉ DE ALMEJA

Ahúme la carne de almeja con un ahumador manual durante 30 minutos en frío.

En una olla, lleve la leche a ebullición y añada la carne de almeja ahumada. Retire la olla del fuego y deje que se enfríe. Déjela infusionar en el frigorífico durante 8 horas.

Transcurrido este tiempo, pase la leche a una olla limpia y deseche las almejas. Caliente la leche. En un bol, mezcle los huevos con el azúcar y la sal. Temple la mezcla y añádala a la leche. Sumerja las hojas de gelatina en un bol de agua fría durante 5 minutos, estrújelas para eliminar el exceso de agua, añádalas a la mezcla de leche caliente y remueva hasta que se disuelvan.

VINAGRETA DE HIERBAS

Escalde los tallos de cilantro unos segundos y páselos a un bol de agua con hielo. Escúrralos y tritúrelos en la batidora con los dos tipos de aceite hasta que emulsionen. Añada el queso y el vinagre de champán y, finalmente, el agua y la goma xantana. Tritúrelo todo.

PURÉ DE COLIRRÁBANO

En una olla de agua hirviendo con sal, cueza el colirrábano hasta que esté blando. Escúrralo y tritúrelo en la batidora con la mantequilla hasta obtener una mezcla homogénea.

PURÉ DE RÚCULA

En una olla de agua hirviendo con sal, escalde la rúcula y las espinacas unos segundos. Páselas a una batidora con 200 ml del agua de cocción, añada el resto de ingredientes y tritúrelo hasta obtener una mezcla homogénea.

ENSALADA

Precaliente el horno a 220 °C.

Ase la remolacha y el brócoli con un poco de mantequilla 40 minutos. Ase las zanahorias con el resto de la mantequilla.

Mezcle la remolacha y el brócoli con las zanahorias, las lechugas variadas y la vinagreta de hierbas. Agregue la cebolla, el alga kombu y la mizuna.

PARA SERVIR

Ponga 15 g del puré de almejas y 10 g del puré de rúcula en cada plato. Disponga la ensalada por encima y esparza el queso cotija. Sale y decórelo con los pétalos y las rodajas de rábano.

2. SARDINAS SOBRE TOMATE CON VERDOLAGA Y ALIÑO DE HIERBAS

PARA 8 PERSONAS
SARDINAS MARINADAS
- 8 sardinas de Portugal
- 300 g de sal marina
- 1 litro de vinagre de vino blanco
- 50 ml de aceite de oliva

SARDINAS AHUMADAS
- 500 g de cubitos de hielo
- 16 filetes de Sardinas marinadas (véase arriba)
- 15 g de carbón
- 50 g de astillas de madera de mezquite

ALIÑO DE HIERBAS
- 180 g de tallos de perejil
- 120 g de tallos de cilantro
- 300 ml de agua
- 600 ml de aceite vegetal
- 10 ml de zumo de lima
- 5 g de sal fina

TOMATES MARCADOS
- 3 tomates marglobe
- 1 cdta. de sal fina
- 8 tomates negros de Crimea (cherry)
- 1 cdta. de aceite vegetal

PARA SERVIR
- 400 g de hojas de verdolaga limpias
- 80 g de bulbo de hinojo cortado en rodajas de 2 mm de grosor (reserve las hojas)
- 80 g de cebolla morada cortada en rodajas de 2 mm de grosor
- 800 g de Aliño de hierbas (véase arriba)

SARDINAS MARINADAS

Retire las espinas de las sardinas y separe los filetes. Colóquelos en una bandeja llana, con la piel hacia abajo, cúbralos con la sal y déjelos marinar 8 minutos. Enjuáguelos bajo un chorro de agua fría y déjelos en remojo en vinagre 8 minutos. Saque los filetes e introdúzcalos en bolsas de vacío con un chorro de aceite de oliva. Selle las bolsas con una máquina de vacío y refrigérelas.

SARDINAS AHUMADAS

Utilice dos fuentes de cerámica Gastronorm, una de 15 cm de profundidad y otra de 10 cm, además de un plato pequeño o un bol. Ponga los cubitos de hielo en la de 10 cm. En la otra, coloque los filetes de sardina en una sola capa, con la piel hacia arriba, y métala dentro de la que tiene el hielo para que esté completamente rodeada. Encienda el carbón en una olla perforada Gastronorm y, cuando se reduzca a brasas, póngalas con cuidado en un bol refractario con las astillas de mezquite. Coloque el bol en la fuente con los filetes de sardina (sin dejar que los toque); cubra todos los recipientes con una sola capa de papel de aluminio. Déjelos ahumar 5 minutos, retire el papel de aluminio y pase los filetes de sardina ahumados a una bolsa de vacío.

ALIÑO DE HIERBAS

Escalde los tallos de perejil y cilantro en agua hirviendo con sal durante 3 minutos; retírelos con una espumadera y enfríelos en un baño maría inverso. Escúrralos y páselos a la batidora con el agua. Triture a velocidad alta solo 2 minutos (no más, para evitar que se oxiden). Reduzca la velocidad y vaya añadiendo el aceite conforme tritura. Pase la mezcla por un colador de malla fina sobre un vaso medidor grande y añada el zumo de lima y sal. Páselo a un biberón de salsas.

TOMATES MARCADOS

Corte cada tomate marglobe en 3 cuñas iguales y sale uno de los lados.

Corte los cherry por la mitad y sale las superficies cortadas.

Caliente una sartén a fuego vivo y añada varias gotas de aceite vegetal para «barnizar» toda la sartén. Cuando el aceite esté a punto de humear, marque los tomates por las superficies saladas hasta que se cree una corteza quemada.

PARA SERVIR

Ponga una cuña de tomate y la mitad de un cherry en un plato con la corteza hacia arriba. Disponga 2 filetes de sardina ahumados sobre ellos y añada hojas de verdolaga, rodajas de hinojo y cebolla morada y 1 g de hojas de hinojo por encima.

Caliente el aliño en una olla a fuego muy bajo (no deje que hierva). Sazone al gusto y vierta el aliño alrededor de las sardinas.

1

Alice Waters

CHEZ PANISSE
Berkeley, California, Estados Unidos

En 1971, con solo 27 años, Alice Waters abrió su legendario restaurante en una casa de estilo *Arts & Crafts* en la ciudad universitaria de Berkeley, California. Inspirada por su estancia en Europa, se centró en la cocina local francesa y popularizó el concepto «del campo a la mesa» en su país natal, Estados Unidos. Para ello utilizó los mejores productos orgánicos, de proximidad y sostenibles, en un homenaje a los agricultores que los cultivaban. Aunque el huerto de lechugas del restaurante que tenía en la parte de atrás de su casa se trasladó a una granja, su huerto privado la sigue fascinando e inspira iniciativas como The Edible Schoolyard (El patio de colegio comestible).

El huerto surgió porque añoraba el *mesclun*, la ensalada de hojas dulces y amargas típica de Niza. Corría la década de 1970 y me intimidaba la idea de cultivar mis propios productos, pero, alentada por el deseo de ese sabor nizardo, me traje semillas de lechuga de uno de mis viajes a Francia y transformé el minúsculo jardín de la parte de atrás de mi casa en un huerto para mi restaurante, Chez Panisse. El éxito que tuvimos me sorprendió y me encantó a la vez. Estaba emocionada de tener el jardín lleno de lechugas que me encantaban y el sabor que trasladaron al restaurante fue revelador.

Ese huerto de lechugas de mi jardín hace tiempo que se trasladó a una granja, pero el huerto de mi casa sigue adelante. Cada vez hay menos césped, pero es que no puedo vivir sin mis arriates de lechugas. La parcela es pequeña, un terreno de 6 x 6 m aferrado a una gran secuoya centenaria, pero está aprovechada al milímetro. Y, por suerte, tenemos un clima muy suave todo el año, por lo que siempre cultivamos algo, incluso en invierno. El tomillo, el perejil, el levístico, la hierbaluisa, la menta y el romero están por todas partes. Estas hierbas definen mi cocina y las recolecto a diario. Dejo que la rúcula eche semillas por todo el huerto para comerla tierna en ensaladas, con sus flores esparcidas por encima o cocinada en una salsa para pasta cuando madura y está muy picante. En verano, cultivo tomates cherry y judías verdes. En otoño e invierno tengo endibias, kale y acelgas. Planto lo que no consigo en el mercado de agricultores u hortalizas que quiero tener a mano. Y cada año me gusta cultivar mi propia ensalada: mi propio *mesclum* a mi gusto.

También hay árboles frutales, como un manzano enano y un gran Gravenstein, un kumquat (*Citrus japonica*) y un caqui de Virginia (*Diospyros virginiana*). Me ausento con frecuencia, así que debo tener variedades que no necesiten muchos cuidados. Por eso me gusta tener árboles como mi limonero Meyer, que se cuida solo y me da grandes satisfacciones. También hay un pequeño frambueso: las mañanas de verano salgo y me como los frutos maduros allí mismo. Naturalmente, algunas frambuesas van a parar al restaurante, pero me encanta este ritual. Las fresas silvestres (*Fragaria vesca*) están ocultas en rincones secretos, así los niños siempre descubren alguna fresa madura en sus paseos por el huerto. Intercalo plantas comestibles como albahaca morada y perifollo silvestre entre las rosas fragantes y son tan bonitas como ellas. (Los pétalos de rosa también son comestibles.) Tengo un par de sillas, una mesita y una pequeña parrilla, así puedo cocinar y comer en el huerto. Me encanta observar la naturaleza: los brotes minúsculos que salen de la tierra, las flores de borraja azules que atraen a las abejas y los pájaros, la cosecha a medida que madura. Me siento unida al ciclo de la vida.

El sentido del gusto ha guiado mi camino hacia la horticultura. Siempre me ha cautivado el fantástico abanico de variedades disponibles de casi todas las plantas comestibles. Es emocionante aprender a percibir esas sutilezas de textura y sabor: saber distinguir un melocotón (*Prunus persica*) Elberta de un Suncrest, por ejemplo. La selección manual de productos que rebosan vida es lo que convierte la cocina no solo en algo bueno, sino irresistible.

Ya no cultivo las lechugas de Chez Panisse en mi huerto (el espacio no me lo permite), pero las lecciones que he aprendido de él me acompañarán siempre. La horticultura me ha enseñado a empatizar con los granjeros y agricultores y a respetar su duro trabajo. Esto nos recuerda que la comida es valiosa y dependemos de la tierra para sobrevivir. Todo gira en torno a la tierra. En Chez Panisse, más de 85 agricultores, ganaderos y proveedores sostenibles de proximidad nos proporcionan todos los productos.

Al principio decíamos a los agricultores lo que queríamos que cultivaran; ahora son ellos los que nos dan ideas de lo que deberíamos cocinar. Desde que abrimos el restaurante, hemos buscado los mejores ingredientes de la zona. Conocimos a un señor que tenía una morera antigua gigante y empezamos a llevar al restaurante los frutos de ese único árbol. Las moras son increíblemente delicadas y la temporada muy breve, así que las ponemos en nuestro frutero las pocas semanas del año que están en su punto. (También elaboramos un jarabe que guardamos para hacer helado.) Una mora perfectamente madura es uno de esos sabores misteriosos que no pueden compararse con nada. El menú de Chez Panisse, que se renueva a diario, se define por la inmediatez y la vitalidad de ingredientes como este que se recolectan en su mejor momento: tomates acabados de arrancar de la rama en pleno verano o una diminuta mandarina Kishu (*Citrus reticulata*) dulce en invierno. De hecho, nuestra filosofía la conforman los valores que los agricultores aportan a nuestro restaurante. Todos estos proveedores están comprometidos con la agricultura sostenible y regenerativa; conocen la tierra, los cultivos y las estaciones mejor que nadie.

Una de las experiencias más impactantes que he tenido ha sido observar a los niños de The Edible Schoolyard (El patio de colegio comestible), un huerto cultivado en Martin Luther King Jr. Middle School, una escuela pública de Berkeley, en California. Cada vez que veo cómo miden los arriates de hortalizas para su clase de matemáticas o recolectan granos antiguos para la clase de historia, recuerdo que no hay nada con un poder más transformador que estar en contacto con la naturaleza. En nuestra cultura de comida rápida, nos hemos divorciado de la naturaleza, con la creencia de que trabajar la tierra es demasiado difícil o lento. Pero en cuanto escarbamos la tierra y empezamos a ver crecer cosas, nos enamoramos perdidamente: nos damos cuenta de que formamos parte de la naturaleza. He visto esta transformación en una escuela llena de adolescentes y la he visto en los reclusos de una cárcel. Este vínculo y este respeto por la naturaleza puede brotar de todos y cada uno de nosotros.

CULTIVO DE HIERBAS

Si decide tener un solo cultivo, que sean hierbas. Son fáciles de cuidar y compensan con creces. Repártalas por todo el huerto para aprovechar su aroma y belleza. Si están en un entorno agradable (con un buen suelo, la humedad adecuada y sol abundante), rebrotarán en años posteriores. Proporcionan la frescura (viveza más bien) y la belleza, el aroma y el sabor que me inspiran en la cocina. Las ramitas y los ramilletes de hierbas dan sabor a mis caldos, sopas, asados y guisos; las hojas de hierbas tiernas se añaden a las ensaladas; las hierbas picadas se incorporan a las salsas y se esparcen por encima de muchos platos para añadir un toque final de frescura. Y casi siempre finalizo las comidas con una tisana de menta fresca y quizá hierbaluisa (*Aloysia citrodora*) recién cortadas del huerto e infusionadas con agua hirviendo. Esta podría ser mi receta favorita.

CULTIVO DE LECHUGAS

En primavera y otoño es fácil cultivar hojas de ensalada. Muchas verduras echan flores cuando hace calor, por lo que es mejor no plantarlas en parcelas o macetas que estén a pleno sol. Con un marco frío, un túnel o un invernadero, las lechugas y otras verduras tolerantes al frío prosperarán sin dificultad. Por eso en muchos países se cultivan lechugas y otras verduras todo el año.

Los brotes tiernos atraen a los pequeños habitantes que deambulan por el huerto. Salga por la noche con una linterna para localizar y retirar las babosas y los caracoles y cultive en arriates elevados y contenedores para disuadir a los intrusos. Muchas lechugas pueden cosecharse durante mucho tiempo: para preparar una ensalada *mesclun* de hojas tiernas, corte las hojas jóvenes cuando solo midan entre 8 y 10 cm de alto. Tome solo las que necesite y hágalo por la mañana o al atardecer, cuando las lechugas están frías y crujientes. Siga recolectando hasta que las lechugas amarguen y se endurezcan. Para disponer de lechugas todo el año, siembre sucesivamente en parcelas o macetas cada tres o cuatro semanas.

1. PÉTALOS DE ROSA CONFITADOS

La rosa es una de mis flores favoritas, sobre todo las fragantes pasadas de moda como Othello, Monsieur Tillier, The Prince y William Shakespeare. Es una suerte tener rosas que puedes cortar justo en el momento en que se abren. Las tengo plantadas por todo el huerto y, cuando están a punto de florecer, no puedo quitarles la mirada de encima: es impresionante verlas abrirse y su aroma es embriagador. Los pétalos de rosa confitados son preciosos a la vista, pero también aportan un sabor suave y especial. Sírvalos como aperitivo dulce de sobremesa con una taza de té. También están deliciosos espolvoreados sobre postres de fresa o helado de chocolate.

- varias rosas fragantes y orgánicas de diferentes colores
- 1 clara de huevo a temperatura ambiente
- 1 pizca de sal kosher
- azúcar de caña orgánico, para espolvorear

Antes de confitarlas, refrigere las rosas para que los pétalos se mantengan firmes y crujientes. Escoja los pétalos de tamaño pequeño-mediano para confitarlos y mézclelos en un bol.

En otro bol, bata la clara de huevo con la sal hasta que quede espumosa. Con ayuda de un pincel de repostería de pelo fino, pinte los dos lados de cada pétalo con una capa muy fina de clara de huevo.

Espolvoree azúcar sobre cada pétalo por ambos lados. Sacúdalos para eliminar el exceso y colóquelos en una rejilla fina para que se sequen. Déjelos sin tapar a temperatura ambiente durante 1-2 días hasta que estén crujientes y completamente secos. Puede usarlos de inmediato o reservarlos en un recipiente hermético hasta 1 semana.

VARIANTE

Para preparar hojas de menta fresca confitadas, elija las más grandes (no hace falta refrigerarlas antes, ya que la menta es más consistente que las rosas). Sírvalas espolvoreadas sobre helados, sorbetes o melón frío.

2. ENSALADA LITTLE GEM CON TOMATES SUNGOLD, FINAS HIERBAS Y RÁBANO RALLADO

Esta ensalada reúne cuatro de mis hortalizas favoritas: lechuga, hierbas, tomates y rábanos. Little Gem es una variedad maravillosa de lechuga romana. Las finas hierbas son una mezcla de estragón, perifollo, perejil y cebollino, todas ellas abundantes en mi huerto. Estas hierbas tiernas son fáciles de machacar para crear una pasta muy sabrosa que añade un sabor especial a este cremoso aliño. El tomate Sungold, pequeño y dorado, es mi cherry favorito: es casi tan dulce como un caramelo. Y rallar un rábano por encima le aporta color, textura y un delicioso toque picante. Si tiene que recolectar los rábanos, escoja también las plantas pequeñas y añádalas. Están deliciosas.

PARA 4 PERSONAS

ALIÑO
- 1 ajete limpio y picado grueso
- ½ cdta. de sal
- 2 cdas. de perifollo picado, y un poco más para servir (opcional)
- 1 cda. de cebollino picado
- 1 cda. de estragón picado
- 1 cda. de perejil picado
- 1 yema de huevo
- ¼ de cdta. de pimienta negra recién molida
- 1 cda. de zumo de limón
- ½ cdta. de vinagre de vino blanco
- 60 ml de aceite de oliva virgen extra
- 60 ml de suero de mantequilla

ENSALADA
- 4 cogollos de lechuga Little Gem sin las puntas ni las hojas exteriores en mal estado
- 150 g de tomates cherry Sungold lavados, secos y sin tallo
- 4 rábanos pequeños o 2 grandes (como el French Breakfast o el Easter Egg) limpios y en rodajas finas
- queso parmesano, para servir (opcional)

ALIÑO

Ponga el ajete con la sal en un mortero y macháquelo hasta conseguir una pasta homogénea. Añada las hierbas picadas y siga machacando hasta obtener un puré fino. Agregue la yema de huevo, la pimienta, el zumo de limón y el vinagre y mezcle bien. Vierta el aceite despacio, sin dejar de remover. Cuando el aceite se haya incorporado por completo, añada el suero de mantequilla. Pruebe el aliño y rectifique de sal y pimienta si fuera necesario.

ENSALADA

Separe las hojas de Little Gem y lávelas con cuidado en agua fría. Séquelas en una centrifugadora de verduras. Corte los tomates por la mitad.

Mezcle las hojas de lechuga con parte del aliño y disponga por encima los tomates, los rábanos y unas ramas adicionales de perifollo. Añada un poco de queso rallado, si lo desea.

3. PESTO DE RÚCULA

Me encanta la rúcula. Picante, con sabor a nuez y un dejo dulce, añade un toque delicioso a cualquier plato. Es fácil de cultivar y produce grandes satisfacciones en la cocina. Además, germina rápidamente y es bastante productiva. Puede estar lista para la recolección solo tres semanas después de haberla plantado y vuelve a crecer hasta cinco veces después cortarla. Como a la lechuga, le gusta la tierra con mucho abono e incluso húmeda (yo siembro una parcela detrás de otra cada tres semanas para tenerla siempre a mano).

El pesto clásico se prepara con albahaca. En Chez Panisse Café, cuando la albahaca ya no está disponible en invierno, hacemos pesto con rúcula y nueces. Es muy picante y sabroso y está delicioso con pasta integral y sopa de alubias.

PARA UNOS 400 G
- 2 dientes de ajo pelados
- ¼ de cdta. de sal
- 40 g de nueces ligeramente tostadas
- 20 g de queso parmesano o pecorino rallado
- 25 g de hojas de rúcula fresca lavadas y secas
- 120 ml de aceite de oliva virgen extra
- sal

Ponga el ajo con la sal en un mortero y macháquelo hasta formar una pasta. Añada las nueces, siga machacando hasta que estén troceadas finas y agregue el queso rallado. Pase la mezcla a un bol. Pique la rúcula en trozos gruesos y póngalos en el mortero. Macháquela hasta conseguir una pasta. Eche de nuevo la mezcla de nueces en el mortero y machaque todo bien, mientras añade el aceite poco a poco. Pruébelo y rectifique de sal y pimienta si fuera necesario.

1

Blaine Wetzel

THE WILLOWS INN
Isla Lummi, Washington, Estados Unidos

Blaine Wetzel llegó al centenario Willows Inn en 2010, con 24 años, después de trabajar durante tres años con René Redzepi en Noma, en Copenhague. Entiende la comida como «una historia de la tierra» y su menú, elaborado con ingredientes locales, es un homenaje a los excelentes productos recolectados en los alrededores o cultivados en la cercana Loganita Farm, donde dos agricultores, a tiempo completo, cultivan variedades antiguas y nativas con técnicas biodinámicas en exclusiva para el restaurante.

Situada en el extremo noroeste de la América continental, la isla Lummi tiene una superficie de solo 28 km² de colinas y praderas, bosques y granjas, con costas en las que las olas rompen con suavidad y a las que solo puede accederse en ferri; el Willows Inn está justo en la orilla orientada al oeste, por lo que disfrutamos de bonitas puestas de sol desde la terraza y el comedor.

Nuestro clima es suave, con temperaturas entre 5 y 27 °C. Los veranos, relativamente cálidos y secos y con muchas horas de sol, ofrecen excelentes condiciones de cultivo y el suelo es rico y fértil. Aquí, arrancas las hortalizas de la tierra y tienen un sabor increíble. Por eso nuestro objetivo es muy sencillo: compartir los sabores de este lugar con todo el mundo y la experiencia de lo que tenemos la suerte de cultivar y comer aquí.

Trabajamos directamente con Loganita Farm, una granja que está a menos de un kilómetro del restaurante y cultiva solo para nosotros. Se encuentra en una suave pendiente natural a solo 500 m de la costa, donde le da el sol todo el día. Los 4000 m² de terreno se dividen en cuatro áreas: 4 invernaderos de aro, una sección de 18 arriates elevados y 2 zonas de cultivo.

Cultivamos entre 175 y 200 variedades de plantas antiguas o nativas cada año, como col Caraflex (*Brassica oleracea,* Grupo Capitata), tomates Sungold (*Solanum lycopersicum*), tomatillos, kale, pimientos Shishito (*Capsicum annuum*), calabacines Costata (*Cucurbita pepo*), calabazas Cinderella, levístico, hinojo, tirabeques y pepinos, además de hierbas, frutos rojos, frutas y flores comestibles. Muchos cultivos, incluidas la escarola Natacha (*Cichorium endivia*) o la lechuga china Spring Tower (*Lactuca sativa* var. *angustana*), se siembran sucesivamente para tenerlas siempre disponibles en la cocina. Las semillas proceden de Uprising Organics, aunque nosotros también las guardamos.

Describimos nuestra comida como una historia de la tierra: el menú se renueva a diario y refleja lo que se ha cosechado y recolectado esa misma mañana. Una hoja de kale tostada con un puré de trufas negras autóctonas y pan de centeno desmigado por encima es un buen ejemplo de uno de nuestros platos clásicos. Debido a su textura crujiente y el sabor a tierra, el plato marida bien con el dulzor de la sidra local antes de que empiece la comida. Mucha gente vuelve solo por este plato.

Cambiamos, desarrollamos y exploramos ingredientes constantemente. Alguien que coma en el restaurante puede tener delante 20 ingredientes nuevos de los que no ha oído hablar en su vida o nunca ha probado de esta forma. A comienzos de primavera, el menú gira en torno a los brotes, las verduras y las hojas silvestres. Intentamos incluir en cada plato algún elemento que posea este sabor, así podemos jugar con él a lo largo de todo el menú. Nuestra Tostada de hierbas es típica de este momento y concentra las sabrosas hojas y flores de principios de primavera.

Aunque el huerto no está justo al lado del restaurante, es la fuente de inspiración del menú diario. Los ingredientes se cosechan y se llevan a la cocina cada día cuando están en su mejor momento y siempre probamos los primeros frutos antes de que esté lista toda la cosecha, así podemos planificar qué hacer con ellos. De este modo, podemos dar instrucciones claras y directas. Por ejemplo, quizá queramos recolectar las hojas de capuchina cuando midan 5 o 6 cm de ancho. Los huéspedes del hotel pueden realizar una visita guiada por la granja la mañana siguiente a la cena y probar algunos productos recién arrancados de la tierra o de la rama.

Cultivamos flores, como hisopo de anís, dalias, girasoles y bocas de dragón, que utilizamos para decorar, pero también para atraer abejas y otros polinizadores, y dejamos que las tijeretas rosadas y otros pájaros se paseen por la granja y se coman las plagas.

La granja no está mecanizada y cuenta con una mano de obra intensiva, puesto que solo utilizamos herramientas manuales y equipos que se manipulan manualmente. La agricultura biointensiva en la que hay una rotación constante de cultivos favorece la salud del suelo y ahorra espacio, a la vez que aumenta el rendimiento. El suelo se mantiene fértil con la aplicación de compost rico que hacemos con trozos y sobras de lo que hemos cosechado. También utilizamos fertilizantes de aceite/harina de pescado (sangre, pescado y hueso) que sustentan a las poblaciones microbianas beneficiosas del suelo. En invierno cubrimos los cultivos para proteger y revitalizar el suelo de cara a la próxima temporada.

El restaurante cierra entre mediados de diciembre y mediados de marzo. Aprovechamos este tiempo para revisar los éxitos y dificultades que hemos tenido y consultamos catálogos de semillas para probar variedades diferentes. Este año, por ejemplo, estamos cultivando rábano cola de rata, que crece como los guisantes de una vaina y tiene un sabor suave a pimienta. Cuando queremos cultivar algo nuevo, empezamos con tres o cuatro variedades el primer año antes de seleccionar la mejor para cultivarla la temporada siguiente.

En invierno, viajamos todo lo que podemos para probar restaurantes, cocinas e ingredientes. Esto nos proporciona una nueva perspectiva para la siguiente temporada, con nuevas técnicas aprendidas e inspiración a raudales.

HORTALIZAS FUNDAMENTALES

Los pepinos (*Cucumus sativus*) son un ingrediente fundamental en la cocina de Willows Inn, tanto crudos como encurtidos o asados. Hemos cultivado distintas variedades pero nuestras favoritas son:

- Pepinos limón, que son mejores cuando se recolectan tiernos y tienen un sabor tradicional a pepino; se llaman así por su tamaño y color.
- Los Dragon's Egg tienen una bonita piel clara y la pulpa blanca y son dulces.
- La variedad en rama Sikkim'era originaria de la India, tiene la piel oscura y se utiliza cruda o cocida.
- Los Hmong Red tienen un sabor ligeramente ácido pero dulce, mientras que los Gagon, más grandes y originarios de Bután, se encurten o se comen frescos.

1. TOSTADA DE HIERBAS

Servimos este delicioso ramillete en primavera, cuando las hierbas del huerto crecen rápido y todas las hojas frescas están tiernas y sabrosas. Cultivamos la combinación específica de hierbas de esta receta para que cada bocado sea diferente, con una sabrosa mezcla de hierbas y flores en cada uno. Este plato resalta la abundancia de hierbas que crecen en el huerto y es un distintivo básico de la primavera.

PARA 16 PERSONAS
CREMA DE OSTRAS
- 132 g de ostras (crudas, limpias y secadas sobre papel de cocina)
- 28 g de hojas de perejil
- 140 g de aceite de semillas de uva frío
- agraz, al gusto
- sal

MASA PARA LAS HOJAS DE MOSTAZA
- 120 g de harina común
- 120 g de harina de arroz
- 8 g de sal de levístico
- 8 g de azúcar
- 120 g de kale picado
- 160 ml de agua
- 80 ml de chucrut
- 40 g de huevo batido

HIERBAS PARA LA TOSTADA
- 64 hojas pequeñas de al menos 12 tipos de hierbas, por ejemplo: hisopo de anís, acedera, salvia, levístico, capuchina, manzanilla, menta, cilantro, estragón, eneldo, shiso, berros y orégano
- 16 flores pequeñas de al menos 4 tipos, por ejemplo: caléndula, flor de capuchina, perejil, violeta, monarda y salvia
- 128 semillas

HOJAS DE MOSTAZA FRITAS
- 16 hojas de mostaza verde
- aceite de semillas de uva, para freír

CREMA DE OSTRAS
Ponga las ostras con las hojas de perejil en una batidora y tritúrelas, añadiendo poco a poco el aceite hasta que la mezcla se haya emulsionado y consiga una crema espesa. Pásela por un colador de malla fina, déjela enfriar y sazone al gusto con sal y agraz.

MASA PARA LAS HOJAS DE MOSTAZA
Mezcle en un bol los ingredientes secos. En la batidora, triture el kale con el agua y el chucrut. Cuele el zumo con una Superbag de 100/200 micras.

Mezcle el zumo con los ingredientes secos y el huevo batido (la mezcla debería tener la consistencia de la masa de tortitas).

HIERBAS PARA LA TOSTADA
Escoja, lave y seque las hojas pequeñas de cada tipo de hierba y colóquelas en montones (16 montones de, al menos, 4 tipos de hierbas cada uno).

Escoja, lave y seque las flores pequeñas y las semillas.

HOJAS DE MOSTAZA FRITAS
Corte cada hoja de mostaza en cuadrados de 10 x 10 cm y caliente abundante aceite a 180 °C en una sartén honda.

Sumerja cada hoja de mostaza en la masa y sacúdalas para eliminar el exceso. Con cuidado, colóquelas en el aceite, en tandas de 4, y fríalas unos 2 minutos hasta que estén crujientes. Sáquelas con una espumadera y déjalas escurrir en una rejilla al menos 3 minutos, para que se enfríen antes de emplatar.

PARA SERVIR
Unte una fina capa de crema de ostras sobre una hoja crujiente de mostaza y coloque por encima las hierbas y las flores en varias capas para formar un ramillete. Para terminar, añada 8 semillas por plato.

2. COLINABOS ASADOS A FUEGO LENTO

La mayoría de hortalizas de raíz se recolectan mejor antes de las primeras heladas, luego se entierran en serrín y se guardan en la despensa. Tanto el rábano picante como los colinabos mejoran mucho después de guardarlos durante uno o dos meses, lo que hace que esta receta sea ideal para la época más fría del año. Los aromas de los colinabos cociéndose poco a poco en mantequilla y hierbas inundan la cocina durante toda la tarde. Cuando los colinabos están completamente tiernos y la piel crujiente, se rompen y se secan. Después, se glasean en el sabroso líquido de los calamares caramelizados y en un poco de rábano picante fresco para preparar un plato delicioso y único. La textura final es la misma que la de un trozo de carne bien guisada.

PARA 4 PERSONAS
CALDO DE CALAMARES
- 30 calamares pequeños enteros
- aceite de semillas de uva, para freír

COLINABOS ASADOS A FUEGO LENTO
- 2 colinabos enteros
- 250 g de mantequilla sin sal
- 4 hojas de laurel
- 2 ramitas de romero
- 4 ramitas de orégano
- 4 ramitas de mejorana
- 4 ramitas de tomillo

MANTEQUILLA DE SETAS
- 200 g de porcini picados finos
- 200 g de mantequilla sin sal

PARA SERVIR
- 1 rábano picante
- las hojas de 4 ramitas de milenrama
- 16 hojas de saúco, del suelo
- 8 hojas de aspérula

CALDO DE CALAMARES
Ponga 1 cucharadita de aceite de semillas de uva en una sartén grande muy caliente y marque los calamares en tandas pequeñas hasta que se chamusquen. Tras marcarlos, póngalos en un bol de metal y cúbralos con film transparente. Déjelos enfriar para que suelten su jugo. Tras 15 minutos, pase los calamares y el jugo por un colador de malla fina, presionando los calamares para extraer todo el líquido. Este jugo concentrado será el caldo.

COLINABOS ASADOS A FUEGO LENTO
Ponga los colinabos con la mantequilla en una olla a fuego medio, tápela y cuézalos durante 1 hora, dándoles la vuelta cada 10 minutos.

Añada las hierbas y prosiga con la cocción durante otra hora, dando la vuelta a los colinabos cada poco hasta que estén caramelizados por todas partes y bien hechos. Retírelos del fuego y déjelos enfriar.

Rompa cada colinabo en 2 trozos con las manos. Ponga los trozos en el deshidratador y déjelos 4 horas para que se sequen un poco.

MANTEQUILLA DE SETAS
Mezcle los porcini con la mantequilla en una olla. Caliéntela hasta que la mantequilla se haya clarificado e infusionado con el gusto de las setas. Pase la mantequilla por un colador de malla fina y deseche las setas.

PARA SERVIR
Pele y raspe el rábano picante en tiras finas y haga un pequeño montón con las hierbas.

Caliente de nuevo los trozos de colinabo en un horno precalentado durante 10 minutos y sumérjalos brevemente en el caldo de calamares. Enróllelos con las hierbas y cúbralos con las tiras de rábano.

Repártalos entre 4 platos y rocíelos con una cucharada del caldo de calamares y la mantequilla de setas.

1

NOTAS SOBRE LAS RECETAS

Algunas de las recetas requieren técnicas avanzadas, utensilios especiales y experiencia profesional para obtener buenos resultados.

Los tiempos de preparación y cocción son solo orientativos. Si utiliza un horno de convección, siga las indicaciones del fabricante.

Tenga cuidado al preparar recetas que conlleven un cierto riesgo, incluido el uso de altas temperaturas, llamas directas y procesos de fritura. Al freír, añada los alimentos poco a poco para que el aceite no salte, vista ropa de manga larga y no deje la sartén sola.

En algunas recetas se utilizan huevos, carne y pescado poco hechos. Los niños, ancianos, mujeres embarazadas, enfermos o las personas con deficiencias del sistema inmunitario deberían evitar tomarlos.

La mantequilla siempre es con sal, a no ser que se indique otra cosa.

Las frutas y verduras siempre son de tamaño mediano, a no ser que se indique otra cosa, y deben estar lavadas y peladas.

Los brotes, hierbas, flores, bayas y semillas siempre son recién cogidos. Las hierbas siempre son frescas, a no ser que se indique otra cosa.

Tenga cuidado al recolectar ingredientes. Solo se deben ingerir si un experto determina que son comestibles.

Las hierbas, musgos y líquenes deben estar bien lavados antes de utilizarlos.

Las setas siempre deben estar bien limpias.

Cuando no se especifiquen cantidades, sobre todo en las instrucciones de emplatado, es el caso de hierbas, brotes, flores, bayas y semillas, las cantidades serán siempre discrecionales y flexibles; sustituya por más o menos de una o de otra, si es necesario. Las cantidades de aceite sin especificar son discrecionales.

Las cucharadas serán rasas. 1 cdta. = 5 ml; 1 cda. = 15 ml.

CRÉDITOS FOTOGRÁFICOS

Todas las imágenes son cortesía de los restaurantes. Créditos adicionales:
Matt Austin: 64, 65; Simon Bajada: 243; Cris Barnett: 201, 196, 197; Sébastien Bras: 51; Charity Burggraaf: 244, 245, 247, 249; Fernando Gómez Carbajal: 232, 233, 235, 237; Luis Alejandro Delgado: 13, 15; Francesco Fioramonti: 202, 203; Suzan Gabrijan: 208, 209, 211, 213; ©2019 Galdones Photography: 94, 95, 97, 99; Chi George: 171; Adam Gibson: 100, 101, 103, 105; Toby Glanville: 142, 143, 145, 147; Alexandre Guirkinger: 124, 125, 127, 129; Mikkel Heriba: 184, 185, 187 (tr,b), 189; Phil Huynh: 130, 131; Jason Ingram: 190; Gunnar Freyr: 28, 29, 31, 33; Rubens Kato: 57, 82, 83, 85, 87; Ryo Kawagoe: 220, 221, 223, 225; Ace Kvale: 63; Félix Ledru: 226, 227, 229, 231; Jennifer May: 160, 161, 163, 165; Tres Mitades: 10, 11; Marie Louise Munkergaard: 178, 179, 181, 183; Marie Pierre Morel: 106, 109, 111; Oscar Oliva: 17, 19; Erik Olsson: 172, 173, 175, 177; Colin Page: 124, 125, 127, 129; Cortesía de The Restaurant at Meadowood, fotografía de Kelly Puleio: 154, 155, 157, 159; Benjamin Schmuck: 46; Laurent Seminel: 107; Brambilla Serrani: 207; Sara Stathas: 58, 59; Evan Sung: 34, 35, 27, 39; Jonathan Thompson: 12, 13, 15, 17; Nikki To: 118, 119, 121, 123; Rodrigo Torrezan: 52, 53; Rinze Vegelien: 136, 137, 139, 141; Eric Wolfinger: 76, 77, 79, 81, 148, 149, 151, 153; Fotografía cortesía de Yanka Industries, Inc., base de datos de MasterClass, curso «Alice Waters Teaches the Art of Home Cooking»: 239; José Luis López de Zubiría: 75, 16, 21.

Phaidon Press Limited
Regent's Wharf
All Saints Street
Londres N1 9PA

Phaidon Press Inc.
65 Bleecker Street
Nueva York, NY 10012

phaidon.com

Primera edición en español 2019

ISBN 978 0 7148 7893 5

Directora editorial: Victoria Clarke
Editora de proyecto: Sophie Hodgkin
Producción: Sarah Kramer
Responsables de la edición española: Capucine Coninx y Emily Paul

Diseño: Apartamento Studios

Traducción del inglés: Karen Fernández, Carme Franch, Pilar Galve, Ángeles Llamazares y Elena Aranaz para Cillero & de Motta

La editorial desea expresar su agradecimiento a todos los chefs que han participado y a sus equipos por su generosidad y su tiempo; a Jeremy Fox, Will Goldfarb y Kamal Mouzawak por su colaboración en este libro; a Leanne Clancey, Clare Coulson, Mark Diacono, Nikki Duffy, Charlotte Fauve, Eve O'Sullivan, Rebecca Roke, Kendra Wilson y Yuta Yagishita por su trabajo en los textos; a Gerard Elias Hernández, Claudia Mandelli y Mariana Martín Zumárraga por el diseño; y a Vanessa Bird, Jamie Compton, Anne Heining, Joanne Murray, Laura Nickoll y William Winning por su labor editorial.

Impreso en China